Zwischen Zeichen und Material

Maximilian Geiger (Hrsg.)

Zwischen Zeichen und Material

Die Figur in den Bildkünsten der Frühen Neuzeit

Deutscher
Kunstverlag

Die Tagung und Drucklegung erfolgten mit freundlicher Unterstützung des Instituts für angewandte Kunst- und Bildwissenschaften (IAKB) an der Bergischen Universität Wuppertal. Die Tagung erfolgte mit freundlicher Unterstützung der Stiftung Bibliothek Werner Oechslin.

Stiftung Bibliothek Werner Oechslin

ISBN 978-3-422-80303-9
e-ISBN (PDF) 978-3-422-80304-6

Library of Congress Control Number: 2026943786

Bibliografische Information der Deutschen Nationalbibliothek
Die Deutsche Nationalbibliothek verzeichnet diese Publikation in der Deutschen Nationalbibliografie; detaillierte bibliografische Daten sind im Internet über http://dnb.dnb.de abrufbar.

Ein Verlag der Walter de Gruyter GmbH, Berlin / Boston, Genthiner Straße 13, 10785 Berlin.

Einbandabbildung: Philippe de Champaigne, *Die Flucht nach Ägypten* (Detail), 1650–1660, Öl auf Holz, 58,1 × 133,7 cm, Senlis, Musée d'Art et d'Archéologie. Photo: © Christian Schryve (Bildausschnitt wurde für das Buchcover bearbeitet)
Einbandgestaltung: Katja Peters, Berlin
Satz: Savage Types Media, Berlin
Druck und Bindung: Beltz Grafische Betriebe GmbH, Bad Langensalza

www.deutscherkunstverlag.de
www.degruyterbrill.com

Fragen zur allgemeinen Produktsicherheit: productsafety@degruyterbrill.com

Inhalt

Maximilian Geiger

Einführung

Zwischen Zeichen und Material. Die Figur in den Bildkünsten der Frühen Neuzeit

Im Zeitalter der Digitalisierung und Reproduktion von Bildern – globale Medien der Information – sowie einer verstärkten Präsenz virtueller Räume schwindet die Aufmerksamkeit für die spezifische Strukturierung und Materialität von Bildern. In der Frühen Neuzeit lassen sich in den Bildkünsten Gestaltungsweisen identifizieren, die Bildobjekten/-gegenständen einen problematischen Status im Bildraum verliehen. Mit der mimetischen Darstellung konnten die Dinge des Bildraums aus diesem hervortreten und schienen somit Teil des Realraumes der Rezipient*innen zu werden, was die Bildgegenstände der Wirklichkeit annäherte und zur Entfaltung virtueller Räume beitrug. Hinsichtlich ihres kommunikativen Stellenwerts zwischen Bildraum und realem Raum in verschiedenen Medien und Gattungen beabsichtigen die Autor*innen im vorliegenden Band mit der *Figur* aus kunsthistorischer Sicht eine Leitkategorie der frühneuzeitlichen Kunst neu zu beleuchten. Dabei rücken die materiell-bildnerischen und semiotisch-epistemischen Aspekte der Bildfigur in den Fokus, wobei ihre verschiedenen Ausprägungen und Veränderungen auch bezüglich ästhetischer Wirkungen in den Blick genommen werden.

Hinsichtlich dieses Sachverhalts ist eine Bemerkung Hugos von St. Viktor im Zusammenhang seiner Betrachtungen der mentalen Produktion von Bildern beachtenswert. Im *Didascalicon de Studio Legendi* aus dem 12. Jahrhundert schreibt er: *Videmus cum paries extrinsecus adveniente forma imaginis cuiuslibet similitudinem accipit. Cum vero impressor metallo figuram imprimit, ipsum quidem non extrinsecus, sed ex propria virtute et naturali habilitate aliud iam aliquid representare incipit.*[1]

1 Hugo von St. Viktor: *Das Lehrbuch – Didascalicon*, Joseph Freundgen (Übers.), Berlin 2022, S. 54 f.; Zur Wirklichkeitsbeziehung bzw. -nachahmung in den Bildkünsten in ihren verschiedenen Schattierungen, wozu die *superatio* – die Überbietung des Naturvorbildes durch wohlproportionierte Gestaltung gemäß antiker Muster und die geistige Vorstellung von Schönheit –, das Bestreben der „Idealisierung des Sichtbaren", aber auch Bewegtheitserzeugung mittels gelockerter Darstellungszüge zählen: Valeska von Rosen: Nachahmung, in: Ulrich Pfisterer

Das *bildnerische Material* wird zum Zeichen für etwas anderes geformt bzw. repräsentiert etwas von sich Verschiedenes, ist als solches aber nach wie vor gegenwärtig und enthält dieses Potenzial des Bezeichnens in sich.

Die Repräsentation einer Sache auf Basis materieller Bedingungen oder der Zeichenstatus des aus dem Material resultierenden Objekts, wie einer Figur, beschreibt neben dem bildnerischen Material, wozu etwa aufgetragene Farbe zählt, ein Beobachtungsraster der Untersuchungen. Ihr Gegenstand, die Figur in den frühneuzeitlichen Bildkünsten, lässt sich hiermit auf die Zeichen- bzw. Rhetoriktheorie der Antike beziehen, die sich im Grunde bis in die Frühe Neuzeit erhalten hat und hier im Rahmen einer spezifisch den Bildkünsten zugewandten Theorie, wie in den Schriften Leon Battista Albertis und der Bildtheorie der katholischen Reform[2], reaktiviert wurde oder z. B. in der Sprach- bzw. Zeichentheorie von Port-Royal nachgeklungen ist. So meint „figura" in Albertis *Della Pittura* (1435) die menschliche Gestalt im Rahmen seiner Kompositionslehre und sind Bewegungsrichtungen der Figur mit rhetorischen Gesetzmäßigkeiten sowie mit der Auffassung verschränkt, dass körperliche Regungen mentale Bewegungen zum Ausdruck bringen. Zugleich wird „figura" gebraucht, um das Formpotenzial der Natur zu fassen: „Percioche spesso veggiamo, come la natura figura ne i marmi de gli Hippocentauri, & de le faccie barbate di Re."[3] In seiner im selben Zeitraum entstandenen Schrift *De Statua* wiederum ist „figura" im Sinn der menschlichen Gestalt mit einem substanziellen Formverständnis verbunden, wenn von der Herstellung einer Statue aus dem Stein die Rede ist, wobei gerade der lineare Umriss einer Form auch zum Tragen kommt.[4] Ein umfassendes bildhaftes Potenzial wird der *figura* in Gabriele Paleottis *Discorso intorno alle Imagini Sacre e Profane* (1582) zuteil, wenn er den Begriff z. B. im Rahmen seines auf Ähnlichkeitsrelationen beruhenden

(Hrsg.): *Metzler Lexikon Kunstwissenschaft. Ideen, Methoden, Begriffe*, 2. Aufl., Stuttgart 2011, S. 295–299, S. 297.

2 Vgl. z. B. Jens M. Baumgarten: Wirkungsästhetik und Wechselwirkungen. Kunst und Rhetorik in den Traktaten Carlo Borromeos, Gabriele Paleottis und Roberto Bellarminos, in: Hartmut Laufhütte (Hrsg.): *Künste und Natur: in Diskursen der Frühen Neuzeit*, Wiesbaden 2000, 2 Bde., Bd. 1, S. 515–534 (Wolfenbütteler Arbeiten zur Barockforschung, 35); Norbert Michels: *Bewegung zwischen Ethos und Pathos. Zur Wirkungsästhetik italienischer Kunsttheorie des 15. und 16. Jahrhunderts*, Münster 1988, S. 127–155 (Kunstgeschichte, Form und Interesse, 11).

3 Siehe z. B. Rudolf Kuhn, Albertis Lehre über die Komposition als die Kunst in der Malerei, in: *Archiv für Begriffsgeschichte* 28 (1984), S. 123–178; Leon Battista Alberti: *Della Pittura*, Venedig 1547, S. 21.

4 *Alii solum detrahentes veluti qui superflua discutiendo quaesitam hominis figuram intra marmoris glebaminditam atque absconditam producunt in lucem. Hos quidem sculptores appellamus, quibus fortassis cognati sunt qui sigillo interlitescentis vultus lineamenta excavationibus eruunt.* (Leon Battista Alberti: *De Statua*, in: Oskar Bätschmann u. Christoph Schäublin (Hrsg.): *Leon Battista Alberti. De Statua/De Pictura/Elementa Picturae*, Darmstadt 2000, S. 142–181, S. 144, S. 146).

Bildkonzepts und des diesem inhärenten *Disegno*-Prinzips anführt.[5] Die Beispiele der Begriffsverwendung in den kunsttheoretischen Schriften (des 16. Jahrhunderts) ließen sich weiterführen; stattdessen soll nur kurz auf die Wiederkehr der *figura* im Kontext eines rhetorisch-semiotischen Verständnisses von Bildobjekten in den Schriften von Port-Royal hingewiesen werden, wo „figure" etwa für rhetorische Figuren steht.[6]

Als rhetorische Zeichen theoretisiert, repräsentieren Bildfiguren in der Frühen Neuzeit Begriffe oder Sachverhalte, wobei sie auch Abwesendes repräsentieren können – etwa in Deckenbildern, Grabplatten oder Bemalungen von Behältnissen, die innen real oder imaginiert (z. B. bei Tabernakeln) das enthalten, was außen dargestellt ist.

Der Zeichen-Begriff bzw. die Verweisfunktion des Bildzeichens ist in der Antike durch Cicero geprägt und herausgearbeitet worden, indem er für die Götterbilder nicht „figura" (im Sinn von äußerer Gestalt), sondern „signum" verwendete: *signum illud Himerae iam videbatur, quod eum multo magis figura et liniamenta hospitae delectabant.*[7] „Figura" führte Cicero als technischen Ausdruck der Rhetorik ein, z. B. wenn es heißt: *His tribus figuris insidere quidam venustatis non fuco illitus, sed sanguine diffusus debet color*[8]. Doch wurde der Begriff auch selbst verweisend gebraucht, was eine Passage aus der Schrift *De Divinatione* (44 v. Chr.) verdeutlicht, in der von *aliquam non dissimilem figuram* die Rede ist.[9] Augustinus verstand das Zeichen („signum") als „Sache" („res"), „die außer ihrer sinnenfälligen Erscheinung aus ihrer Natur heraus noch einen anderen Gedanken nahelegt" bzw. „etwas anderes dem Denken zuführt".[10] Im simultanen Gebrauch von „figura" und „forma" (Gussform) kristallisierte sich weniger die äußere Gestalt des Bildobjekts, als vielmehr ein Bewusstsein für die materielle Bedingung des plastischen Gebildes selbst heraus[11], nach dem der Band mittels des Begriffs des *Materials* fragt.

5 „La onde diciamo che per Imagine noi pigliamo ogni figura materiale prodotta dall'arte, chiamata il dissegno, & dedotta da un'altra forma per assomigliarla." (Gabriele Paleotti: *Discorso intorno alle Imagini Sacre e Profane*, Bologna, 1582, S. 8).

6 „Quand on anime les choses, & qu'on les regarde comme des personnes, par une figure qu'on appelle *Prosopopée*, on y peut employer les termes qui conviennent aux personnes." (Antoine Arnauld u. Claude Lancelot: *Grammaire Générale et Raisonnée* […], Paris 1664, S. 63 f.).

7 Cicero: *M. Tulli Ciceronis Actionis in C. Verrem Secundae Liber Secundus* (III, 89), Gerhard Krüger (Hrsg./Übers.), Stuttgart 1988, S. 84 f.

8 Cicero: *De Oratore* (III, 199), 5. Aufl., Leipzig 1878, S. 418.

9 Cicero: *De Divinatione* (I, 23), Christoph Schäublin (Hrsg./Übers.), 3. Aufl., Berlin 2013, S. 30 f. (Sammlung Tusculum). Siehe zu den zentralen Passagen auch: Erich Auerbach: Figura, in: Christian Kiening u. Katharina Mertens Fleury (Hrsg.): *Figura. Dynamiken der Zeiten und Zeichen im Mittelalter*, Würzburg 2013, S. 263–300, S. 268 (Philologie der Kultur, 8).

10 Augustinus: *De Doctrina Christiana* (II, 1, 1), in: *Des heiligen Kirchenvaters Aurelius Augustinus ausgewählte Schriften*, Kempten/München 1925, Bd. 8, S. 29 (Bibliothek der Kirchenväter, 1, 49). Steffen Bogen: Semiotik, in: Ulrich Pfisterer (Hrsg.): *Metzler Lexikon Kunstwissenschaft. Ideen, Methoden, Begriffe*, Stuttgart/Weimar 2003, S. 329–335, S. 330.

11 Auerbach 2013 (wie Anm. 9), S. 263 ff.

Die *Figur* in den frühneuzeitlichen Bildkünsten hat also eine Geschichte, die sich, u. a. ästhetisch und epistemologisch charakterisiert, besonders in der Malerei der Frühen Neuzeit seit dem 15. Jahrhundert zeigte und in ihr aktualisiert wurde. Zusätzlich zur Einbettung in die Umstände ihrer Zeit – verdeutlicht z. B. durch schriftliche Quellen, Bilddiskurse oder Herstellungsmerkmale – resultieren Kunstwerke und Bildstrukturen aus historischen Bedingungen.

Gleich ob in der Darstellung von Menschen und Tieren oder von geometrischen Grundformen sind Bildfiguren und -objekte als „figurae“, mit Carsten-Peter Warncke gesprochen, „Repräsentationen begrifflicher Aussagen“ bzw. Übersetzer von „Wortsinn“.[12] Mieke Bal bezieht sich auf den Begriff des „sign“ und die Terminologie Charles S. Peirce’, die den Zeichenprozess („semiosis“) durch drei Positionen fasst: „The sign, or *representamen* – that stands in for something else; the mental image, called the *interpretant*, that the recipient forms of the sign; and the thing for which the sign stands – the *object*, or *referent*.“ In Rekurs auf Peirce betont Bal, dass ein Gegenstand („thing“) den Status eines „sign“ nur annimmt, wenn er das mit diesem verbundene mentale Abbild hervorruft.[13] Referenzebenen der „figura“ lassen sich schon bei Lukrez erkennen, der sie als „Gebild“ (*manibus tractata figura*)[14] verstand und für den Zusammenhang von Urbild und Abbild, wie die Relation von Kindern (*utriusque figurae*)[15] zu ihren Eltern (*proavorum saepe figuras*)[16] auf „figura“ zurückgriff.[17]

Seinen Wurzeln in der antiken Philosophie und Rhetoriklehre nach beschreibt das Zeichen (lat. *signum*) demnach eine epistemische Grundstruktur der Bildfigur. Für den Gegenstand des vorliegenden Buches ist dabei wesentlich, dass Überlagerungen zwischen Bildgegenständen laut James Elkins zu Ambiguitäten führen und Bilder in ihrer Struktur neben einem rhetorisch-literalen Sinn auch einen pikturalen aufweisen können, der in ambivalenter Weise Bestandteil des semiotischen Systems von Bildern sein kann.[18]

In dem der Figur zugrundeliegenden Begriff – lat. *figura* – ist ebenso ihr in irgendeiner Art beschaffenes Gemacht-Sein enthalten.[19] Die Darstellung und Fertigung bzw. Repräsentation von Figuren in Bildern beruht auf bildnerischen Prozessen, die den Inhalt solcher Bildobjekte und den Grad ihrer *vivacità* bzw. Wirklichkeitsnähe und ihres Affektpotenzials an verschiedene Formungsweisen binden: die Aktivierung

12 Carsten-Peter Warncke: *Sprechende Bilder-Sichtbare Worte. Das Bildverständnis in der frühen Neuzeit*, Wiesbaden 1987, S. 114 (Wolfenbütteler Forschungen, 33).

13 Mieke Bal: Seeing Signs. The Use of Semiotics for the Understanding of Visual Art, in: Mark A. Cheetham (Hrsg.): *The Subjects of Art History. Historical Objects in Contemporary Perspectives*, Cambridge University Press 1998, S. 74–93, S. 75 f.

14 Lukrez: *De Rerum Natura* (IV, 230), Karl Büchner (Hrsg./Übers.), Stuttgart 1973, S. 270 f.

15 Ebd. (IV, 1212), S. 344 f.

16 Ebd. (IV, 1219), S. 344 f.

17 Auerbach 2013 (wie Anm. 9), S. 266.

18 James Elkins: *On Pictures and the Words that Fail them*, Cambridge 1998, S. 161, S. 125.

19 Auerbach 2013 (wie Anm. 9), S. 263 ff.

ikonographisch-diskursiver und vorbildhafter Bildmuster und -motive, das imaginäre Verfahren der Bildfindung, vor allem aber eine bestimmte Komposition oder gestalterische Disposition, wozu das sinnlich wahrnehmbare „Bildvehikel“ bzw. primäre sowie sekundäre Elemente des konkreten Gestaltungsverfahrens – z. B. textile oder skulpturale Reliefbildung, Grundierung, Imprimitur, Vorzeichnung, Helldunkel und Farbe – und der Bildträger[20], dessen Formatierung und Begrenzung[21], beitragen.

Wie Niklaus Manuel Linie und Farbe und dabei das „Bildvehikel“ sowie den Bildträger in seinen zeichnerischen Arbeiten sowie Tafel- und Ölbildern dazu nutzte, die Bildstruktur zu formen, zeigt Markus Rath in seinem innovativen Beitrag auf. Hierbei fungiert die Linie als dynamisches Instrument variantenreicher Anschauung, Ausdrucksgestaltung und Bedeutungszuschreibung sowie als eine mit und neben der stattlichen Bildfigur bestehende metaphorische oder zeichenhafte Struktur, die in sich und aus sich heraus gerade formgebend ist und Ausdruck entfaltet. Farbe und Linie versteht Niklaus Manuel als eigenständige bildnerische Materialien, die in ihrer pikturalen Veranlagung selbst inhaltliche und epistemische Relevanz aufweisen, wofür das Verhältnis von Linie, Bildobjekt und Schrift als ein weiterer Indikator verstanden werden kann.

Damit zeichnet sich eine zentrale Frage des Themas ab, nämlich, welchen Bedingungen die Figur in den Bildkünsten, abgesehen von der Linie, unterliegt, wie sich *Figur* nicht nur begrifflich, sondern produktions- und formästhetisch fassen ließ und welche Wahrnehmungs- und Deutungsebenen aus der Darstellung resultieren. Wie Gilles Monney in seinem Beitrag auf bemerkenswerte Weise ersichtlich macht, kann z. B. der Gletscher in den Bildkünsten des 18. Jahrhunderts als Figur verstanden werden, die durch die Morphologie der Natur beschrieben ist und so eine Zeithaltigkeit und bezeichnendes Potenzial aufweist.

Neben solchen Formungen, die eine Figur in einem „Bildvehikel“ erkennen lassen, fallen auch Prägungen bzw. Versichtbarungen der bildnerischen Substanz durch (wieder)erkennbare „Bildobjekte“ und die Aktivierung kognitiver Schemata im Material durch den Betrachter ins Gewicht. Dabei wird davon ausgegangen, dass z. B. eine Figur zum Träger eines anderen Bildinhalts werden oder diesen geben kann.[22] Der Grund eines Bildes konnte so etwa unter der Bedingung einer Figur rezipiert werden,

20 Wolfram Pichler u. Ralph Ubl: *Bildtheorie zur Einführung*, Hamburg 2014, S. 23.
21 Vgl. Meyer Schapiro: Über einige Probleme in der Semiotik der visuellen Kunst. Feld und Medium beim Bild-Zeichen, in: Gottfried Boehm (Hrsg.): *Was ist ein Bild?*, München 1994, S. 253–274 (Bild und Text); Für David Summers ist die *mimesis* („optical naturalism“) Element einer visuellen, imaginativen Dimension der Künste, die er den „spatial arts“ und ihren erweiterten, konkreten Bedingungen der Rezeption gegenüberstellt (David Summers: *Real Spaces. World Art History and the Rise of Western Modernism*, London 2003, S. 42).
22 Pichler u. Ubl 2014 (wie Anm. 20), S. 25, S. 30 f., S. 90 f.; Max Imdahl: Kreide und Seide. Zur Vorlage „Fiction and Reality in Painting“ von M. Podro, in: Dieter Heinrich u. Wolfgang Iser (Hrsg.): *Funktionen des Fiktiven*, München 1983, S. 359–363 (Poetik und Hermeneutik, 10); vgl. Schapiro 1994 (wie Anm. 21), S. 274.

woran die „Vorstellung von *Tiefe*“ zwischen Figur und Grund, wie sie Karin Leonhard für eine barocke Bildtheorie fruchtbar machte, Anteil hatte.[23]

Relevanz kommt auch Formatierungen und künstlerischen Techniken, wie Fragen der Symbiotisierung von und Trennung zwischen Figur, Material und Bezeichnetem zu, insofern mit der Identität von Material und Zeichen, folgt man Friedrich Piel, die Fiktion des Bezeichneten gesteigert wird, womit zugleich das *Andere* bzw. Abwesende, nicht aber die gestaltete Figur selbst im Bildraum wahrgenommen wird.[24]

Ins Augenmerk fallen hiermit abstrakte Referenzebenen der Figur bzw. die Formung des in der Figur vermittelten Inhalts durch das bildnerische Material und damit eröffnete Deutungsperspektiven. Dies betrifft etwa Modifikationen der Bildfigur in dem Sinn, dass Bezüge zum Signifikat bzw. Ähnlichkeits-/Korrelationsverhältnisse mit dem mentalen Abbild irritiert werden konnten, womit sich die Frage stellt, ob das Bezeichnete immer auch mit dem absoluten, transzendentalen Begriff des Zeichens bzw. der Figur konform ist.

Die These einer die Bildfigur und ihren epistemisch-ikonographischen Gehalt strukturierenden bildnerischen Substanz betrifft auch natürliche Materialien und künstlerische Techniken. Sie nähmen im Bildschöpfungsprozess eine wichtige Funktion ein und dienten als „active components in the conception, production and interpretation of artworks, in order to foreground the relation between materials and meaning“.[25] In diesem Kontext ist weiter die Annahme relevant, dass gegenüber in Figuren verborgenen Sinngehalten der Darstellungsprozess und die Oberfläche des Sichtbaren selbst Bedeutung aufweisen können[26] und den Inhalt des Bildobjekts mitbestimmen.

Janina Burandt zeigt in ihrem Beitrag auf, dass Valentin de Boulogne in seiner Madrider Darstellung *David mit dem Haupt Goliaths und zwei Soldaten* durch im Produktionsprozess realisierte Übermalungen tradierte ikonographische Inhaltssetzungen verschoben hatte. Mit Blick auf die Werkgenese wird eine geschlechtliche Ambiguität der Figur erschlossen, die inhaltliche Qualitäten annimmt, insofern sie, wie Burandt in ihrer visuellen Analyse des Gemäldes eindrucksvoll verdeutlicht, Voraussetzung verschiedener Rezeptions- bzw. Deutungsoptionen ist. Dabei werden auch die Chancen des Dialogs zwischen den Kunstwissenschaften und technologischen Untersuchungen für die Arbeit mit Kunstwerken vor Augen geführt. An der linken Schulter Davids werden in Bezug auf den sich vor dem braunen Grund abhebenden Stab, so könnte man

23 Karin Leonhard: *Bildfelder. Stilleben und Naturstücke des 17. Jahrhunderts*, Berlin 2013, S. 428.

24 Friedrich Piel: Werk und Bild, in: *Systemfragmente 1969–2009*, Falkenberg 2018, S. 81–97, S. 85.

25 Ann-Sophie Lehmann, How Materials Make Meaning, in: *Netherlands Year-Book for History of Art* (2013), S. 7–26, S. 7.

26 Svetlana Alpers: *Kunst als Beschreibung. Holländische Malerei des 17. Jahrhunderts*, 2. Aufl., Köln 1998.

ergänzen, in der Wahrnehmung die Tiefe und die Vordergründigkeit des Bildraums deutlich.

Eine Ausleuchtung der *Figur* in ihrem Spannungsverhältnis zwischen Zeichen und Material nimmt allgemein auf die Begriffskonstellation „Figur“ und „Figuration“ Bezug, wonach erstere durch performative Konvergenzen zwischen dem Figürlich-Konkreten und dem Dynamisch-Unbestimmten figuriert und dadurch inhaltlich unterfüttert wird.[27] Wechselwirkungen zwischen (bildnerischem) Material und Figur wurden in den vergangenen Jahren unter dem Primat des Grundes als einem „Ort der Ermöglichung“ verhandelt[28], wobei in begriffshistorischer Perspektive dessen Verschränkung mit der Darstellung von Figuren aufgezeigt wurde.[29] Genauer jedoch weist der Zusammenhang zwischen Figur und Material auf die „ikonische Differenz“; auf das linguistische Konzept der Metapher rekurrierend, wird sie als Kontrast verstanden, der „Unterschiede der Helligkeit, der Farbe, das Verhältnis von Fläche und Tiefe“ und die „Bedingungen des Mediums selbst“ betrifft.[30] Saskia C. Quené hat in ihrer Einleitung in den Konferenzband *Between Figure and Ground. Seeing in Premodernity* „Fläche“ und „Raum“ wiederum als Faktoren der Figur-Grund-Thematik vorgebracht: „Considering the premodern space as neither infinite nor empty, geometrical exercises on surfaces (which can be perspectival) visualize distances between marks or figures. The place of ground is, therefore, necessarily ambivalent and relates to spatial configurations as well as to the surface on which marks are placed.“[31] Eine „substanzielle Dynamik“ zwischen dem Abwesenden oder Bezeichneten und dem bildnerischen Material – charakterisiert als „dingliche Existenz“ – lässt sich etwa im Rahmen der „Sakramentale[n] Repräsentation“ feststellen.[32]

27 Gottfried Boehm, Gabriele Brandstätter u. Achatz von Müller: Zur Einführung, in: Dies. (Hrsg.): *Figur und Figuration. Studien zu Wahrnehmung und Wissen*, München 2007, S. 7 ff., S. 8 (Bild und Text).

28 Gottfried Boehm u. Matteo Burioni: Einleitung. Nichts ist ohne Grund, in: Dies. (Hrsg.): *Der Grund. Das Feld des Sichtbaren*, München 2012, S. 11–24, S. 12 (eikones Reihe); Siehe auch David Young Kim: *Groundwork. A History of the Renaissance Picture*, Princeton 2022, S. 6 f. Drei semantische Ebenen des Grundes können unterschieden werden: „ground as material support; ground as terrain or platform; and ground as background“ (ebd., S. 15).

29 Jeroen Stumpel, On Grounds and Backgrounds. Some Remarks about Composition in Renaissance Painting, in: *Simiolus* 18 (1988), S. 219–243.

30 Gottfried Boehm: Die Wiederkehr der Bilder, in: Ders. (Hrsg.): *Was ist ein Bild?*, München 1994, S. 11–38, S. 29 (Bild und Text).

31 Saskia C. Quené: Sharing Ground. An Introduction in Conversation with David Young Kim, in: Dies. (Hrsg.): *Betweeen Figure and Ground. Seeing in Premodernity*, Berlin 2025, S. 11–34, S. 14.

32 Heike Schlie: Blut und Farbe. Sakramentale Dimensionen der frühneuzeitlichen Bild- und Kunsttheorie, in: Stefanie Ertz, Heike Schlie u. Daniel Weidner (Hrsg.): *Sakramentale Repräsentation. Substanz, Zeichen und Präsenz in der Frühen Neuzeit*, München 2012, S. 51–79, S. 52 (Trajekte).

Der Forschungsstand zum Thema wird ebenso um die Stimme der Philosophie bereichert. Zeichen werden als „Repräsentationen“ aufgefasst, die intentional auf einen Gegenstand gerichtet sind, den sie wiedergeben, wobei diese Beziehung zwar kausal ist, jedoch nicht auf Ähnlichkeit beruhen muss[33] – selbstverständlich können Dinge im Bildraum dargestellt werden, die es faktisch nicht gibt oder sich so nicht zugetragen haben. Dieses Zeichenverständnis beruht auf einer „*konventionelle*[n]“ Verbindung zwischen dem „Träger der Repräsentation“ und dem Bezeichneten.[34] Das lässt sich auf Louis Marins Unterscheidung zwischen der Transparenz und Opazität eines Kunstwerks beziehen, wenn er meint, dass dieses etwas objektiv repräsentieren und transparent sein kann, im selben Moment jedoch zu zeigen vermag, dass es repräsentiert, wobei letzteres subjektiv gefasst und in einem psychologischen Deutungsfeld angesiedelt wird.[35] Für die Untersuchung der materiellen Ausbildung von Wissen und dessen figuraler Fassung ist der Band *Figurales Wissen. Medialität, Ästhetik und Materialität von Wissen in der Vormoderne* ein wichtiger Bezugspunkt, in dem transdisziplinär über die Bildkünste hinaus die epistemische Funktion der Figur von der Spätantike bis zur Frühen Neuzeit unter Berücksichtigung ästhetischer, medialer und materieller Aspekte fokussiert wird.[36] Die Betrachtung der aus Figuration, Konfiguration, Figuralität oder Transfiguration erwachsenden Bildlichkeit oder Bildhaftigkeit findet Resonanz in einem Verständnis der „figura“ in Bezug auf eine „bildliche Formschaffung aus der Kraft der figurierenden Imagination“, wobei das prozessuale Wechselverhältnis zwischen imaginativer Produktion und faktischer, äußerer Konkretion Relevanz gewinnt.[37] Auch das bildnerische Material kann einen zeichenhaft-kognitiven Stellenwert annehmen und betrifft – aus der Warte der Literaturwissenschaft – epistemische Evidenzen: „Wissen verlangt nach ‚Evidenz‘, die Generation von Wissen geht mit der Figuration von Evidenz einher“ und weiter ist „jedem Wissen eine Kunst

33 Catrin Misselhorn: Bild, Zeichen und ästhetische Erfahrung, in: Frauke Berndt u. Jan-Noël Thon (Hrsg.): *Bildmedien. Materialität – Semiotik – Ästhetik*, Festschrift für Klaus Sachs-Hombach zum 65. Geburtstag, Berlin/Boston 2023, S. 29–43, S. 30, S. 32.

34 Ebd., S. 32. Zu einer Philosophie des Bildes auf Basis eines „dreistelligen Bildbegriffs“, mit dem gleichermaßen das „materielle[] Bildmedium“ wie der „imaginäre[] Bereich des Bildes“ einbezogen wird, siehe Christoph Poetsch: Zwei Meta-Physiken des Bildes? Zur Figur/Grund-Relation in der Vormoderne aus der Perspektive dreistelliger Bildbegriffe, in: Quené 2025 (wie Anm. 31), S. 441–469, S. 444.

35 Louis Marin: *On Representation* (Original Title: De la Représentation, Paris 1994), Catherine Porter (Transl.), Stanford University Press 2001, S. 60, S. 256 (Meridian: Crossing Aesthetics).

36 Anne Eusterschulte, Iris Helffenstein u. Claudia Reufer (Hrsg.): *Figurales Wissen. Medialität, Ästhetik und Materialität von Wissen in der Vormoderne*, Leipzig 2025 (Episteme in Bewegung. Beiträge zu einer transdisziplinären Wissensgeschichte, 30) (im Druck).

37 Klaus Krüger: *Figura als Bild. Streiflichter zu Dürer und zum Mediendiskurs in Mittelalter und früher Neuzeit*, Göttingen 2024, S. 7, S. 10, S. 41 (Bild Evidenz). „So erscheint *figura* […] als ein mediales Dispositiv, das qua *pictura* einer imaginierten Wirklichkeit ihre ästhetische Erfahrbarkeit verschafft“ (ebd., S. 34).

der Darstellung implizit [...] und umgekehrt jeder Kunst ein Wissen."[38] Damit wird die Problematik verschiedener Rezeptionsweisen von Material und Figur um den Aspekt der Verteilung kognitiver Gehalte erweitert.

In Hinsicht auf Erkenntnisse der Kunstgeschichte, Philosophie und Literaturwissenschaft beabsichtigen wir im vorliegenden Buch durch die Fokussierung des semiotisch-ikonographischen Stellenwerts bzw. der mentalen Repräsentation und/oder der produktionsspezifischen Faktoren bzw. materiellen Bedingungen der Figur in den frühneuzeitlichen Bildkünsten ihre Quellen zu erforschen und in Fallstudien ihren jeweiligen komplexen Status zwischen Bild- und Realraum zu beleuchten. Das ermöglicht ein differenziertes Verständnis des Figur-Grund-Verhältnisses. Denn umfassen die Kategorien der Figuration und des Grundes weniger Referenzebenen der Figur und die spezifische Materialität bzw. Strukturierung des „Bildvehikels", was deren Untersuchung umso relevanter macht. Der vorliegende Band ist als Beitrag der Kunstwissenschaft im vielstimmigen Konzert der Disziplinen zu verstehen.[39]

Gestaltungstechniken, -mitteln und -bedingungen der Visualisierung der Figur als lebendige, auf Reflexion natürlicher Eigenschaften des Körpers beruhende individuelle Präsenz in der Bildstruktur hat Ulrich Heinen im Werk Peter Paul Rubens' und im zeichnerischen Schaffen Leonardo da Vincis Beachtung geschenkt. Rubens' Rekurse auf vorbildliche Kunstwerke wurden z. B. um auf Vergils Sprach- bzw. Dichtkunst bezogene imaginative Figurenerfindungen im Sinn eines „affektwirksame[n] Komponierens" erweitert, das einzelne Figuren in „übergreifende Handlungsbezüge" integriert und auf das gedankliche und praktische Werkverfahren des Malers zurückführt.[40] Figuren und Figurationen setzte Leonardo wiederum in die Lage, zeichenhaft Bewegungen, Geschehnisse, Handlungen und Zustände zu repräsentieren und diese aufgrund ihrer eigenen Zeithaltigkeit anschaulich zu machen.[41] Heinens weitreichender Beitrag im vorliegenden Buch analysiert die Körperentstehung in Rubens' Kunst anhand von Darstellungen des Prometheus und Samson. Intermediale und literarische

38 Sibylle Peters u. Martin Jörg Schäfer: Intellektuelle Anschauung – unmögliche Evidenz, in: Dies. (Hrsg.): *„Intellektuelle Anschauung". Figurationen von Evidenz zwischen Kunst und Wissen*, Bielefeld 2006, S. 9–21, S. 9 f. (Kultur- und Medientheorie).

39 Zu einer begriffshistorischen Erfassung theologischer, philosophischer, literarischer und künstlerischer Entfaltungen der „Figur", mit der für eine „Filiation von Figuren" argumentiert wird: Patricia A. Gwozdz: *Ecce figura. Lektüren eines Konzepts in Konstellationen (100 v. Chr.-1946)*, Berlin/Boston 2023, S. 9 (Mimesis, 103, zugl. Habil. Universität Potsdam 2021). „Es ist das Verhältnis von Schöpfer und Geschöpf, Genealogie und Genesis sowie der Verbindung von Leben und Kunst durch die Figuration und Filiation des Leidens verstanden als literarische Passionsgeschichte der *figura* Christi." (Ebd., S. 7).

40 Ulrich Heinen: Komponieren im Affekt. Vergil – Monteverdi – Rubens, in: Klaus Herding u. Antje Krause-Wahl (Hrsg.): *Wie sich Gefühle Ausdruck verschaffen. Emotionen in Nahsicht*, Taunusstein 2007, S. 161–188, S. 178 (Edition Wissenschaft).

41 Ulrich Heinen: Figuren – Bausteine der Bild-Erzählung, in: Bettina Uhlig, Gabriele Lieber u. Irene Pieper (Hrsg.): *Erzählen zwischen Bild und Text*, München 2019, S. 69–102, S. 69 (Imago. Kunst. Pädagogik. Didaktik, 6).

Bezüge berücksichtigend wird die Figurbildung des Prometheus aus dem bildnerischen Material und in Hinsicht auf anatomische Körpermodellierungen als grundsätzliche Bedingung einer neostoischen Lebenshaltung verstanden, für die der Leidende zum Zeichen wird. Damit wird eine neostoische Zeichentheorie des Körpers in Bildern aufgedeckt. In der Distanzierung der Körperdarstellung von einem mimetischen, wirklichkeitsabbildenden Ansatz erkennt Heinen einen ethischen, anthropologisch charakterisierten Blick des Rubens, der sich im Wesentlichen aus der Malerei speist. Für zukünftige Forschungen schafft der Beitrag eine profunde Zusammenfassung des Forschungsfeldes der Malphysiologie und Figurbildung, die bei Rubens auch eine Übertragung der Bilder von Menschen vergangener Zeiten in die eigene Gegenwart beschreibt.

Untersuchungen zu epistemischen Prägungen des (bildnerischen) Materials sowie zu dessen Bedeutung für die Formung figuraler Bildinhalte sind in der kunsthistorischen Frühneuzeit-Forschung immer noch spärlich. Die Relevanz des Forschungsthemas wird auch in der tendenziellen Anwendung des *Zeichen*-Begriffs auf ein Bild als Ganzes, weniger aber hinsichtlich einzelner Elemente der Bildstruktur, deutlich.

Maximilian Geiger untersucht in seinem Beitrag die materiell-bildnerische Formung der Figur und ihre wahrnehmungsspezifische Einwirkung auf den Bildgrund als Aspekte der Raum- und Erzählordnung von Philippe de Champaignes *Flucht nach Ägypten* im Kontext von Erkenntnissen der projektiven Geometrie und Zeichenlehre Port-Royals sowie hinsichtlich des zeitgeschichtlichen Bezugsrahmens des Historienbildes. Den Faltungen des blauen Mariengewands scheint in ihren linearen Verläufen selbst immanentes Raum- und Formbildungspotenzial eigen.

Die vielschichtigen „Bildvehikel"-Bildobjekt-Verhältnisse in frühneuzeitlichen Kunstwerken veranlassen grundsätzlich, die Bestimmung des Signifikanten zu beleuchten. Bei Lambert Wiesing stellt sich diese Frage insofern, als er den Signifikanten in einem immateriellen Bildobjekt, das absent ist und eine „artifizielle Präsenz" aufweist, erkennt.[42] So arbeitet Di Fan anhand Frederik Ruyschs *Dioramen* in ihrem Beitrag heraus, dass Materialität und bildnerische Substanz in Bildkompositionen mit epistemologischer Funktion durch symbolische Bildgehalte im Rahmen medialer Übertragung substituiert werden konnten, womit auch Licht auf die Problematik der „Symbolische[n] Erkenntnis" im semiotisch organisierten[43] und durch ikonographische Bildinhalte gekennzeichneten Raum geworfen wird. Zu betonen ist Fans intermediale

42 Lambert Wiesing: *Artifizielle Präsenz. Studien zur Philosophie des Bildes*, Frankfurt a. M. 2005, S. 50 f. „Es dürfte unstrittig sein, dass Bilder, die anders aussehen, für andere Dinge als Zeichen verwendet werden können – aber mit ‚Bild' ist ausschließlich das Bildobjekt gemeint. Das Aussehen des Bildträgers [...] wird bei der Konstruktion der Referenzbeziehung sogar übersehen. [...] Der Signifikant eines bildlichen Zeichens ist sowenig physikalisch anwesend, wie durch ein Hundebild ein echter Hund anwesend ist. [...] Durch die Verwendung von Bildern als Zeichen werden die Bildobjekte zu Signifikanten." (Ebd., S. 50).

43 Siehe hierzu weiter: Sybille Krämer: *Berechenbare Vernunft. Kalkül und Rationalismus im 17. Jahrhundert*, Berlin/New York 1991, S. 220–241 (Quellen und Studien zur Philosophie, 28).

Betrachtung, in der ein Verständnis von der komplexen Struktur der druckgraphischen Reproduktionen wie von der ursprünglichen skulpturalen Anordnung der *Dioramen* ermöglicht wird.

Mit Blick auf die Visual Studies bzw. allgemeine Bildwissenschaft lässt sich mit Klaus Sachs-Hombach ein Bild als Ganzes an ein Verständnis des Zeichens binden, wonach diesem auf Basis eines wahrnehmungsspezifischen Kommunikationsakts Inhalt zugeschrieben wird.[44] In diesem Zusammenhang wird das Kunstwerk in seinen semiotischen, ästhetischen und materiellen Eigenschaften bedeutsam.[45]

Eine wichtige Voraussetzung für das Anliegen der Autor*innen des vorliegenden Bandes ist mit Elkins' Auffassung einer „visual language" der Bilder gegeben, die hauptsächlich auf der Bildfigur (sowie ihren Attributen) und ihrer Definition als Zeichen („sign") beruht.[46] Als ein „articulated continuum of signs" kann die Bildstruktur Überlagerungen und Ambiguitäten aufweisen, „so that every marked surface will have a measure of pictoriality and a measure of writing."[47]Anknüpfungspunkte des Forschungsthemas liegen auch mit Michael Podros Ansatz der „Verbildlichung" vor, einem Prozess, in dem sich der Bildgegenstand und die medialen Eigenschaften eines Werks wahrnehmungsspezifisch differenzieren und ergänzen, was Podro mit einem imaginären Strukturierungsvorgang bzw. der „Arbeit des Erkennens" verbindet[48], wobei die bildtheoretische Unterscheidung zwischen Bildobjekt und „Bildvehikel" Wahrnehmungsaspekte von Figur und Grund, wie z. B. Zeitlichkeit, zu berücksichtigen erlaubt.[49] Letztere sollte sich spätestens im 18. Jahrhundert mit Gotthold Ephraim Lessings Blick auf die antike *Laokoon-Gruppe* für eine Theorie der Zeichen hinsichtlich der Unterscheidung zwischen der in der Zeit operierenden Poesie und der im Raum aktiven Malerei/Bildhauerei als maßgeblich erweisen.[50]

Einer Verschränkung der semiotischen Analyse von Bildelementen und deren rezeptionsästhetischer Erfassung folgt Felix Thürlemann, wobei die Bildstruktur auch hinsichtlich rhetorischer Motive in den Blick rückt.[51] Anhand der *Troja-Bildteppiche*

44 Klaus Sachs-Hombach: *Das Bild als kommunikatives Medium. Elemente einer allgemeinen Bildwissenschaft*, 4. Aufl., Köln 2021, S. 91–111.

45 Frauke Berndt u. Jan-Noël Thon: Geleitwort, in: Dies. (Hrsg.): *Bildmedien. Materialität – Semiotik – Ästhetik*, Festschrift für Klaus Sachs-Hombach zum 65. Geburtstag, Berlin/Boston 2023, S. 1–6.

46 Elkins 1998, S. 161.

47 Ebd. S. 158 f., S. 161.

48 Michael Podro: *Vom Erkennen in der Malerei*, Heinz Jatho (Übers.), München 2002, S. 9 (Bild und Text).

49 Pichler u. Ubl 2014 (wie Anm. 20).

50 Hierzu grundlegend: David Wellbery: *Lessing's Laokoon. Semiotics and Aesthetics in the Age of Reason*, Cambridge 1984 (Anglica Germanica. Series, 2).

51 Z. B. Felix Thürlemann: Nicolas Poussin, „Die Mannalese". Staunen als Leidenschaft des Sehens, in: Ders.: *Vom Bild zum Raum. Beiträge zu einer semiotischen Kunstwissenschaft*, Köln 1990, S. 111–137 (DuMont-Taschenbücher, 244).

der burgundisch-französischen Tapisserie-Produktion im 15. Jahrhundert macht Zofia Jackson in ihrem Beitrag mit Blick auf den Werkprozess auf Korrespondenzen zwischen, besonders aber auf Abweichungen von Bildstruktur und Text, z. B. Beischriften, Namensangaben und antiken Quellen, aufmerksam. An Figuren bzw. Bildgegenständen entwickelt sich dadurch eine Reflexion des Zusammenhangs von Ikonographie und materieller Textur. Jackson schafft somit eine Grundlage für weitere Untersuchungen des Verhältnisses zwischen gewebten Stoffen, Bildfigur, Sprache und Schrift. Diese wird bei Niklaus Manuel in Korrespondenz mit der Linie, wie Rath in seinem Beitrag ersichtlich macht, zu einer Option der Ausdrucks- und Aussagegestaltung.

Die Fragestellung des vorliegenden Buches hat ebenso im Band *Die Oberfläche der Zeichen. Zur Hermeneutik visueller Strukturen in der frühen Neuzeit* einen Bezugspunkt, in dem eine „Diskontinuität" zwischen dem Zeichen und dem, worauf es referenziert, bezüglich der Allegorie erkannt und ein Feld von „Bedeutungsproduktion" sowie eine „ästhetische Aufladung der Wirklichkeitserfahrung" erfasst wird.[52]

Zusammengefasst: Das (bildnerische) Material kann als Oberfläche, aber auch als Tiefendimension der Figur oder eines Bildzeichens verstanden werden und sogar selbst inhaltlichen Aussagegehalt haben bzw. Ausdruck entfalten. Wahrnehmungsspezifisch lassen sich an die Figur gebundene Bewegungen in die Bildstruktur hinein und aus ihr heraus mit der Frage verschränken, unter welchen Bedingungen eine Figur wirklich in einem Bild sein konnte und die Bildstruktur neben einem semiotisch-rhetorischen einen genuin pikturalen Charakter aufzuweisen vermochte. Die Frage ist in der Antike begründet, insofern *figura* auch formal betrachtet, d. h. selbst als gestaltet aufgefasst wurde. Die Figur in den frühneuzeitlichen Bildkünsten weist in ihren verschiedenen bildstrukturellen bzw. materiellen Färbungen, zu denen die Bildgrenzen gehören, auf ein Formverständnis hin, das den Stellenwert eines Bildes betrifft.

Die *Figur* als repräsentatives Element der Bildstruktur in den beschriebenen Facetten zu untersuchen, legt neben ikonographischer Beschreibung in methodischer Hinsicht rezeptionsästhetische, formanalytische und semiotische Ansätze nahe und öffnet Raum für die Erprobung alternativer Zugänge, die mit der visuellen Analyse der Figur in den Bildkünsten korrespondieren. Die Augen-Blätter in den Zeichenlehrbüchern Johann Daniel Preißlers und Georg Heinrich Werners aus dem 18. Jahrhundert bzw. Alina Wolfs präzise Analyse ihrer Gestaltung, Anordnung, ästhetischen Dimension und des narrativen Potenzials vermag das Augenmerk dieses Buches auf treffende Art und Weise zu beschreiben: die Erschließung von allzu oft übersehenen Figuren der frühneuzeitlichen Bildkünste und ihrer Aussageoptionen und -modi. Wolf zeigt eindrücklich, dass Anordnung und Gestaltung eines Bildgegenstands rezeptionsästhetisch wirksam sind und er in einem komplexen Verhältnis mit den Wahrnehmungssubjekten stehen kann.

52 Klaus Krüger, Wolf Löhr u. Ulrike Tarnow: Zur Hermeneutik visueller Strukturen in der frühen Neuzeit, in: Ulrike Tarnow (Hrsg.): *Die Oberfläche der Zeichen. Zur Hermeneutik visueller Strukturen in der frühen Neuzeit*, Paderborn 2014, S. 7–14, S. 8.

Dabei weist Werners Studienblatt zusätzliche bildtheoretische Implikationen auf, die sich bereits in Niklaus Manuels *Frau Venus* bekunden, der sich Rath in seinem Beitrag zuwendet. Eine ergänzende Rahmung der Figur(en) adressiert nämlich das Verhältnis zwischen Bildfigur und Bildraum. Die natürlich begrenzten Blätter erhalten durch die Rahmenlinien eine weitere Formatierung; lediglich im oberen Bereich – durch die Flügel des Putto und durch die Braue und Messlinie eines der Augen – werden sie durchbrochen. Beide Male wird die Virtualität des Bildraums somit betont und dieser als Element des Bildinhalts gegeben. Sowohl das Auge als auch der Putto sind in ihrer Aktivität über dieses gerahmte Feld gleichwohl hinausgerichtet. In Raths Beitrag wird sich zeigen, dass das rechte Bein des Putto mit dem Haar der Liebesgöttin ein formales Verdichtungsmoment beschreibt, wo Oberfläche und Tiefe in der Wahrnehmung austariert werden. Die Orientierung von Venus und ihrem Begleiter im Bildraum und über ihn hinaus hat eine aus der ersten Haardarstellung resultierende räumliche Bestimmung zur Voraussetzung.[53]

Der vorliegende Band fasst die Beiträge zum Workshop *Die Figur in den Bildkünsten. Zwischen Zeichen und Material (1450–1750)* zusammen, der vom 25. bis 27. Juli 2024 in der *Stiftung Bibliothek Werner Oechslin* stattfand. Die Beiträge von Simon Breitenmoser, Sandra Hindriks und Claudia Reufer mussten darin leider entfallen.[54]

Der Workshop und das Buch hätten ohne das *Institut für angewandte Kunst- und Bildwissenschaften der Bergischen Universität Wuppertal* nicht stattfinden bzw. realisiert werden können, und so gilt mein größter Dank Ulrich Heinen, der das Projekt vom Konzept bis zur Durchführung der Veranstaltung und Vorbereitung der Publikation mit großem Engagement gefördert, unterstützt und intellektuell bereichert hat. Im Namen des *Instituts für angewandte Kunst- und Bildwissenschaften* gilt ein aufrichtiger Dank Werner Oechslin und Anja Buschow Oechslin für die finanzielle Unterstützung und die wunderbare Gelegenheit, die Veranstaltung an diesem besonderen Ort, der *Bibliothek Werner Oechslin* in Einsiedeln, durchzuführen. Ein großer Dank gilt ebenso Katja Richter, Pablo Schneider und Arielle Thürmel vom *Deutschen Kunstverlag*, die dem Projekt Vertrauen geschenkt, es professionell und umsichtig betreut und die Gestaltung des Buches mit viel Gespür realisiert haben.

Ohne Karin Weckermann, die viel Zeit und Energie in das Genehmigungsverfahren an der Bergischen Universität Wuppertal investiert und das Projekt in vielen Details begleitet hat, hätten Workshop und Buch so nicht zustande kommen können. Dank gilt auch den Gästen am Workshop, namentlich Michael Rohlmann und Anna Schober-de Graaf, die mit anregenden Beiträgen die Diskussion bereichert haben. Philip Drabits hat bei der Plakat- und Flyergestaltung wirklich ein gutes Auge bewiesen. Dem Team der *Bibliothek Werner Oechslin*, namentlich Monika Heinrich, gilt Dank

53 Vgl. Pichler u. Ubl 2014 (wie Anm. 20), S. 176.

54 Siehe weiter den Tagungsbericht von Michael Rohlmann, https://arthist.net/reviews/42473/mode=conferences [abgerufen am 20. 3. 2025].

für die umsichtige Betreuung vor Ort und während der Vorbereitungen der Veranstaltung. Dank gilt hier auch Philipp Tscholl.

Für die produktive Zusammenarbeit und die ebenso intensiven wie bereichernden Diskussionen sei schließlich den Vortragenden und Autor*innen dieses Buches vielmals gedankt, die mit ihren Beiträgen neue Perspektiven auf die Figur in den Bildkünsten der Frühen Neuzeit erschlossen haben.

Zofia Jackson

From Text to Textile

Weaving the Medieval Story of the Trojan War

Abstract: This paper discusses the interplay between the literary, the material, and the visual in the context of the creation process of the late 15th-century Trojan War tapestries. Text remains a vital component in these woven artworks. Their iconography stems from two medieval chivalric poems: *Roman de Troie* by Benoît de Sainte-Maure and *Historia Destructionis Troiae* by Guido delle Colonne, based on two post-classical descriptions of the Trojan War by Dictys of Crete and Dares of Phrygia. Additionally, text is also present within the tapestries themselves in the form of inscriptions and name tituli identifying the individual protagonists. The complex production of the tapestries reveals their designers' and executors' various levels of understanding of the account they were illustrating. This article analyzes alterations made between the initial watercolor drafts (*petit patrons*) and the finished tapestries. It places special attention on figures within the depictions and the interplay between text and material. It also focuses on the changes within narration, composition, and stylistic details, which took place during the weaving process. These modifications highlight artistic decisions, often implemented by cartoon painters with technical weaving expertise. Their aim was to align the artworks with their literary sources, update the depicted fashion, and enhance their visual clarity. Conclusively, this paper considers the influence such creative developments might have had on the viewers' reception, alongside their role in the tapestries' commercial success and enduring appreciation.

An Introduction to the Trojan War Tapestries

The late medieval tapestries portraying the *Story of the Trojan War* (ca. 1472–1495) embody the grandest large-scale Netherlandish tapestry production of the late fifteenth century at the beginning of the early modern era. Their dense, complex narrative style, combined with their subject matter—a classical myth reinterpreted within the framework of a medieval romance—attracted attention of both art patrons and researchers. It is unknown who commissioned the panels first; however, its acclaim brought about numerous reproductions. Over the span of thirty years, between 1472 and 1503, nine various European rulers obtained the tapestry series. Their documented owners were Charles the Bold to whom the works were delivered by 1472, Federico da Montefeltro, who acquired them by 1476, Henry VII of England, who received them by 1488, and Charles VIII of France, who attained them in 1494. It is also highly likely that other sovereigns were in their possession: Ferrante I of Aragon by 1486, Matthias Corvinus of Hungary by 1495, Ludovico Sforza il Moro by 1496, and James IV of Scotland by 1503[1].

The original set comprised eleven pieces, measuring 4,80 m in height, 9,50 m width, and around 105 m in length, the total surface of which is 500 m² approximately[2]. Unlike many woven panels of the time, the *Trojan War* series is well documented and preserved. It is known that the tapestry merchant, Pasquier Grenier, owned its designs, the *grand patrons*, while his sons provided the weavings to their clients. To this day, ten watercolor drafts (*petit patrons*) attributed to the Master of Coëtivy and seventeen fragments of tapestries from various editions are extant in international collections of New York, Boston, Worcester, Montreal, London, Glasgow, Madrid, Zamora, and Paris, as well as in a private collection[3]. The huge appreciation of the contemporaries and good preservation of the remaining pieces is a proof of the great reverence given to these weavings. What is more, the series attracted attention also in the following centuries, inspiring two sets of drawings based on their iconography. These sketches: a set of watercolors after the five woven panels hanging in the *Painted Chamber* at the Westminster Palace made ca. 1790–1810 by the architect John Carter, as well as ten illustrations of the tapestry fragments from Castle Bayard in Savoy and Courts of Justice at

1 Tapestry in the Renaissance, Art and Magnificence, ed. by Thomas P. Campbell, Exhibition Catalogue, New York, The Metropolitan Museum of Art, New York 2002, p. 55; George Wingfield Digby: *The Tapestry Collection. Medieval and Renaissance. Victoria and Albert Museum*, Ipswich 1980, p. 15; Adolfo Salvatore Cavallo: *Medieval Tapestries in The Metropolitan Museum of Art*, New York 1993, p. 242; Jean Paul Asselberghs, Les Tapisseries Tournaisiennes de la Guerre de Troie, in: *Revue Belge d'Archéologie et d'Histoire de l'Art* 34 (1970), pp. 93–182, p. 168; Manuel Gómez-Moreno, La Gran Tapiceria de la Guerra de Troya, in: *Arte Español* 4 (1919), pp. 280 f.; Elizabeth Cleland and Lorraine Karafel: *Tapestries from the Burrell Collection Glasgow Museums*, London/New York 2017, p. 409; La Tapisserie Bruxelloise en Espagne au XVIe Siècle, ed. by Juan José Junquera y Mato, Exhibition Catalogue, Tournai, Halle aux Draps, Bruxelles, Hôtel de Ville u. Hoeselt, Centre Culturel de la Communauté Flamande Alden Biesen Bilzen-Rijkhoven, Bruxelles 1985, p. 116.

2 Burgundische Tapisserien, ed. by Anna Rapp Buri and Monica Stucky Schürer, Exhibition Catalogue, Bern, Historisches Museum, München 2001, p. 314.

3 Some of the weavings have suffered damage and have been cut into smaller pieces over the years. Based on the same design, it can be deduced that they were created at various times for different owners. Some were produced within the same decade; others were crafted as inferior quality copies years later (Scott McKendrick, The Great History of Troy. A Reassessment of the Development of a Secular Theme in Late Medieval Art, in: *Journal of the Warburg and Courtauld Institutes* 54 (1991), pp. 43–82, p. 62).

Issoire by Victor Sansonetti (ca. 1838) help reconstruct the missing fragments from the series[4].

Due to the various extant records and drafts, it is possible to follow the creation process of the tapestries. Differences between the preparatory designs and the finished tapestries demonstrate alterations that occurred during the creation of the artwork. These modifications intended to enhance narration, composition, and stylistic detail and will be analyzed in this article. Particular attention will be placed on figures within the depictions and the interplay between text and material.

State of the Arts

The story of the Trojan War was an extremely widespread subject matter and ubiquitous at various European courts. The inventories of Henry VIII show that the king was in possession of twenty-four tapestries of this one topic alone[5]. While they have a common theme, it is rather unlikely that they were all based on the cartoons from Grenier. The question therefore remains, which of the documented tapestries were woven after these particular designs, and who was the original owner of the set.

Despite various extant accounts, researchers disagree on the first commission and the owner of the *editio princeps*, as well as the location of the manufacture. Three hypotheses have been proposed. One: Charles the Bold was the first owner. Two: an unknown noble related to the French court was the original possessor. Three: the first series was never commissioned. Instead, it was multiply rewoven as a speculative act of Grenier, who saw potential revenue in this popular theme. Researchers such as Jules Guiffrey, Betty Kurth, Gaston Migeon, James J. Rorimer, William H. Forsyth, Jean Paul Asselberghs, and Adolfo Salvatore Cavallo held the belief that the first set was commissioned for Charles the Bold of Burgundy[6]. The earliest document about the tapestries

4 Achille Jubinal: *Anciennes Tapisseries Historiées ou Collection des Monuments les plus Remarquables de ce Genre, qui nous Soient Restés du Moyen-âge à Partir du 11e au 16e Siècle Inclusivement*, Paris 1838; Masterpieces of Tapestry from the Fourteenth to the Sixteenth Century. An Exhibition at the Metropolitan Museum of Art, ed. by Geneviève Souchal, Exhibition Catalogue, New York, Metropolitan Museum of Art, New York 1974, p. 48; Asselberghs 1970 (see note 1), pp. 99 f.

5 The tapestries were being used in the English court till 1713, when it is reported that six of them were prepared to hang in the House of Commons (Cavallo 1993 (see note 1), p. 243).

6 Jules Guiffrey: *Histoire Générale de la Tapisserie. Tapisseries Françaises*, Paris 1878, vol. 1, p. 76; Jules Guiffrey: *Histoire de la Tapisserie depuis le Moyen-Age jusqu'à nos Jour*, Tours 1886, p. 88; Betty Kurth, Die Blütezeit der Bildwirkerkunst zu Tournai, in: *Jahrbuch der Kunsthistorischen Sammlungen* (1917), pp. 93–96; Gaston Migeon: *Les Arts du Tissu*, Paris 1929, p. 235 (Manuels d'Histoire de l'Art); James J. Rorimer, A Fifteenth-Century Tapestry with Scenes of the Trojan War, in: *The Metropolitan Museum of Art Bulletin*, 34/10 (1939), pp. 224–227, p. 226; William H. Forsyth, The Trojan War in Medieval Tapestries, in: *The Metropolitan Museum of* states that they were delivered to the duke between September 2, 1471, and September 1, 1472. The payment was made by the magistrate and the Franc of Bruges (the castellan in the county of Flanders) in installments throughout 1472–1476. It is supposed that this could have been connected to the reparations made to Charles after the destruction of the castle of Male on April 17, 1472[7]. Asselberghs argued it would be homage to Charles's father, Philip the Good, who was very engaged in the Trojan War and owned seventeen manuscripts pertaining to the story[8].

Nicole Reynaud refused to believe that Charles the Bold owned the first set, connecting it to the French court instead. She identified the author of the *petit patrons* as the Master of Coëtivy, who worked in Paris. She also discovered a payment to Jehan le Feuvre registered in documents at the Amboise castle[9]. The receipts stated that Jehan, the tapissier-in-ordinary to the king, was hired to weave in the emblem of Charles VIII to all the items in the royal wardrobe between 1495 and 1496. The Trojan War tapestries had been acquired by the French monarch in 1494, so they would have been incorporated in the reweaving process. If the sovereign had ordered his emblem to be attached to the newly obtained tapestries, possibly to replace other insignia, it could imply that they were not originally commissioned by him. Therefore, Reynaud put forward a hypothesis that their first owner was a patron connected to the French court. Her first proposition was John, Count of Dunois, the legitimized bastard of Louis, Duke of Orléans[10]. Thirteen *patrons* of the *War of Troy* were supposedly found in the castle of Châteaudun at his death in January 1468[11]. Her second suggestion was Charles of France, the son of Charles VII, brother of King Louis XI, who after his father's death in 1461 became the Duke of Berry[12]. In his review of Reynaud's article, Alain Erlande-Brandenburg agreed with the researcher that the tapestries were first commissioned by a French figure, proposing Charles of France as the original owner[13]. The tapestries would have been later passed on to Charles VIII and hung in Amboise, the remaining piece now kept at the Victoria and Albert Museum[14].

Art Bulletin 14/3 (1955), pp. 76–84, p. 80; Asselberghs 1970 (see note 1), p. 170; Cavallo 1993 (see note 1), p. 242.

7 McKendrick 1991 (see note 3), p. 50; Rorimer 1939 (see note 6), p. 226.

8 Asselberghs 1970 (see note 1), p. 160.

9 Nicole Reynaud, Un Peintre Français Cartonnier de Tapisseries au XV Siècle. Henri de Vulcop, in: *Revue de l'Art* 22 (1973), pp. 6–21, pp. 14 f.

10 Cat. Burgundische 2001 (see note 2), p. 319; Reynaud 1973 (see note 9), pp. 14 f.; Cavallo 1993 (see note 1), p. 243; Digby 1980 (see note 1), p. 15.

11 Louis Jarry: *Testament, Inventaire et Compte des Obsèques de Jean, Bâtard d'Orléans*, 1892, vol. 23, p. 135 (Mémoires de la Société Archéologique et Historique de l'Orléannais); Digby 1980 (see note 1), p. 15.

12 Reynaud 1973 (see note 9), pp. 14 f.; Cat. Tapestry 2002 (see note 1), p. 58.

13 Alain Erlande-Brandenburg, Henri de Vulcop. Cartonnier de Tapisseries, in: *Bulletin Monumental* 1/133 (1975), pp. 87 f.

14 Digby 1980 (see note 1), p. 15.

Reynaud's theory was confronted by scholars afterwards. The tapestry was examined. It was carefully inspected by Asselberghs, assisted by the Victoria and Albert Museum curators, and underwent the usage of the ultraviolet light reported by George Wingfield Digby[15]. It appeared that the tapestry was one original whole together with the emblem. Digby argued that this similarity was due to the weavers' skill and the difficulty, five centuries later, of telling apart threads from the same period[16]. Scott McKendrick rejected Reynaud's theory, claiming that the artworks at the castle of Châteaudun were probably large painted cloths of the *Story of Troy* instead or possibly *grand patrons* used in the production of other Trojan War tapestries. They could not have been the ones of the discussed series, as those were kept by the merchant[17].

In the context of the purchase for Charles the Bold, McKendrick and Thomas Campbell proposed a hypothesis that the tapestries were a speculation of the weaver-merchant Pasquier Grenier[18]. The time between the order and payment appears to be unusually short: with the order made in 1471 and payment installments 1472–1476. McKendrick suggested that the weavings were already in the stock room of the vendor, who might have predicted the market demand. What is more, the researcher doubted the direct link to the reparations of the castle of Male, as it cannot be certain whether the request happened after or due to its destruction. Combining Reynaud's theory and the speculation hypothesis, Campbell guessed that the tapestry could have been originally made for a French patron and then reproduced as a venture of Grenier[19]. None of the abovementioned theories can be proven, however, and they all remain hypotheses until more historical evidence surfaces. This paper will consider the theories of Charles the Bold's first ownership and the merchant's speculative act and examine the tapestries in this context.

The place of manufacture of the textiles also causes discord amongst researchers. The confusion is heightened when they mistake Grenier, who lived and worked in Tournai, for a weaver owning a tapestry workshop there. With that in mind, scholars assume that all tapestries delivered by him stem from that location. However, Grenier, an entrepreneur and merchant, did not manage any workshop himself. Rather, he acted as a liaison between patrons and workshops, managing contracts, overseeing production, and providing funding for materials and labor. He nevertheless was in possession of cartoons with which he would entrust other manufacturers for the re-

15 Jean Paul Asselberghs, Charles VIII's Trojan War Tapestry, in: *Victoria and Albert Museum Yearbook* (1969), pp. 80–84, p. 82; Digby 1980 (see note 1), p. 15.

16 Digby 1980 (see note 1), p. 15.

17 McKendrick 1991 (see note 3), p. 48.

18 McKendrick 1991 (see note 3), p. 50; Cat. Tapestry 2002 (see note 1), p. 58.

19 Cat. Tapestry 2002 (see note 1), p. 58.

alization of the commissions. It is unknown whether he only turned to the manufacturers of Tournai or other towns[20].

Speculation or Commission

It is thus uncertain whether the *editio princeps* of the Trojan War series was ordered by a ruler or created as a speculative venture of the tapestry dealer. The main production of medieval tapestries took place in a few Franco-Flemish centers, such as Arras, Tournai, Brussels, Lille, and Bruges. In the mid-fifteenth century, Tournai began to dominate the tapestry business. Since 1400, the number of masters involved in the trade quadrupled. There were about seventy weavers and about forty merchants. In 1423, tapestry and fine cloth makers separated from the mercer's guild and created their own association. In 1491, they divided again, and tapestry weavers established their own syndicate. The three main merchant figures in Tournai were Robert Dary, Jehan de l'Ortie, and Pasquier Grenier. While not much is known about the two former ones, Grenier's career is well documented[21]. Active 1447–1493, Grenier was a nobleman and wine importer to Tournai. He was granted citizenship of the town in 1447. In a record from that year, he was recognized as a connoisseur of tapestry technique and materials[22]. The first mention of his activity as a trader was in 1449, when he was selling woven panels through agents in Le Puy and Lyon. That year, in a legal dispute he was accused of delivering tapestries of a lower quality than promised. Other merchants of Tournai came to his defense and helped him obtain his rights, while the plaintiff had to pay for his order. His further transactions were mediated by his agent in Reims[23].

Despite being a citizen of Tournai and having mercantile and entrepreneurial roles, Grenier did not manage any specific manufactures operating in the town. In fact, it is uncertain whether the tapestries he provided were woven there, as it is unknown whether he only turned to the manufactures of the city or other places. Like other tapestry dealers, he remained in possession of cartoons that he would temporarily entrust to manufacturers for the realization of the orders[24].

In the years 1454–1466, Grenier became the principal supplier to the court of Burgundy. He was responsible for all major orders of Philip the Good, who bought

20 Nello Forti Grazzini: *Gli Arazzi della Fondazione Giorgio Cini*, Venezia 2003, p. 39; Cat. Tapestry 2002 (see note 1), p. 64.

21 Cat. Tapestry 2002 (see note 1), p. 33.

22 Marguerite d'York et son Temps. British Week in Brussels, Exhibition Catalogue, Bruxelles 1967, p. 19.

23 Cat. Tapestry 2002 (see note 1), p. 33; Cat. Burgundische 2001 (see note 2), p. 345.

24 Forti Grazzini 2003 (see note 20), p. 39.

seven series of thirty-eight pieces from him in total[25]. From the end of the 1450s, he gained international clients. He catered to the rulers in Italy. In 1459, his delegation visited the court of Francesco Sforza in Milan, while in 1476 he supplied Federico da Montefeltro in Urbino. He also traveled to London to show and sell tapestries to Henry VII[26]. Perhaps it was during those travels to various European courts when he learned about his clients' demands and preferences. Perhaps, if the Trojan War series was his speculative venture, it was also when he conceived it, with the foresight of its desirability among rulers. Perhaps, in his later trips, it was when he promoted the contrived tapestries.

If the *editio princeps* was not a speculative venture of Grenier, but a commission by Charles the Bold, it would have fit well both within his and his predecessors' artistic choices. The court of Burgundy was known for its tapestry collection. Charles's father, Philip the Good, had forty-two woven series in his possession[27]. Not only did he inherit them, but he also repeatedly commissioned many. They came from various centers: Arras, Tournai, and Brussels. Since his acquisition of the Gideon tapestries in Tournai ca. 1453, the duke mainly turned to that center for woven artworks. From then on, the merchant Pasquier Grenier became his principal supplier. Towards the end of his life, Philip reached out to the dealers in Brussels for tapestry orders. His last tapestry commission was entrusted to Jehan le Haze[28].

During his reign, Charles the Bold also used tapestries to epitomize his power and wealth. Like his books, he took them with him on military campaigns[29]. Possibly after the fire of his castle of Male in 1472, he approached the city and province of Bruges to financially support its loss and its furnishings, including many tapestries, which had burned[30]. Between September 2, 1471, and September 1, 1472, he received a series of the Trojan War tapestries. It could have been a reminder of his wedding celebration with Margaret in the city four years prior[31]. The documents of payments in the span of

25 Cat. Marguerite d'York 1967 (see note 22), p. 19.

26 Cat. Tapestry 2002 (see note 1), p. 33.

27 Jeffrey Chipps Smith claims he owned between 90 and 100 sets (Jeffrey Chipps Smith, Portable Propaganda-Tapestries as Princely Metaphors at the Courts of Philip the Good and Charles the Bold, in: *Art Journal* 48/2 (1989), pp. 123–129, p. 123).

28 Cat. Burgundische 2001 (see note 2), p. 335.

29 Charles was known for being careless with his luxury possessions by taking them to the battlefield. He left many behind after his defeat in Grandson in 1476. In fact, he lost such a great number of tapestries that he could not provide enough to decorate the church for the wedding of his daughter Mary with prince Maximilian in 1477. He was forced then to ask friends and relatives to lend him their weavings, many of which were compensated by Yolande of Valois. Cat. Burgundische 2001 (see note 2), pp. 339 f.

30 Cat. Marguerite d'York 1967 (see note 22), p. 17; Cat. Burgundische 2001 (see note 2), p. 340.

31 The wedding festivities alluded to ancient heroes and the legend of Troy, which was of relevance to both the Burgundian and English courts. Staging her arrival as the New Helen, Margaret sailed on a boat through the canals in Bruges (Christine Weightman: *Margaret of York. The Diabolical Duchess*, Stroud 2012, pp. 49, 51).

1472–1476 do not mention the weavers or designers of the work, only the merchant who delivered them: Grenier. He was paid by the city of Bruges in installments during the period 1472–1476 and the Franc of Bruges throughout 1472–1474. By that time, Grenier was already internationally known[32].

The theme of the Trojan War was also an important legend for the house of Burgundy. The dukes aimed to elevate their status to be more than just vassals of the French kings but descendants of a greater lineage. Deriving their roots from ancient Troy would provide such a background. Philip the Good even sent his army to the East to look for the lost city of Ilion. His son, Charles, strove to become king and studied heroes of the past to learn from them. Hector of Troy, who was a noble hero in the tapestries, was a great example for him to imitate[33]. What is more, the story of the Trojan War was relevant not only to Charles the Bold but also to his wife, Margaret of York. Manuscripts on the topic were found in both of their libraries in their corresponding lands. After Margaret's move to Burgundy in 1468, at her personal request, William Caxton commenced his work on the English translation of the story. His *Recuyell of the Historyes of Troye*, finished in September 1471, was the first printed book in English[34]. At that time, there were at least seventeen manuscripts pertaining to the history of Troy at the Burgundian library, previously amassed by Philip the Good. The latest was Raoul Le Fèvre's edition *Recueil des Histoires de Troie*, produced in 1464[35].

Description

The *Trojan War* tapestries are composed of both image and text. Name *tituli* identify the figures and locations, while larger portions of text in French and Latin, respectively in the top and bottom registers, explain the flow of the depicted action. They provide a

32 Cat. Marguerite d'York 1967 (see note 22), p. 19.
33 Charles the Bold took it as his personal ambition to rival the heroes. He had the Arthurian legends read out to him in his youth. Later, before retiring, he would listen to ancient stories of Rome, admiring Caesar, Hannibal, and Alexander. Like many of his contemporaries, he intended to imitate the great examples of the past. To quote Huizinga, "He desired great glory which more than anything else led him to undertake his wars; and longed to resemble those ancient princes who have been so much talked of after their death." (Johan Huizinga: *The Waning of the Middle Ages*, New York 1954, p. 71 (Doubleday Anchor Book, 42)).
34 William Caxton served the household of Mary of Burgundy 1471–1476. Together with Earl Rivers, he translated chivalrous books from French to English for a yearly fee from the Duchess. The purpose behind his publications was the reinstallment of chivalry (Charles A. J. Armstrong: The Golden Age of Burgundy. The Dukes that Outdid Kings, in: A. G. Dickens (ed.): *The Courts of Europe. Politics, Patronage, and Royalty 1400–1800*, London 1977, p. 71).
35 Thomas P. Campbell: *Henry VIII and the Art of Majesty. Tapestries at the Tudor Court*, New Haven/London 2007, p. 72.

concise summary of the key events. On an iconographic level, the story is told in a continuous narrative, flowing from left to right. The composition is often divided vertically by architecture or nature into smaller parts illustrating separate events. The tapestries are woven on a woolen warp (between 6–7 per cm) with woolen and silk wefts[36]. The details are fine due to the masterly application of short slits and color. Finer weft threads are used to render the faces and hands, while silk is employed for highlights[37].

Literary Sources

It is agreed that two texts, the *Roman de Troie* (ca. 1160–1170) by Benoît de Sainte-Maure and the *Historia Destructionis Troiae* (ca. 1287) by Guido delle Colonne, were consulted in the making of the iconographical program of the tapestries[38]. These epic poems were in turn based on two pseudo-Hellenistic sources from probably the fifth century CE: *De Excidio Troiae Historia*, credited to Dares Phrygius, and the *Ephemeris Belli Troiani*, attributed to Dictys Cretensis[39]. Both authors appeared to be factual and rationalistic in their narrations, omitting any kind of divine or supernatural involvement in the events, characteristic of epics of the time. Instead, the authors elaborated on psychological portraits of the figures, descriptive battle narrations, and realistic details that convinced the medieval readers of their truthfulness. Acting as eyewitnesses of the events, they expanded the story of the *Iliad*, which only focused on the four days of battles to all ten years of the war[40].

The writings of Dares and Dictys strongly impacted medieval literature. They became widespread in the twelfth and thirteenth centuries, profusely translated, and transcribed. In 1184, the Norman cleric, Benoît de Sainte-Maure, used both texts, leaning predominantly on Dares's and his own imagination, resulting in the creation of his *Roman de Troie* in French. Not only was it the first story about Troy in a vernacular

36 Digby 1980 (see note 1), p. 14; Cavallo 1993 (see note 1), p. 229; Cleland and Karafel 2017 (see note 1), p. 406.

37 Cleland and Karafel 2017 (see note 1), p. 413.

38 Campbell 2007 (see note 35), p. 72; Cat. Burgundische 2001 (see note 2), p. 313.

39 In medieval Europe, Greek was no longer read, Homer was known only from abridgements and did not play a major role in the formation of the myth. In fact, he was seen as an untrusted source. Asselberghs 1970 (see note 1), pp. 157–161; McKendrick 1991 (see note 3), pp. 43–82; Cat. Tapestry 2002 (see note 1), p. 60; Guido delle Colonne: *Historia Destructionis Troiae*, Mary Elizabeth Meek (ed.), Bloomington 1974, p. XII; Cat. Burgundische 2001 (see note 2), p. 313; Emily Reiner: *The Ambiguous Greek in Old French and Middle English Literature*, p. 36 (Diss. University of Toronto 2008).

40 Marilynn Desmond: Trojan Itineraries and the Matter of Troy, in: Patrick Gerard Cheney et al. (eds.): *The Oxford History of Classical Reception in English Literature*, Oxford 2012, pp. 251–268, pp. 253 f.; Asselberghs 1969 (see note 15), p. 80; Carl David Benson: *The History of Troy in Middle English Literature. Guido delle Colonne's Historia Destructionis Troiae in Medieval England*, Woodbridge 1980, p. 4 (Diss. University of Berkeley 1971).

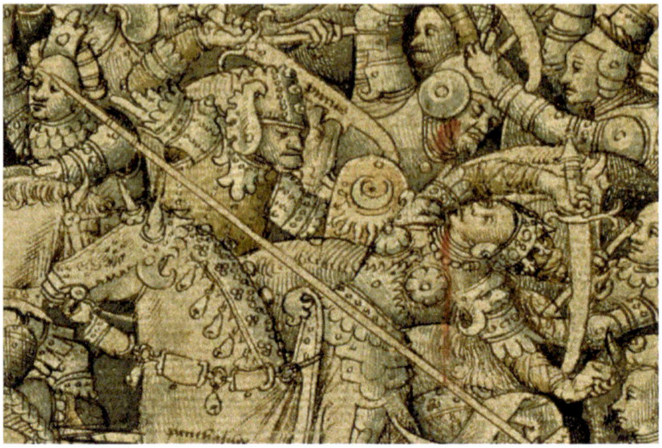

1 Master of Coëtivy: *Pyrrhus Slaying Penthesilea*, Detail of the *Petit Patron* Portraying the Death of Penthesilea; Betrayal of Antenor, ca. 1465, Brown Ink and Colored Wash on Paper, Paris, Musée du Louvre, D. A. G.

language, but also one of the first French romances[41]. *Roman de Troie* was further copied, translated, and edited in the thirteenth century. It was additionally rewritten in French by Jean Malkaraune, in German by Konrad von Wurzburg, in Dutch by Jacques van Maerlant, and Italian by Guido de Colonne. It was also present in the Scandinavian countries and Iceland. Every medieval author that worked with the text tried to make it personal, inventing more episodes, adding more details to the story[42]. The version by Guido delle Colonne, *Historia Destructionis Troiae*, became almost as appreciated as Benoît's narration. It inspired more writing, translations, and theater, such as the staging of *Entremets du Siège de Troie* for Charles VI in 1389 and the mystery play *La Destruction de Troie la Grande* by Jacques Millet (ca. 1450)[43].

Alterations

The surviving records and drafts allow for an examination of the tapestries' creation process, revealing alterations between the initial designs and the finished works. These modifications pertain to narration, composition, and stylistic details. Changes are visible when comparing the source texts with the corresponding artworks. The following will focus on two such instances, one depicting the death of King Priam and the other the clash between Pyrrhus and Penthesilea. The moment of the murder of Priam

41 Reiner 2008 (see note 39), p. 34; Hugo Buchthal: *Historia Troiana. Studies in the History of Mediaeval Secular Illustrations*, London/Leiden 1971, p. 3 (Studies of the Warburg Institute, 32).
42 Asselberghs 1970 (see note 1), p. 158.
43 Cavallo 1993 (see note 1), p. 233; Cat. Burgundische 2001 (see note 2), p. 313.

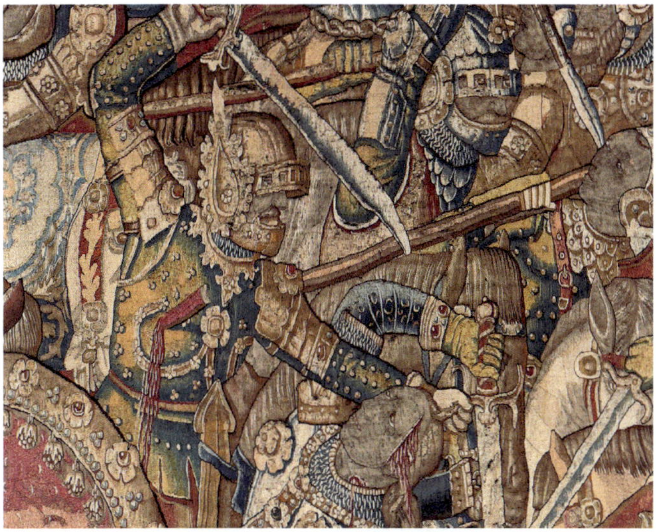

2 Designed by Master of Coëtivy: *Pyrrhus Slaying Penthesilea*, Detail of the Tapestry Portraying the Battle of the Amazons against the Greeks and the Death of Queen Penthesilea, early 17th Century? (South Netherlands?), Wool and Silk, Madrid, Palacio de Liria

is described by Benoît de Sainte-Maure as follows: "Dares and Dictys tell me that Pirrus slew Priam before the altar of the all-powerful god Apollo. There he sent the king's head flying, causing the altar to be drenched in blood."[44] In the center scene of the eleventh tapestry, Pyrrhus finds the Trojan ruler at the temple of Apollo, with his arms entwined around the column of the altar. The Greek strikes the sovereign just below the statue of the god. However, in the *petit patron*, the same scene unfolds beneath a different statue—that of a female deity, an image textually erroneous. This discrepancy reveals a correction was made during the tapestry's production to align the image precisely with its written source.

The final clash between Pyrrhus and Penthesilea is described in the *Roman de Troie*, "Pirrus broke his lance there and the queen struck him once more, furious and enraged that he had held out against her for so long. She thrust her silken pennant all the way through his body but failed to knock him from his horse. Her lance split in two. ... With the spear stub still lodged in his body, he went on the attack again against Penthesilea, do or die"[45]. This dramatic moment of the struggle between Pyrrhus and Penthesilea is captured in both the weaving and the *petit patron*. Yet, the two versions diverge in their representation of the weaponry. In the tapestry, Pyrrhus holds the

44 Benoît de Sainte-Maure: *The Roman de Troie*, Glyn S. Burgess and Douglas Kelly (eds.), Cambridge 2017, p. 360.
45 Ibid., p. 338.

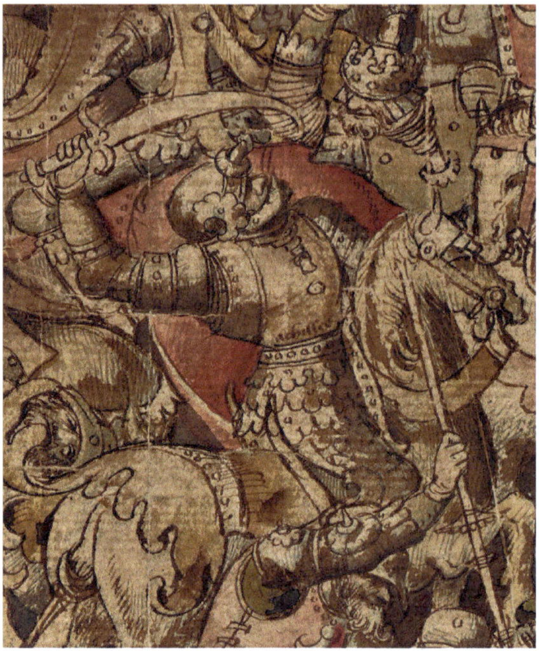

3 Master of Coëtivy: *Achilles Slaying King Mennon*, Detail of the *Petit Patron* Portraying the Eighteenth Battle; Death of Achilles; Twentieth Battle, ca. 1465, Brown Ink and Colored Wash on Paper, Paris, Musée du Louvre

Amazon's wounded head by the hair and swings his blade at her. A broken spear is prominently lodged in his chest (Fig. 2). The preliminary drawing portrays the same moment, yet it omits the damaged weapon, featuring instead a different lance below the Greek's arm, creating a parallel line to his sword (Fig. 1). This spear, not aimed at anyone, is held passively by an Amazon to the right of the scene, who in her entirety was excluded from the tapestry. This variation suggests that the iconography was altered after the initial sketch had been created, with the stub in Pyrrhus's chest added in the tapestry's production. Aside from serving the narration, piercing the warrior's body fulfills a dual pictorial purpose. It accentuates him as a distinct, iconographic, three-dimensional figure. Simultaneously, the thread-like blood flowing from his wound grounds him in the material reality of the panel's woven texture.

There are also stylistic differences between the *petit patrons* and tapestries unrelated to the text. These are adaptations of the blades, coats of arms, and fashion. Throughout the series, Achilles, and after his death, his son Pyrrhus, wear the same armor and brandish the same sword. In the drawing, the weapon has an s-shape guard and a cusped, beak-like point. It appears similar to a *thorpe falchion*, which was often illustrated in the late Middle Ages, particularly in the 1470s[46]. This sword is visible in

46 Douglas Huntly Gordon, Scimitars, Sabres and Falchions, in: *Man* 58 (1958), pp. 22–27; George Cameron Stone: *A Glossary of the Construction, Decoration and Use of Arms and Armor in All Countries and in All Times, Together with Some Closely Related Subjects*, New York 1961, p. 224.

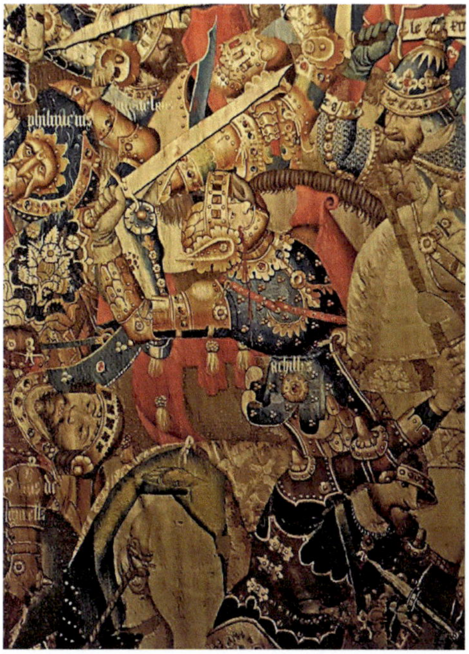

4 Designed by Master of Coëtivy: *Achilles Slaying King Mennon*, Detail of the Tapestry Depicting the Death of Achilles, ca. 1465–1495 (South Netherlands), Wool and Silk, Zamora, Museo Catedralicio Zamora

two *petit patrons*: in the eighth one depicting the eighteenth battle where Achilles slays Troilus and King Mennon (Fig. 3), and in the eleventh rendering the siege of Troy, where Pyrrhus wields the same curved weapon to decapitate Polyxena[47]. Strikingly, its shape has been changed in the woven panels, replaced by a straight longsword. The modified eye-catching portrayal of the blade dominates the scene, highlighting the figure of Achilles within the composition of the battle (Fig. 4).

This discrepancy between the preliminary sketches and the tapestry emphasizes the artistic choices made during the weaving process, particularly given the common Western misrepresentation of Eastern weaponry[48]. Europeans in the late Middle Ages called any curved sword from the East a *scimitar*, ignoring their many variations[49]. While European warriors themselves used curved blades (like the *falchion*), they didn't call them *scimitars* to distinguish between Christian and Muslim cultures. One common Eastern curved sword was the *kilij*, used by various Turkic peoples and eventually adopted by the Ottomans[50]. However, European creators depicting Eastern

47 The *falchion's* sharpened false edge made it efficient in both thrusting and chopping, which would render it a realistic weapon to use for decapitating. Gordon 1958 (see note 46), pp. 22–27; Stone 1961 (see note 46), p. 224.

48 I would like to thank Matt Easton for his invaluable insights concerning medieval swords.

49 Stone 1961 (see note 46), p. 545; Gordon 1958 (see note 46), pp. 22–27.

50 David Nicolle: *Arms and Armour of the Crusading Era. 1050-1350*, White Plains 1988, 2 vols., vol. 2, p. 617.

weapons often showed exaggerated *falchions* instead of *kilijs*. Their stylized interpretations, with their extreme curves and serrated edges, looked nothing like real Middle Eastern or North African steels. Painters likely had only a vague idea of Eastern swords as curved and single-edged. The *falchion's* broad blade and chopping design conveyed an image of power and brutality, contrasting with European long and straight knightly steels and reinforcing the idea of the Other. Hence, these exaggerated *falchions* embodied a European stereotype of the Ottoman weapon and not an accurate representation[51]. Emphasized through the tapestry's visual form, the sword's meaning thus extended beyond the figure wielding it in combat.

Another element associated with the East is the motif of the moon crescent. Present in the *petit patrons* as a coat of arms on the shields and standards on the Trojan side, it has been omitted in the tapestries. Its meaning has not always been connected to Islam. Constantinople first adopted it as its symbol, while the early Muslim community did not acknowledge it as their own. It wasn't until the Ottoman Empire that the crescent moon and star became affiliated with the Islamic world. When the Turks conquered Constantinople in 1453, they embraced the city's existing flag and emblem[52]. Thus, the crescents in the *petit patrons* could refer to both Byzantium and the Ottomans. It is unclear why the symbol was not applied in the tapestries as well. Perhaps its connection to Byzantium could create a link to the Greeks and cause ambiguity regarding armies' identities.

This might have been also the case of the depictions of the *Palaiologan hat* in the woven panels. Unmistakably Byzantine, the headgear was associated with the Greek side of the conflict. The hat with its high rounded top and pointed frontal brim projecting over the face and shielding it from sun was prevalent in Byzantium during the Palaiologan era. John VIII Palaeologus wore it in 1438 during his visit to Italy at the council in Ferrara, where the present Western Europeans could see it. His portrait wearing the headgear was preserved both in painting and a medal by Pisanello[53].

The *Palaiologan hat* is worn by the Greeks in the tapestries. In the first *petit patron* illustrating the mission of Antenor, King Telamon of Salamis wears it, topped with a crown. This could be seen as an orientalizing device, placing the ruler in the

51 In literature and iconography, the symbolical significance of a *falchion* could be of the monstrous, diabolical, and evil, such as the horsemen of the Apocalypse in the Douce Apocalypse, MS Douce 180, 28r. They were also used in depictions of beheadings of saints, such as Barbara, Catherine, and John the Baptist. There was often a connection between the sword and the (anti-)hero who wielded it, as both shared the same evil purpose and fate, reflecting their relationship. See: Robert W. Jones: *A Cultural History of the Medieval Sword. Power, Piety, and Play*, Woodbridge 2023, pp. 84, 88.

52 See more in: Franz Babinger, Ralph Manheim, and William C. Hickman (eds.): *Mehmed the Conqueror and His Time*, Princeton 1992, p. 108 (Bollingen Series, 96).

53 Joyce Kubiski, Orientalizing Costume in Early Fifteenth-Century French Manuscript Painting. Cité des Dames Master, Limbourg Brothers, Boucicaut Master, and Bedford Master, in: *Gesta* 40/2 (2001), pp. 161–180, p. 163.

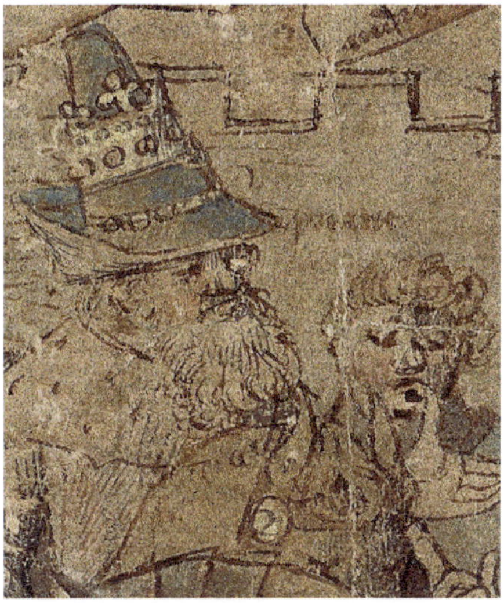

5 Master of Coëtivy: *King Priam Wearing a Palaiologan Hat*, Detail of the *Petit Patron* Portraying Achilles in front of his Tent, Hector and Andromeda, Paris Killing Palamedes, ca. 1465, Brown Ink and Colored Wash on Paper, Paris, Musée du Louvre

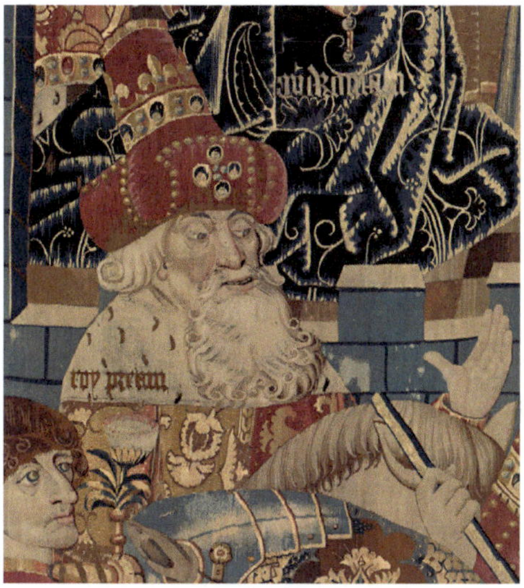

6 Designed by Master of Coëtivy: *King Priam Wearing a Crowned "Turban"*, Detail of the Tapestry Portraying Andromache and Priam Urging Hector not to go to War, ca. 1470–1490 (South Netherlands), Wool and Silk, New York, Metropolitan Museum of Art

context of Greece, contemporarily associated with Byzantium[54]. This hat appears again later in the series, in the ninth and tenth woven panels. It is worn by Greeks, such as Agamemnon in the arming of Pyrrhus scene or Ulysses in the council with Priam. Surprisingly, it is also donned on the Trojan side by only one person: Aeneas. This could signify his treason and joining the Greek side, which takes place in the tenth tapestry. Remarkably, the *Palaiologan hat* can also be spotted on Priam, as he detains Hector from leaving for battle in the sixth *petit patron* (Fig. 5). It is the only time the king of Ilion does not wear his characteristic crowned "turban" when unarmed, which was modified and correctly depicted in the corresponding woven panel (Fig. 6).

Other clothing adaptations between the drawings and the weavings could be a result of a change in fashion, which occurred after the preliminary designs were made.

54 In some of the earlier manuscripts depicting Guido's *Historia* ... the two conflicting sides both look barbaric: they have long hair and flowing beards. They wear Eastern dress, pointedly foreign headgear (mainly *Palaeologan hats* and "turbans", conical caps, and spiked helmets of Mongols). In later editions, it's the Greeks only who wear *Palaeologan hats*. The headdress is no longer treated as a fantastical object but as a marker of place, locating the reader in an exotic Eastern world. Moreover, the pointed hats of the Trojans, made of a soft material with pointed ends, could be meant to be imitations of a Phrygian cap. See more: Buchthal 1971 (see note 41), p. 34.

Such might have been the case with Helen's costumes. The Greek princess, who was renowned for being the most beautiful woman of her time, would have been naturally depicted in the most fashionable and sumptuous clothing. Throughout the tapestry series, Helen wears variously colored side-less, full-length capes clasped on the hips, known as *journades* over the long velvet outer garments, *houppelandes*, with cylinder-shaped bejeweled *turrets* upon her head. The fifth *petit patron* is the only one preserved, portraying Helen clearly with her name *titulus*. Here she is rendered twice: watching the battle from the city walls and receiving Trojan heroes afterwards in the scene called Chamber of Beauty. Noticeably, her headpiece is different than in the tapestries. Her locks are held up on both sides of her head in a hairnet, called *crispin*, gathered in the middle with a crown[55]. This was a more old-fashioned look, dating back to the 1430s but still used in the 1460s around the time of creation of the preliminary designs. As no textile with these scenes survives, there is no woven image to confirm whether this look was transposed to the corresponding weaving. However, John Carter's drawing from ca. 1790–1810 faithfully copied the Trojan War panels once displayed at the Westminster Palace, including the one based on this *petit patron*. Carter's illustration, now housed in the Victoria and Albert Museum in London, confirms that Helen was depicted wearing the cylindrical *turret* in the weavings. This portrayal aligns with her other representations in the series. The change of headgear, from the *crispin* to the *turret*, would imply a mindful adaptation of the images to the fashion changes, which took place in the 1470s, when the cylinder-shaped headgear became more appreciated than the by then already old-fashioned hairnet.

Conclusion

A comparison of the extant *petit patrons* and tapestries reveals great overall iconographical and compositional similarities, elucidating that the sketches functioned as preparatory drawings for the woven panels. The differences between them occur in narration, composition, and stylistic detail in the portrayal of figures and objects. Alternations were most likely executed to pay respect to the written account, to elaborate and visualize the plot, and to accommodate the design to the weaving technique[56]. Some of the changes were likely made to avoid confusion in distinguishing between the Greek and Trojan armies. Some aimed to modernize the illustrated fashion. Some

55 Illuminating Fashion. Dress in the Art of Medieval France and the Netherlands, ed. by Anne van Buren and Roger S. Wieck, Exhibition Catalogue, New York, The Morgan Library and Museum, New York 2011, p. 302.
56 McKendrick 1991 (see note 3), pp. 68–73; Les Manuscrits à Peintures en France, 1440–1520, ed. by François Avril and Nicole Reynaud, Exhibition Catalogue, Paris, Bibliothèque Nationale, Paris 1993, p. 66; Cavallo 1993 (see note 1), p. 240.

finally sought to highlight the iconography and material texture, engaging viewers directly with pictorial objects.

These adaptations must have occurred during the tapestry-making process itself, after the preliminary sketches were transferred onto the full-scale cartoons to be subsequently woven. The *petit patrons* were often created by painters unfamiliar with the weaving technique. This can be assumed about Master of Coëtivy who was a miniature painter and illuminated roughly thirty codes[57]. The initial drawings were subsequently enlarged and transferred onto the *grand patron*—a full-sized painting on cloth or paper—which was a crucial stage in the tapestry production. This step was executed by cartoon painters possessing technical expertise in tapestry weaving. Their specialized knowledge allowed them to adapt the sketches' original forms and details to the textile medium. Once a panel was completed, the cartoon could be re-used. A workshop that had a highly demanded set of designs, which could be woven and sold several times, was assured of financial success. This was most likely the reason why Grenier retained the cartoons of the Trojan War series[58].

If the *editio princeps* was commissioned by Charles the Bold, it is plausible that the preliminary sketches were reviewed at the Burgundian court, where at least seventeen manuscripts pertaining to the history of Troy were kept. There, the ruler or a member of his entourage could have easily identified narrative errors and requested design revisions, resulting in the cartoons differing from the *petit patrons*. If the textiles were conceived on account of Grenier's speculation, however, they would have revealed the merchant's shrewdness, foresight, and great sense of the international market. Overseeing the production, he would have likely been acquainted well enough with the epic poem to have identified the narrative inconsistencies within the *petit patrons*. He would have then directed the attention of the cartoon painters to changes, which needed to take place. Being aware of the tapestry technique, he would have understood the impact of specific details on the story's interpretation. He would have been mindful of the different levels of imagery implied by the shapes of swords, moon crescent motifs, or the usage of the Palaiologan hat. Furthermore, he could have been

57 His workshop was also responsible for paintings, stained glass drafts, and most probably the discussed tapestry designs. Nello Forti Grazzini and Nicolas Oget connected the artist with the altarpiece with the *Raising of Lazarus* at the Louvre, a cartoon for a triple stained-glass window of Christ between the Virgin and St. John in the choir of Saint-Séverin in Paris, and illuminations of around thirty volumes. They saw him as one of the greatest painters in the French scene at the time, together with Jean Fouquet and Barthélemy d'Eyck. Forti Grazzini 2003 (see note 20), p. 35; Nicolas Oget, Quelle Identité pour l'Artiste Médiéval? Le Cas du Maître de Coëtivy, Peintre, Miniaturiste et Cartonnier à Paris dans la Seconde Moitié du XVe Siècle, in: *124- Sorbonne. Carnet de l'Ecole Doctorale Histoire de l'Art et Archéologie* (2017), pp. 1–23; Cat. Tapestry 2002 (see note 1), pp. 59 f.; Primitifs Français, Découverte et Redécouverte, ed. by Dominique Thiébaut, Exhibition Catalogue, Paris, Musée du Louvre, Paris 2004, p. 101.

58 Cavallo 1993 (see note 1), pp. 37, 42.

attuned to contemporary fashion trends, suggesting the cartoonists to modernize the garments depicted in the tapestries.

Grenier most likely anticipated the potential success that the *Trojan War* series would bring. The weavings were opulent instruments in the communication of affluence, status, and cultural influence. Their exquisite high quality contributed to the shaping of the image of their owners, regardless of how long they had been established as leaders, highlighting their cultural sophistication. Multiply rewoven, the works remained in high demand even three decades after their first edition. They kept attracting admirers, who wrote about and copied them long after their heyday, testifying to their unwavering appreciation.

Markus Rath

Ausdrucksgestalt und Ausdrucksgehalt

Linie, Farbe und Material bei Niklaus Manuel Deutsch

Abstract: Line, color, and material interweave to reveal expressive content in Niklaus Manuel's art. As a central expressive element, lines convey both visual dynamism and connecting relationships, thus serving as energetic metaphors. Spiral-shaped and elongated in some places, abrupt or sweeping in others, they lend his figures a particular drama and emotional intensity—while at the same time being morphologically and functionally linked to the ornamental curved banners and condensed acronyms. Furthermore, the painter's experimental, expressive use of color, not only in the case of "Tüchleinmalerei" (painting on cloth), testifies to the symbiotic function of color, which is not necessarily chosen to be close to nature but also generates free resonance values and, in an interactive exchange, is able to enhance the expressive content of line and figure. In the creative process of the *Lukas Madonna*, the latent potential of the artistic material is once again made clear through the reflective use of materials.

Linien als energetische Metaphern

In einer feinen Federzeichnung auf rötlichem Papier entwirft Niklaus Manuel Deutsch eine hybride Vision aus *Venus* und *Fortuna* (Abb. 1). Mit ausgebreiteten Flügeln auf einer Kugel balancierend, ordnet die nackte Gestalt versonnen ein Bündel Fangseile. Auf ihren Schultern steht *Amor*, der gerade seinen Bogen spannt, um sogleich kein Geschoss aus Gold oder Blei, sondern einen Pfeil mit Narrenkappe abzuschießen.[1] Die Ikonographie der geflügelten Venus, mit einem Lasso auf Liebesjagd, etablierte sich Ende des 15. Jahrhunderts, insbesondere durch illustrierte Schriften wie Sebastian Brandts *Narrenschiff*. 1494 in Basel erschienen, wird darin eine mit Schwingen aus-

1 Vgl. Niklaus Manuel. Catalogue Raisonné, hrsg. v. Michael Egli u. Hans Christoph von Tavel, m. Beiträgen v. Petra Barton Sigrist, Basel 2017, 2 Bde., Bd. 2, S. 304 ff. (Schweizerisches Institut für Kunstwissenschaft, Œuvrekataloge Schweizer Künstler und Künstlerinnen, 29, Schriften der Burgerbibliothek Bern).

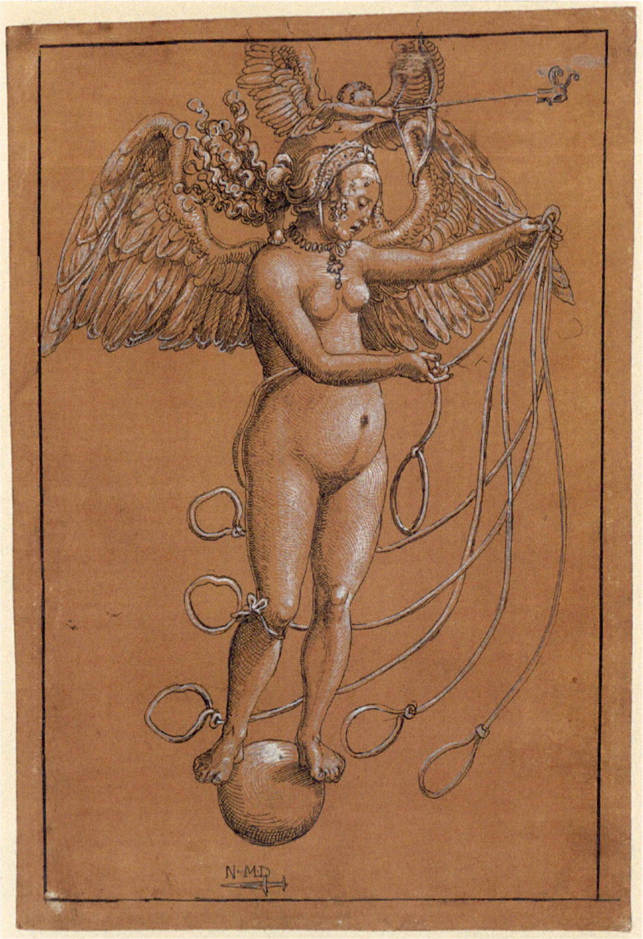

1 Niklaus Manuel gen. Deutsch: *Frau Venus*, um 1513/1512, Feder in Schwarz, weiß gehöht, auf braun-orange grundiertem Papier, Blatt: 31 / 31,8 × 21 / 21,5 cm, Basel, Kunstmuseum, Kupferstichkabinett, Amerbach-Kabinett 1662, Inv. U.X.2

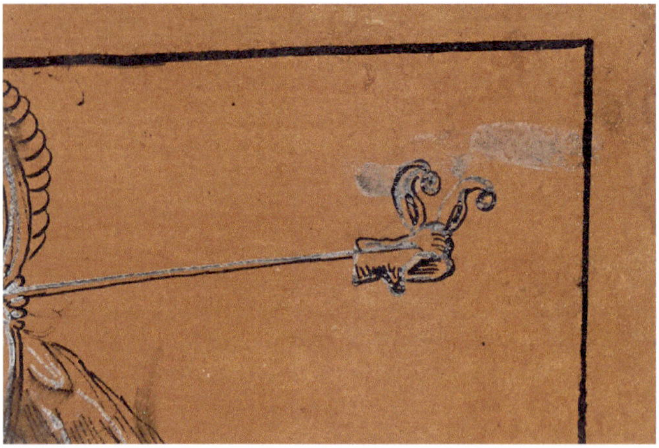

2 Niklaus Manuel gen. Deutsch: *Frau Venus* (Detail), um 1513/1512, Feder in Schwarz, weiß gehöht, auf braun-orange grundiertem Papier, Blatt: 31 / 31,8 × 21 / 21,5 cm, Basel, Kunstmuseum, Kupferstichkabinett, Amerbach-Kabinett 1662, Inv. U.X.2

gestattete Venus von Amor und Tod begleitet, um mit ihren Fangseilen jene im Text angesprochenen Narren, Affen und Esel spazieren zu führen, die ihr erlegen sind.[2] Eine Kappe, wie die im entsprechenden Holzschnitt des *Narrenschiffs*, prangt nun bei Niklaus Manuel an Amors Pfeilende. In der weiß gehöhten Federzeichnung emanieren hier, aus den schwarz konturierten Formen der Eselsohren, helle Flecken, die dem Motiv eine zusätzliche metaphysische Qualität verleihen (Abb. 2).

Dass Manuel mit den Seilschlingen jene Kräfte angesprochen hat, die in seinem Werk allgemein im Sinne der sogenannten „Weibermacht" gelesen werden können, wurde bereits erkannt.[3] In diesem Sinne wurde auch Niklaus Manuels Zeichnung des *Gefesselten am Kreuzesstamm* gedeutet, als eine Figuration, die im Schema der Heiligendarstellung einen bloßgestellten, aber körperlich unversehrten Verliebten in seiner amourösen Marter zeigt, mit spöttisch umspielenden Liebesschlingen ans Kreuz der Sehnsucht gebunden.[4] In Manuels Zeichnung der *Frau Venus* ist in dieser Hinsicht eine Körperpartie von besonderer Bedeutung. Ihr Haupthaar bündelte der Künstler zu einem kurzen Zopf, der Amors Geschlecht verdeckt. Aus diesem Zopf entspringt nun eine dicht verwobene, in Wellensträngen auslaufende Haarpartie. Mit engen Federzügen gestaltete Niklaus Manuel hier einen vielfach verschlungenen Haarkosmos, dessen Strähnen in kreisförmigen Schlingen enden. Die Fangseile der Liebe finden hier ihren bewusst integrierten Widerpart. Denn bei genauer Betrachtung tritt deren spätere Hinzunahme zutage: Der Künstler hatte die Figur zunächst nur mit einer „züchtiger" gebundenen Haartracht versehen, dann den Amor hinzugefügt. Erst in einem späteren Schritt zeichnete er über den Unterschenkel Amors, dessen Konturen noch deutlich darunter hervorscheinen, das ausdruckshaft ausgreifende Haarbündel, um mit dessen Haarschlingen sowohl eine effektvolle Dynamisierung als auch eine motivische Resonanz zu den Liebesseilen zu gewinnen. Mit diesem Motiv der ausgreifenden Schlangenlinie ist eine zentrale Ausdruckgestalt im Werk Niklaus Manuels benannt. Doch welchen Ausdrucksgehalt vermochte diese zu transportieren?

Erneut auf braun-rötlichem Papier erscheint Niklaus Manuels *Flötenspielerin* in ähnlicher körperlicher Anlage wie *Frau Venus*, indes mit einer noch weiter ausgreifenden Haarpracht (Abb. 3). Auf einen nahen Uferstreifen zwischen Baumstumpf und Signierblock gestellt, öffnet sich der Blick hinter ihr auf eine weite Seenlandschaft, die rechts von einer hohen Gebirgskette mit vorgelagerter phantasievoller Fortifikation bestimmt wird. Die Querflötenspielerin wird in voluminöser Nacktheit präsentiert, allein

2 Sebastian Brandt: *Doctor Brants Narrenschiff* [1494], Basel 1499, S. 17v. [Von buhlschafft].
3 Vgl. Weibsbilder. Eros, Macht, Moral und Tod um 1500, hrsg. v. Ariane Mensger, Ausstellungskatalog, Kunstmuseum Basel, Kupferstichkabinett, Berlin 2017, Nr. 3, S. 37.
4 Niklaus Manuel gen. Deutsch: *Gefesselter am Kreuzesstamm*, um 1515/1517, Feder in Schwarz, Blatt 27,4 × 20,1 cm, London, British Museum, Inv. 1921,1012.3. Vgl. Hans Christoph von Tavel: Notizen zu den Zeichnungen und Holzschnitten Manuels, in: Niklaus Manuel Deutsch. Maler, Dichter, Staatsmann, hrsg. v. Cäsar Menz und Hugo Wagner, Ausstellungskatalog, Kunstmuseum Bern, Bern 1979, S. 42–50; Cat. Raisonné 2017 (wie Anm. 1), Bd. 2, Nr. 48.

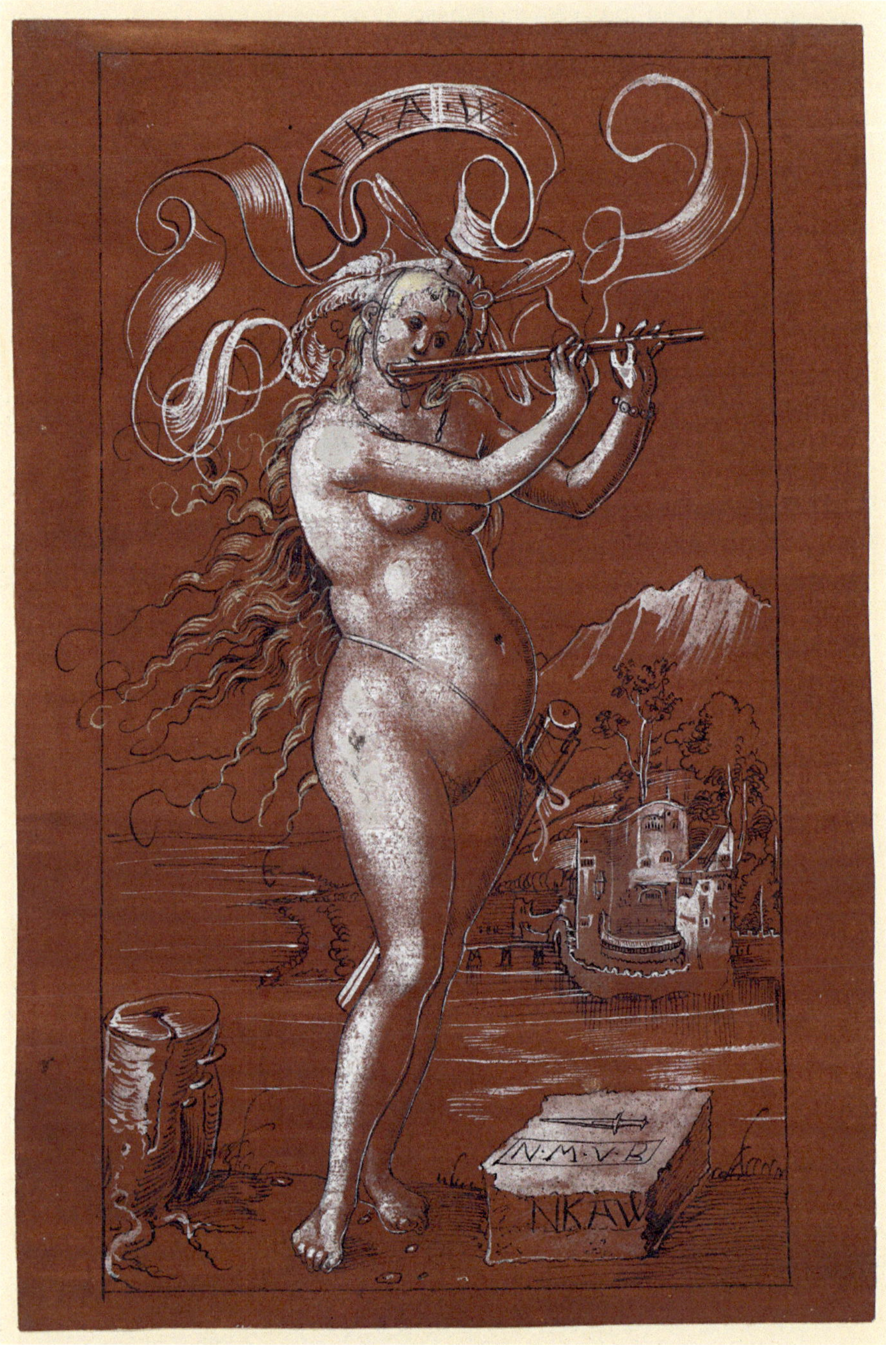

3 Niklaus Manuel gen. Deutsch: *Die Flötenspielerin*, um 1514/1515, Feder in Schwarz, weiß gehöht, stellenweise gelb getönt, auf dunkel rostrot grundiertem Papier, Blatt: 29,6 × 19,3 cm, Basel, Kunstmuseum, Kupferstichkabinett, Amerbach-Kabinett 1662, Inv. U.X.5

das Etui des Instruments hängt an einem schmalen Gurt an ihrer fleischigen Hüfte – um damit sowohl ihre Blöße als auch die mehrdeutige Symbolik von Flöte und Futteral reziprok zu steigern. Während die Plastizität in der Venuszeichnung auf Linien in Form von Schraffuren beruht, wurden die weiß und gelb gehöhten Partien bei der Pfeifenspielerin vermittels Pinselauftrag oder durch manuelle Einarbeitung flächig aufgetragen. Die hier zutage tretenden Phänomene präsentieren Linie und Farbe als bewusst ineinandergreifende Gestaltungsmittel. Mit Blick auf die Haarlocken lässt sich indes ein noch forcierteres Ausgreifen einzelner Linien beobachten. Das bereits observierte Figurationsmuster setzt sich hier fort, indem die Haare in einer erregten Wellenbewegung vom Körper ausgehen, um in einem ausladenden Hakenbogen zu enden. „Haken" erfasst diese Linienqualität wohl am treffendsten, wird damit doch die aktiv ausgreifende Natur der Linien betont; manche übertreten gar den eingezeichneten Rahmen. Auch diese Haare sind Fangseile oder allgemeiner: energetische Metaphern der Affektion.

Begleitet werden diese ausdruckshaften Linien durch unmittelbar verwandte Figurationen, namentlich die in der oberen Bildhälfte prangende, vielfach gewundene Banderole. Mit ihr haben sich nicht zufällig einige der Haare verwoben. Das linkerhand in Liebesknoten endende Spruchband ist aus Einzel- und Parallel-Linien gefügt, um zwischen graphisch operierender Struktur und raumgreifendem Stoff zu oszillieren. Hier wird die S-Linie zur Faltenschlaufe. Die von Gilles Deleuze beschriebene Qualität der monadenhaft einschichtenden Falte scheint Niklaus Manuel in diesen aus Linienbündeln gestalteten Wirbeln antizipiert zu haben.[5] Das Verfahren der Verdichtung verstärkt sich zusätzlich durch die Inschrift „NKAW" auf dem Banner. Sie prangt nochmals auf dem Steinquader und wird mit dem Ausspruch „Niemand kann alles wissen" verbunden.[6] Auch die Schrift wurde hier, so könnte man folgern, in eine linienhafte Grundqualität komprimiert. Haare in Hakenlinien, heftig mäanderndes Faltenband und komprimiertes Motto treten als gestalterische Ausdruckswerte in einen Dialog, um dabei einen gemeinsamen Ausdrucksgehalt zu befördern: jenen der Linie als energetische Metapher. Jede Linie, ob als Haar, als Banderole oder Buchstabenfolge, trägt nach diesem Verständnis eine Entfaltungsqualität in sich – wie sie auch der Metapher zu eigen ist. Mehr als der Terminus „Symbol" scheint hier der Begriff der Metapher probat zu sein, indem eben nicht ein Motiv ein fest zugeordnetes Gemeintes bezeichnet, sondern die Metapher als geschichtetes, polyvalentes Substitut von Bedeutungszumessungen fungiert.[7] „Niemand kann alles wissen" meint damit womöglich auch,

5 Gilles Deleuze: *Die Falte. Leibniz und der Barock*, Ulrich Johannes Schneider (Übers.), München 2000.

6 Cat. Raisonné 2017 (wie Anm. 1), Bd. 2, Nr. 46, S. 329 ff. Zur Figur des „Niemand" vgl. Hannes Fricke: *„Niemand wird lesen, was ich hier schreibe." Über den Niemand in der Literatur*, Göttingen 1998.

7 In diesem Sinne sind visuelle Metaphern den sprachlichen verwandt. Vgl. Hans Blumenberg: *Paradigmen zu einer Metaphorologie*, Kommentar v. Anselm Haverkamp unter Mitarb. v. Dirk Mende u. Mariele Nientied, München 2013 (Suhrkamp-Studienbibliothek, 10).

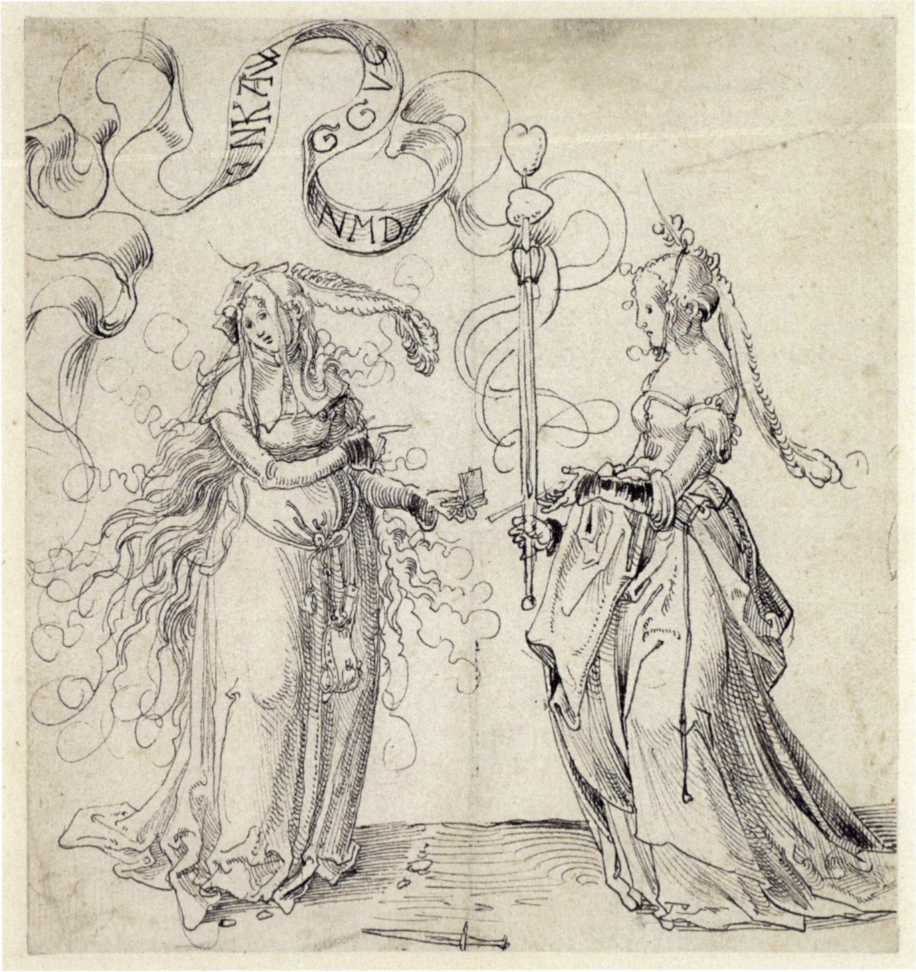

4 Niklaus Manuel gen. Deutsch: *Zwei Frauen (Allegorie auf die Liebe)*, um 1510/1514, Feder in Schwarz, Blatt: 18,5 × 16,9 cm, Basel, Kunstmuseum, Kupferstichkabinett, Geschenk Robert von Hirsch, Basel 1941, Inv. 1941.15

dass die Folgen der durch die energetischen Linien zum Ausdruck gebrachten Affektion unabsehbar sind.

Dass es sich hierbei nicht um bewegtes *Bei*werk im Sinne Aby Warburgs[8], sondern gewissermaßen um bewegtes Hauptwerk, also um die *zentralen* Ausdrucksträger bei Niklaus Manuel handelt, ließe sich ausführlich an zahlreichen Beispielen belegen, etwa an seiner Zeichnung von *Zwei Frauen*, als Allegorie auf die Liebe (Abb. 4). Hier

8 Aby Warburg: *Sandro Botticellis „Geburt der Venus“ und „Frühling“* [1893], in: Ders.: *Werke in einem Band*, Martin Treml, Sigrid Weigel u. Perdita Ladwig (Hrsg.), Berlin 2010, S. 37–123, S. 37.

stehen sich zwei Frauengestalten gegenüber, um sich motivisch ergänzend auf den Minnedienst zu beziehen.[9] Die Dame rechts, ein Schwert mit aufgespießtem Herzen in den Händen, trägt ihr Haar hochgesteckt und ein weit ausgeschnittenes Kleid, während jenes der Figur links bis zum Hals geschlossen ist. Deren Anziehung liegt nun vornehmlich in der Haarpracht, die durch Locken besticht, die auch hier in Fanghaken enden. Auf der reich gewundenen Banderole erscheint wiederum die Buchstabengruppe „NKAW", diesmal zusammen mit der Buchstabenkombination „GGVG", die als „Gott gebe uns Glück" entschlüsselt werden kann[10], gefolgt von den Initialen des Künstlers.

Dass das Haar in der Renaissance – der Epoche von Individualität, Naturvorbild und *fantasia* – zugleich Studiengegenstand, Inspirationsquelle und Ausdrucksmedium darstellte, wurde wiederholt vor Augen geführt.[11] Künstler wie Botticelli, Leonardo oder Giovanni Agostino im Süden, aber auch Martin Schongauer und Albrecht Dürer im Norden erkannten das menschliche Haar als individuierbares wie ästhetisierbares Darstellungsmittel. Dessen ambivalenten Charakter – zwischen Linie und Masse, Kontur und Auflösung, unbelebter Materie und bewegter Stofflichkeit – greift bereits Leon Battista Alberti in seinem Malereilehrbuch *De Pictura* auf:

> Da es aber nötig ist, dass auch unbelebte Dinge alle die erwähnten Bewegungen auf einem Bild vollziehen, muss ich wohl davon sprechen, wie eben sie sich bewegen. Es ist doch so: Haare, Mähnen, Zweige, Laub und Kleider, deren Bewegungen auf einem Bild *zum Ausdruck* gebracht werden, vermögen zu erfreuen. In der Tat bin ich selbst der Auffassung, dass die Haare alle die sieben Bewegungsarten, von denen ich gesprochen habe, ausführen sollten: indem sie eine kreisförmige Wendung beschreiben, als wollten sie einen Knoten bilden; indem sie in die Luft hinauf wogen, als ahmten sie Flammen nach; indem sie bald unter anderen Haaren dahinkriechen, bald sich nach dieser oder nach jener Seite aufrichten.[12]

Die ausdruckshafte Darstellung bewegten Haars liegt bei Alberti einer variantenreichen Anschauung zugrunde. Bei Niklaus Manuel figuriert die Linie jedoch zusätzliche

9 Cat. Raisonné 2017 (wie Anm. 1), Bd. 2, Nr. 29, S. 282 f.; Weibsbilder 2017 (wie Anm. 3), Nr. 10.

10 „GGVG" findet sich beim Zeitgenossen Urs Graf aufgelöst als „Gott gebe uns Glück". Vgl. Cat. Raisonné 2017 (wie Anm. 1), Bd. 2, Nr. 29, S. 282 f.

11 Vgl. zuletzt grundlegend: Julia Saviello: *Verlockungen. Haare in der Kunst der frühen Neuzeit*, Emsdetten/Berlin 2017 (Zephir, 7, zugl. Diss. Humboldt-Universität zu Berlin 2015).

12 „Nunc vero, quoniam et rerum inanimatarum eos omnes quos dixi motus in pictura necessarios esse arbitror, quonam illa pacto moveantur dicendum censeo. Sane et capillorum et iubarum et ramorum et frondium et vestium motus *in pictura expressi delectant*. Ipse quidem capillos cupio eos omnes quos retuli septem motus agere; etenim vertantur in girum nodum conantes, atque undent in aera flammas imitantes, modoque sub aliis crinibus serpant, modo sese in has atque has partes attollant. [...]." Zitiert. n. Leon Battista Alberti: *Das Standbild, Die Malkunst, Grundlagen der Malerei*, Oskar Bätschmann u. Christoph Schäublin (Hrsg.) unter Mitarb. v. Kristine Patz, Darmstadt 2011, S. 278 f. (Wissen verbindet) [Hervorhebung M. R.].

Ausdruckswerte, indem seine Haare und Falten, aber auch Äste oder Gebirgszüge, gerade auch *potenzielle* äußere und innere Bewegungen verkörpern. Die differenzierten Linien bei Niklaus Manuel bringen als energetische Metaphern die *dynamis,* das komplexe Affektionspotenzial einer Figur, zum Ausdruck.

Seine Zeichnung mit der *Herausforderung eines Freiers* vermag diese Ausdrucksgehalte nochmals einprägsam zu veranschaulichen. Auf dem Blatt sind eine männliche und eine weibliche Figur nah gegenübergestellt. Dem Soldaten in der Tracht eines schweizerischen Reisläufers steht eine luxuriös gekleidete Dame gegenüber (Abb. 5). Die beredte Gestik – der Mann mit geballter Faust, gewölbter Schamkapsel und umgriffenem Schwertknauf, die Frau mit gerafftem Rock, obszöner Fingerhaltung links und fordernd angenäherter rechter Hand – verrät, dass hier weniger, wie frühere Betitelungen angaben, ein „Gespräch [von] Liebesleuten" oder ein „Streit der Liebenden" beobachtet werden kann[13], sondern vielmehr ein Liebeshandel angebahnt wird. Neben „NKAW" und „GGVG" trägt die krönende Banderole auch einige bis heute nicht entschlüsselte Akronyme.[14] Das Band bildet zwischen dem Paar einen Liebesknoten, dessen Linienende sich mit den ausgreifenden Hakenlocken der Frau vereint.

Erneut können die gewundenen, geradezu ergreifenden Linien als Ausdruck visualisierter Erregungspotenziale gedeutet werden. Zu diesen Schlangenlinien gesellt sich indes eine weitere Struktur, die gerade nicht durch ihre elastische Verdrehung, sondern durch ihre heftige Unmittelbarkeit besticht: Zwischen dem Scheitel der Frau und dem Haupt des Mannes hat Niklaus Manuel eine schmale, sich zweifach überkreuzende Doppellinie gezogen. Ganz repräsentationsverhaftet wurde diese Struktur beschrieben als „Feder, [die] sozusagen immateriell den Partner am Ohr kitzelt."[15] Diese Deutung scheint etwas lapidar, zumal Niklaus Manuel seine Barett-Federn stets als üppige Straußenfedern wiederzugeben pflegte.[16] Wenngleich ursprünglich eine natürliche Ausgangsform zugrunde lag, so entwickelt diese Form im Bild einen übergeordneten Ausdrucksgehalt. Die Bogenlinie transportiert jenen Affektionsmoment, der im gebannten Blick des Paares bereits angelegt ist. Im Sinne der vorgeschlagenen Linienmetaphorik besitzen diese feinen, rasch gezogenen Bögen die Qualität einer hier erreichten reziproken Energiefreisetzung, dank der aufgespannten, verbindenden Linie. Die Disposition der unterschiedlichen Linienqualitäten wird nicht zuletzt dadurch unterstrichen, dass die geringelten kräftigen Schlaufen die feinen direkten Verbindungslinien nicht durchbrechen, sondern dahinter zurücktreten. Die unterschiedli-

13 Lucie Stumm: *Niklaus Manuel Deutsch von Bern als bildender Künstler*, Bern 1925, S. 18; Hans Koegler: *Die Basler Handzeichnungen des Niklaus Manuel Deutsch 1484–1530*, Basel 1930, Nr. 4.

14 Cat. Raisonné 2017 (wie Anm. 1), Bd. 2, S. 280 f.

15 Hans Christoph von Tavel, in: Cat. Raisonné 2017 (Anm. 1), Bd. 2, S. 280 f.

16 Vgl. etwa den Kopfputz bei: *Zwei Frauen* (Abb. 4), *Sieben nackte, weibliche Figuren* (Kunstmuseum Basel, Kupferstichkabinett, Inv. 1662.73.4), *Vier Frauengestalten* (Staatliche Kunsthalle Karlsruhe, Kupferstichkabinett, Inv. VIII 1962), *Nackte weibliche Figur* (Kunstmuseum Basel, Kupferstichkabinett, U. X.13) oder in *Das Urteil des Paris* (Abb. 6).

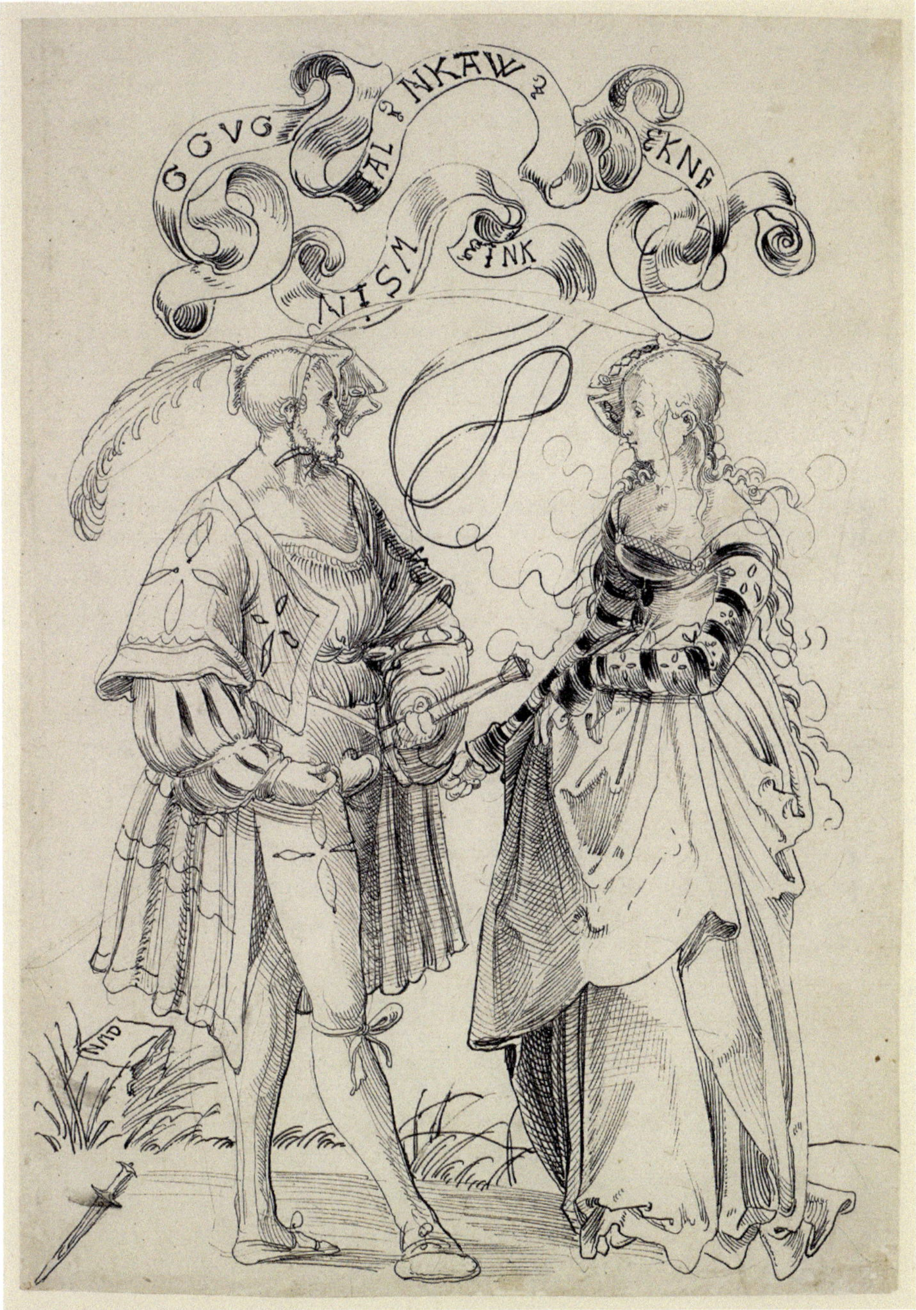

5 Niklaus Manuel gen. Deutsch: *Herausforderung eines Freiers*, 1510/1514, Feder in Schwarz, Blatt: 29,5 × 20,3 cm, Basel, Kunstmuseum, Kupferstichkabinett, Amerbach-Kabinett 1662, Inv. U.X.17

chen Ausdrucksgehalte der Linie als energetische Metapher zwischen mäandernder und ausgreifender Form stehen in dieser Zeichnung prägnant vor Augen. Derartige Linienformen sind zwar auch bei Zeitgenossen wie Urs Graf oder Hans Baldung Grien und auch bisweilen bei Albrecht Dürer anzutreffen – doch kaum in derselben Vehemenz, wie im Werk von Niklaus Manuel.

Symbiotische Funktionen der Farbe

Die in vielen seiner Zeichnungen eingesetzten Ausdruckslinien finden sich bisweilen auch in Niklaus Manuels malerischem Werk. Im monumentalen *Urteil des Paris* fällt der trojanische Prinz, auf einem schmalen, bühnenhaften Rasenstück unter einem Laubbaum sitzend, seine Entscheidung zwischen Weltherrschaft, Weisheit und der Liebe (Abb. 6). Die Göttinnen sind in obskurer Beleuchtung vor den nachtschwarzen Grund gestellt.[17] Während Kopfpartien wie Augen oder Wangen fein modelliert wurden, entstehen die Federn durch malerische Aussparungen unmittelbar aus dem Leinwandgrund. Formen werden bisweilen nachdrücklich ausformuliert, um dann wieder, etwa in Gestalt der Haare, ein ausdrucksvolles Eigenleben zu entwickeln. Als frei ondulierende Linienformen präsentieren sie die zuvor beschriebene *enargeia* dynamischer Schlangenlinien. Die Verführungskraft der weiblichen Aphrodite/Venus ist in dieser Hinsicht zusätzlich durch ein transparentes Gewand gesteigert. Neben der nackten Athene/Minerva, deren Haar besonders viele Hakenformationen besitzt, und im Gegensatz zur züchtig gekleideten und frisierten Hera, entwickelt dieser Schleier offenbar zusätzliche Attraktion.[18] Indes unternahm Niklaus Manuel neben den teils verlorenen, beschreibenden Bezeichnungen der Figuren auch eine moralisierende Zumessung, wechselt die heiligenscheinhafte Überschrift vom goldenen „PARIS • VON • TROY“ in die grauen Majuskeln „DER • TORECHT“, als weiterer Ausdruck für die kopflose „feurige Liebe“, verkörpert vom gleichfarbig bleigrau bezeichneten „CVPIDO“ mit Augenbinde und Flammenpfeil.[19]

17 Aufgrund des fragilen Materials (Bildträgers?) weist das Werk, insbesondere im dunklen Hintergrund, Fehlstellen auf. Es scheint identisch mit dem im Inventar des Basilius Amerbach von 1578 aufgeführten Gemälde „Vf tuch“ zu sein; vgl. Elisabeth Landolt: Das Amerbach-Kabinett und seine Inventare, in: Sammeln in der Renaissance. Das Amerbach-Kabinett. Beiträge zu Basilius Amerbach, Ausstellungskatalog, Kunstmuseum Basel, Basel 1991, S. 124, S. 126, Sp. 2.

18 Zum Motiv des Schleiers vgl. grundlegend: Gerhard Wolf: *Schleier und Spiegel. Traditionen des Christusbildes und die Bildkonzepte der Renaissance*, München 2002 (zugl. Habil. Humboldt-Universität zu Berlin 1995).

19 Nicht nur die körperliche Anlage der weiblichen Figur, bis zur Fußstellung, hat Niklaus Manuel somit Albrecht Dürers *Nemesis (Das große Glück)* für die siegreiche „FENUS“ (wie er sie im Kopfputz bezeichnet) entnommen, sondern auch die Implikationen von Fortuna, als launische Glücks- und Schicksalsgöttin, und Nemesis, der Göttin ausgleichender Gerechtigkeit.

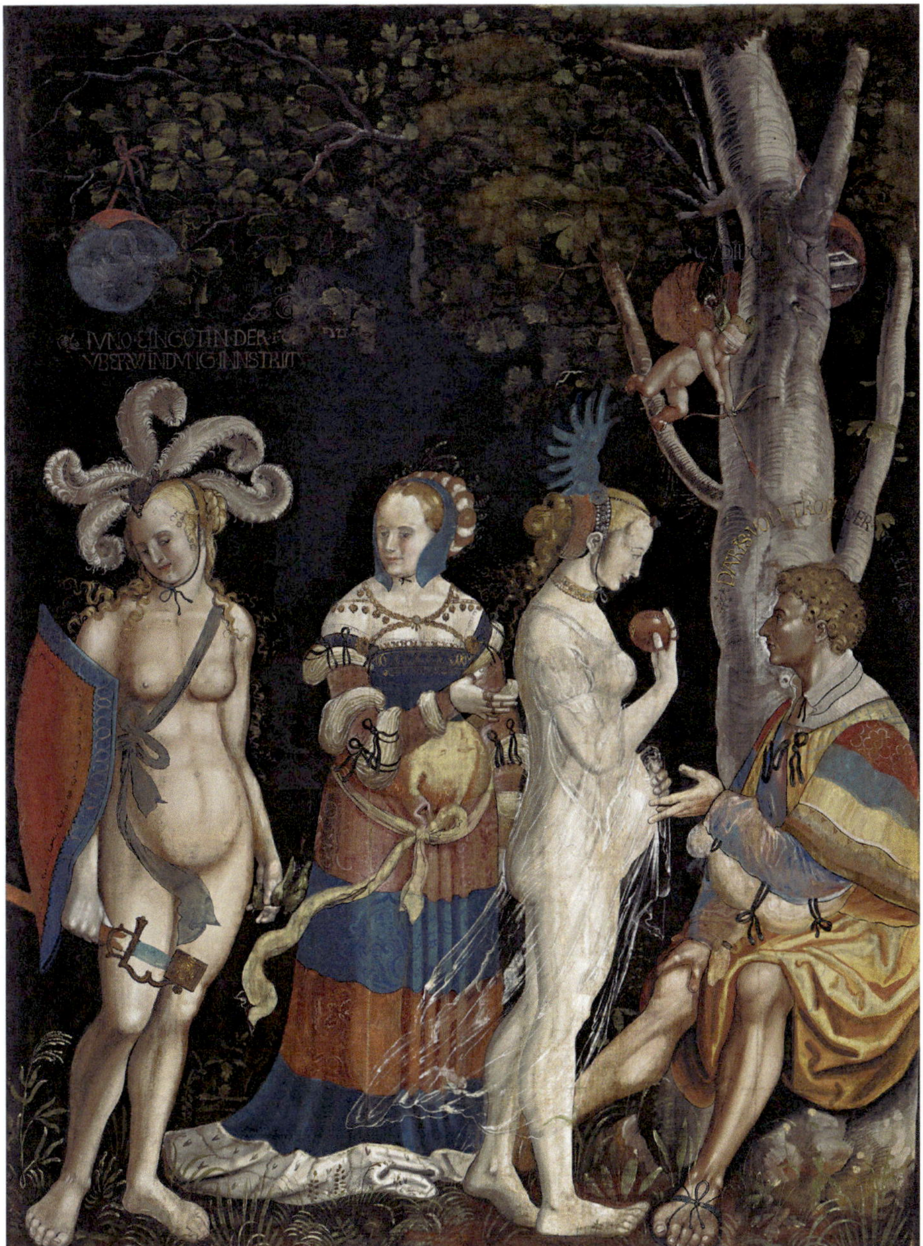

6 Niklaus Manuel gen. Deutsch: *Das Urteil des Paris*, um 1517/1518, ungefirnisste Mischtechnik auf Leinwand (Tüchleinmalerei), 223 × 160 cm, Basel, Kunstmuseum, Amerbach-Kabinett 1662, Inv. 422

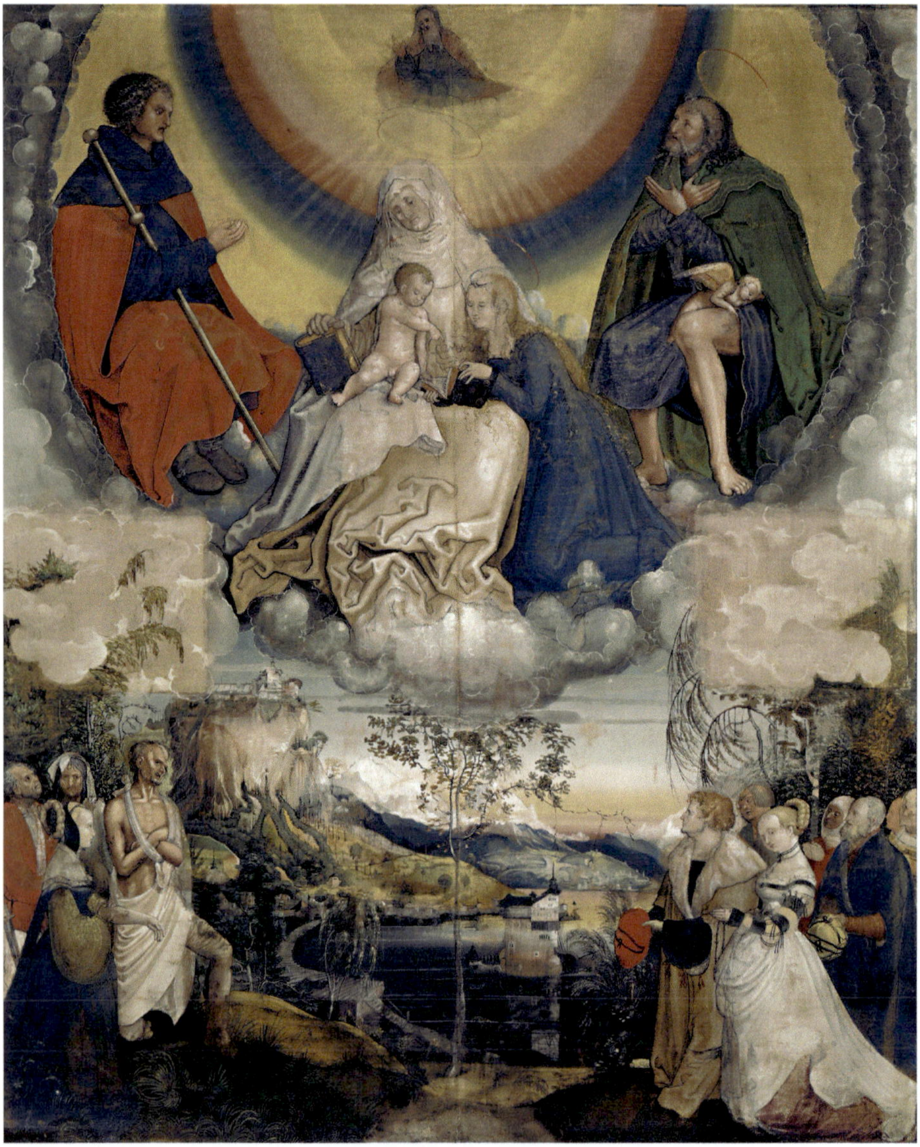

7 Niklaus Manuel gen. Deutsch: *Anna Selbdritt und die Hll. Jakobus d. Ä. und Rochus als Fürbitter für die von der Pest geplagte Menschheit*, um 1514/1515, ungefirnisste Mischtechnik auf Leinwand (Tüchleinmalerei), 139 × 112 cm, Basel, Kunstmuseum, Amerbach-Kabinett 1662, Inv. 423

Auch das ebenfalls als *Tüchleinmalerei* angelegte *Votivbild der Heiligen Anna Selbdritt* zeichnet sich durch ein reziprokes Verhältnis von Grund, Farbfläche und Linie aus (Abb. 7). Anna schwebt mit Maria und Kind unter einem farbigen Strahlenkranz mit göttlicher Parusie – flankiert von Jakobus dem Älteren und dem Pestheiligen

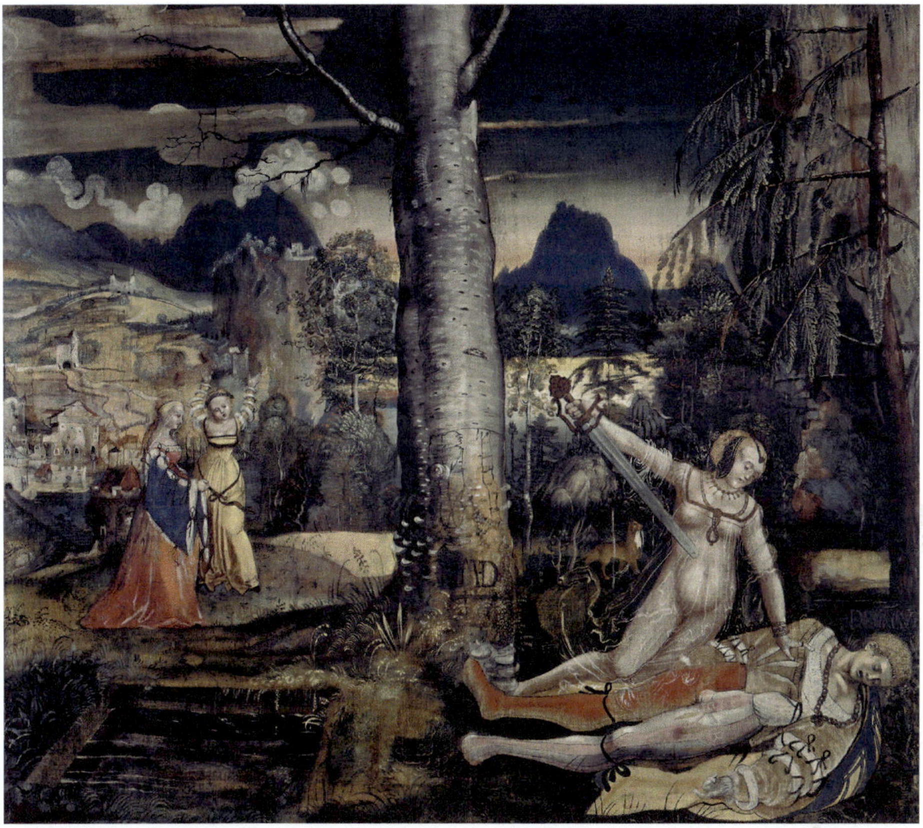

8 Niklaus Manuel gen. Deutsch: *Pyramus und Thisbe*, um 1513/1514, ungefirnisste Mischtechnik auf Leinwand (Tüchleinmalerei), 151,5 × 161 cm, Basel, Kunstmuseum, Amerbach-Kabinett 1662, Inv. 421

Rochus – auf einem Wolkenband über einer weiten Landschaft.[20] Die nicht ausgeführten quadratischen Votationsfelder, eingebracht zwischen weltlicher und göttlicher Sphäre, wurden nur tentativ von Wolken bedeckt. Ineinanderfließende Farben des Himmels und der Erde werden immer wieder von einem eigendynamischen Liniengeflecht der Äste überzogen, die sich, von der Belaubung emanzipierend und damit vom unmittelbaren Naturbezug lösend, mancherorts frei zu entwickeln scheinen.[21]

Besonders bemerkenswert ist auch die Gestaltung der fernen Gebirgsformation: Farbige Linien und chromatisch ineinanderfließende Farbfelder gehen hier eine

20 Vgl. Andreas Rüfenacht: Anna Selbdritt. Grossmutter, Gottesmutter, Gottessohn, in: Archäologie des Heils. Das Christusbild im 15. und 16. Jahrhundert, hrsg. v. Kunstmuseum Basel, Ausstellungskatalog, Kunstmuseum Basel, Lindenberg i. Allgäu 2016, Nr. 57, S. 55–61.
21 Vgl. hierzu erneut die Ausführungen zur lebhaften Bewegung von Ästen bei Leon Battista Alberti.

symbiotische Verbindung ein. Kolorit und Linie steigern so die eigenen Darstellungsqualitäten. Linien, die hier noch den Bergrücken zu stützen scheinen, zerfließen an anderer Stelle zu flüssigen Schlieren. Die fernen Landschaftsformationen ordnen sich nicht einem sfumatesk vereinheitlichten, konturlosen Kolorit unter, sondern bleiben als Überschichtung und Durchdringung der Ausdrucksmittel erkennbar. Farben und Linien lassen so im gegenseitigen Zusammenwirken „Landschaft" entstehen, eine Landschaft im doppelten Sinne – als natürliche Formation und als Formation einer Landschaft aus künstlerischen Ausdrucksmitteln.[22]

In der Tüchleinmalerei mit *Pyramus und Thisbe* erfährt die Ausdrucksqualität des Kolorits im Sinne eines symbiotischen Zusammenwirkens nochmals eine Steigerung (Abb. 8). Mehr noch als der tragische Tod des Paares im rechten bühnenhaften Vordergrund und die Beweinungsgruppe links sind es die Farben und Formen der Landschaft, die der Szene ihre expressive Anmutung verleihen. Bäume sind teils minutiös belaubt, um andernorts in dünnen arabesken Verästelungen zu enden. Ein breiter Streifen wird nur rudimentär mit einer hybriden Baumstruktur bedeckt, um damit den unmittelbaren Blick auf den Bildträger freizugeben. In den Wiesen oder dem Felsen im Hintergrund erscheinen regenbogenhaft-schillernde Farbverläufe, die teils von gewundenen Linien durchzogen sind. Diese treten ebenso mit den figurierten Formen, den Ästen oder den gestikulierenden Bildgestalten in Austausch, wie die Buntwerte des Hintergrundes mit den schillernden Kleidungen. Diese expressive Atmosphäre scheint mitnichten zeitgenössischen Wahrnehmungs- und Darstellungstheorien zu folgen. Vielmehr werden natürliche Formationen bewusst durch ein ausdruckshaft gesteigertes Zusammenspiel von Linie und Farbe erzeugt – man könnte mit Blick auf jüngste Forschungen auch von einem *Synagonismus* der Darstellungsmittel sprechen.[23]

Derartige symbiotische Farbeinsätze manifestieren sich nicht nur im neuartigen Medium der Tüchleinmalerei. Niklaus Manuels kleinformatige Tafel mit der *Enthauptung Johannes des Täufers* zeigt die makabere Szene vor einem spannungsgeladenen, geradezu elektrifizierten Gewitterhimmel (Abb. 9). Ausgehend von einem strahlenförmigen Lichtphänomen wird eine gespenstisch-gleißende Atmosphäre erzeugt.[24] Vor wenigen Augenblicken wurde die Hinrichtung auf einem bühnenhaften Streifen im Vordergrund vollzogen. Zwischen zwei Torbögen spannt sich das dramatische Geschehen auf: Während die Schergen den Leichnam des Täufers durch den rechten Bogen abtransportieren, wendet sich der Henker, das Haupt am Bart nach unten

22 Bereits in den zuvor diskutierten Federzeichnungen beförderte bisweilen die Hinzunahme farbiger Gestaltungsmittel zusätzliche Ausdruckswerte, so die emanierenden Nebel der Narrenkappe in *Frau Venus* oder die der gelb-weißen Höhungen der *Pfeifenspielerin*, um durch den flächigen Auftrag die haptische Qualität der Hautoberfläche zu forcieren.

23 Yannis Hadjinicolaou, Joris van Gastel u. Markus Rath (Hrsg.): *Synagonism. Theory and Practice in Early Modern Art*, Leiden 2024.

24 Vgl. hierzu auch: Franz Engel u. Yannis Hadjinicolaou: Formwerdung und Formentzug – Zur Einleitung, in: Dies. (Hrsg.): *Formwerdung und Formentzug*, Berlin/Boston 2016, S. VII–XVI (Actus et Imago. Berliner Schriften für Bildaktforschung, 16).

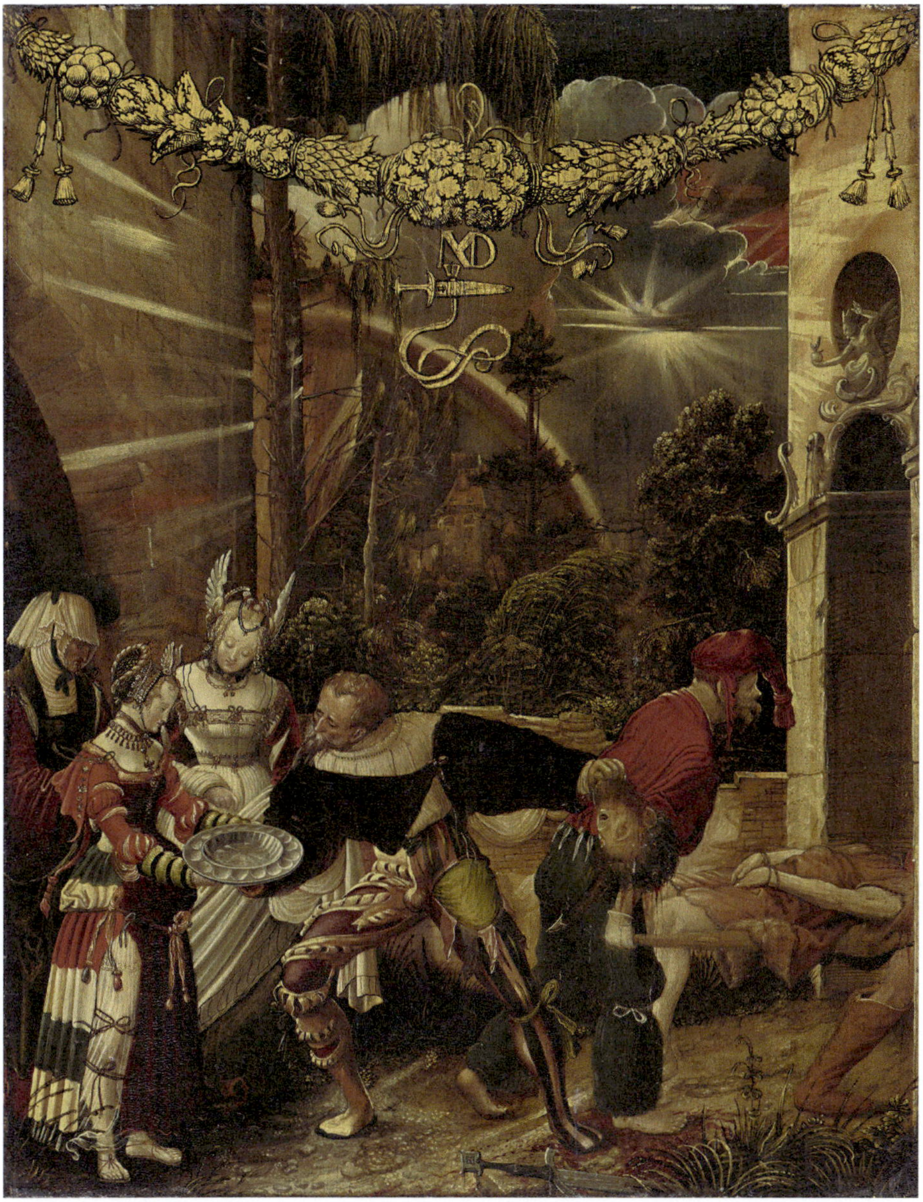

9 Niklaus Manuel gen. Deutsch: *Die Enthauptung Johannes des Täufers*, um 1517, Öl auf Tannenholz, 32,5 × 26 cm, Basel, Kunstmuseum, Amerbach-Kabinett 1662, Inv. 424

haltend, zur Gruppe um Salome und Herodias. Die Lichterscheinung wurde mit jenem Stern identifiziert, der gemäß der *Legenda Aurea* über der Grabstätte des Johanneshauptes stehen blieb.[25] Oskar Bätschmann zufolge verstand Niklaus Manuel es hier, „unwirkliche und unmalbare Phänomene“[26] darzustellen. Doch handelt es sich hier tatsächlich um den bereits für Dürer in Anschlag gebrachten Versuch, flüchtige atmosphärische Phänomene in eine bildliche Form zu bringen?[27] Neben dem Befund, das Undarstellbare, mithin Göttliche, darstellbar zu machen, scheint hier ein zweiter Zug, jener einer expressiven Formgebung, leitend – indem das Darstellbare der Darstellung entzogen wird, es zugunsten von Ausdruckswerten *neu konfiguriert* wird.[28] So sind die Reflexe auf den Wänden keineswegs als stimmige Reflexionen des kometenhaften Lichtblitzes zu rekonstruieren. Verlängert man die als helle Lichtstrahlen inszenierten Farbspuren, so divergieren ihre Schnittpunkte so sehr, dass kaum von einer zufälligen Inkongruenz ausgegangen werden kann. Die hellgelben und rötlichen Streifen und Flecken wurden frei gestaltet, zeigen nur auf den ersten Blick tatsächliche Widerscheine. Besonders deutlich wird dies anhand des Farbverlaufs auf dem verschatteten Stamm oder an jenem durchgezogenen Farbband, das ungebrochen bis in die lichtabgewandte Stirnseite des linken Torbogens fortgeführt wird. Auch die waagerechten roten Farbnebel scheinen sich frei im graphisch gesetzten, schräg nach unten fluchtenden Mauerwerk zu bewegen, und dabei kaum mit diesem in Verbindung zu stehen.

Hier zeigt sich erneut, dass Niklaus Manuel Farbe als eine eigene Darstellungsqualität erkennt, die – in ähnlicher Weise wie die energetisch aufgeladene Linie – Ausdrucksgehalte ermöglicht, die jenseits einer farbmimetischen oder zentralperspektivisch organisierten Bildkonzeption existieren. Es sind Ausdrucksgehalte, die in ihrer symbiotischen Verknüpfung eine Anschaulichkeit jenseits der „objektiven“ Figuration befördern. Nicht zuletzt betont die inszenierte Signatur das Gemachtsein der Szene, indem eine Girlande, gleich einer filigranen Goldschmiedearbeit, dazu dient, das Künstlermonogramm nebst Dolch und geschwungener Linie zentral ins Bild zu setzen.[29]

25 *Legenda Aurea*, Kap. 125, V. 573.

26 Vgl. Oskar Bätschmann: *Malerei der Neuzeit*, Schwyz 1989, S. 22 (Ars Helvetica, 6).

27 Erwin Panofsky, „Nebulae in Pariete“. Notes on Erasmus’ Eulogy on Dürer, in: *Journal of the Warburg and Courtauld Institutes* 14 (1951), S. 34–41.

28 Vgl. hierzu auch grundlegend: Georges Didi-Huberman: *Fra Angelico. Dissemblance et Figuration*, Paris 1990 (Idées et Recherches) sowie Markus Rath, Substanzaktivität. Farbe als prima materia im Andachtsbild der Frühen Neuzeit, in: *Zeitschrift für Kunstgeschichte* 3 (2020), S. 334–359.

29 Michael Rohlmann zufolge könnte Manuel hier „das prominent in der Mittelachse angebrachte Namenssignet aus Buchstabenformen und Schwert genau darunter in einer Figuration von Henkerpose, Himmelsbogen und liegender Waffe zu einer Selbstaussage über furioses, schrankenloses Künstlertum“ gespiegelt haben. Vgl. Michael Rohlmann: [Tagungsbericht zu:] Die Figur in den Bildkünsten. Zwischen Zeichen und Material (1450–1750) (Einsiedeln, Stiftung Bibliothek Werner Oechslin, 25.–27. 07. 2024), in: ArtHist.net, 07. 09. 2024, https://arthist.net/reviews/42473 [abgerufen am 29. 04. 2025].

Material als Latenz

Bemerkenswerterweise hat Niklaus Manuel die unterschiedlichen Ausdruckswerte vornehmlich in weniger repräsentativen Medien und Formaten erprobt – in der Zeichnung, in der experimentellen Tüchleinmalerei oder im intimeren Kleinformat. Dabei thematisierte der Künstler die Latenz visueller Darstellungsmöglichkeiten auch in der repräsentativen, durch Aufträge bestimmten Tafelmalerei. Die *Lukasmadonna* Niklaus Manuels bildete einst die Werktagsseite des rechten Flügels eines heute verlorenen, wohl der Heiligen Anna geweihten Altars und ist zugleich ein frühes Beispiel bildlich vorgestellter praktischer Werkgenese (Abb. 10).[30] Während Lukas vor der Staffelei, mit Pinsel und Malstock in den Händen, soeben letzte Striche an seiner Muttergottesvision ausführt, ist sein in Gedanken versunkener Werkstattgehilfe dabei, Ölfarben anzureiben. John Gage zufolge bereitet sein Gehilfe „eine wesentlich größere Palette vor, auf der entlang ihres Randes eine große Zahl von Pigmenten angeordnet ist und die vermutlich für die Schaffung eines ganz anderen Gemäldes vorgesehen ist."[31] Indes zeigen die Farbhäufchen der vorbereiteten Palette keineswegs eine große Zahl von Pigmenten, sondern sie sind allesamt weiß bzw. farbneutral. Wie Niklaus Manuel signifikant vor Augen stellt, obliegen die Buntfarben dem Einzugsbereich des Künstlers. Auf einer Malkiste, zu deren Füßen Lukas demonstrativ seinen Fuß auf eine Bodenkachel mit dem Künstlermonogramm setzt, sind zahlreiche Farbpulverbehälter sowie ein Töpfchen mit Bindemittel versammelt, nebst einem Spatel sowie neun unbenutzten Pinseln, die auf einem Rechen aufgereiht sind.

Gerahmt wird die Szene von artifiziell ins Bild ragenden Kapitellen, wobei das linke lebendig-rosige Putten mit bunten Flügeln beherbergt, die himmlische Musik ertönen lassen, während auf dem rechten Kapitell ein bleicher Putto *en grisaille* eine leere Bildtafel präsentiert. Die Bildkomposition stellt als klare Disposition den Bereich rechts hinter dem Maler – mit den offensichtlich noch pigmentlosen Farbhäufchen des Gehilfen, dem entfärbten Putto und der bildlosen Tafel – der farbbeseelten linken Bildseite gegenüber: Hier erschafft der Malerheilige, die himmlische Eingebung im Blick, ein Bild der Maria, deren blaues Gewand er soeben vollendet. Sprechenderweise geschieht dies vor einem Fenster mit dem Ausblick auf ein weites Wasser, um so implizit auch auf die Natur und Vorgeschichte der soeben verwendeten Farbe – Ultramarin – zu verweisen. Diese Inszenierung von Materialherkunft, Materialvorbereitung und Materialeinsatz bezeugt die grundständige Latenz des Materials. Es ist eine aktivierbare Latenz, die durch *künstlerischen* Einsatz Prozesse der bildlichen Entfaltung, des visuellen Zum-Ausdruck-Bringens, in sich trägt.

30 Vgl. Cat. Raisonné 2017 (wie Anm. 1), Kat. 3.03; Petra Barton Sigrist u. Michael Egli: Niklaus Manuel – Sein vielfältiges Schaffen an der Zeitenwende, in: Söldner, Bilderstürmer, Totentänzer. Mit Niklaus Manuel durch die Zeit der Reformation, hrsg. v. Susan Marti, Ausstellungskatalog, Bernisches Historisches Museum, Bern/Zürich 2016, S. 39–51.

31 John Gage: *Kulturgeschichte der Farbe. Von der Antike bis zur Gegenwart*, Leipzig 2010, S. 177, Abb. 142.

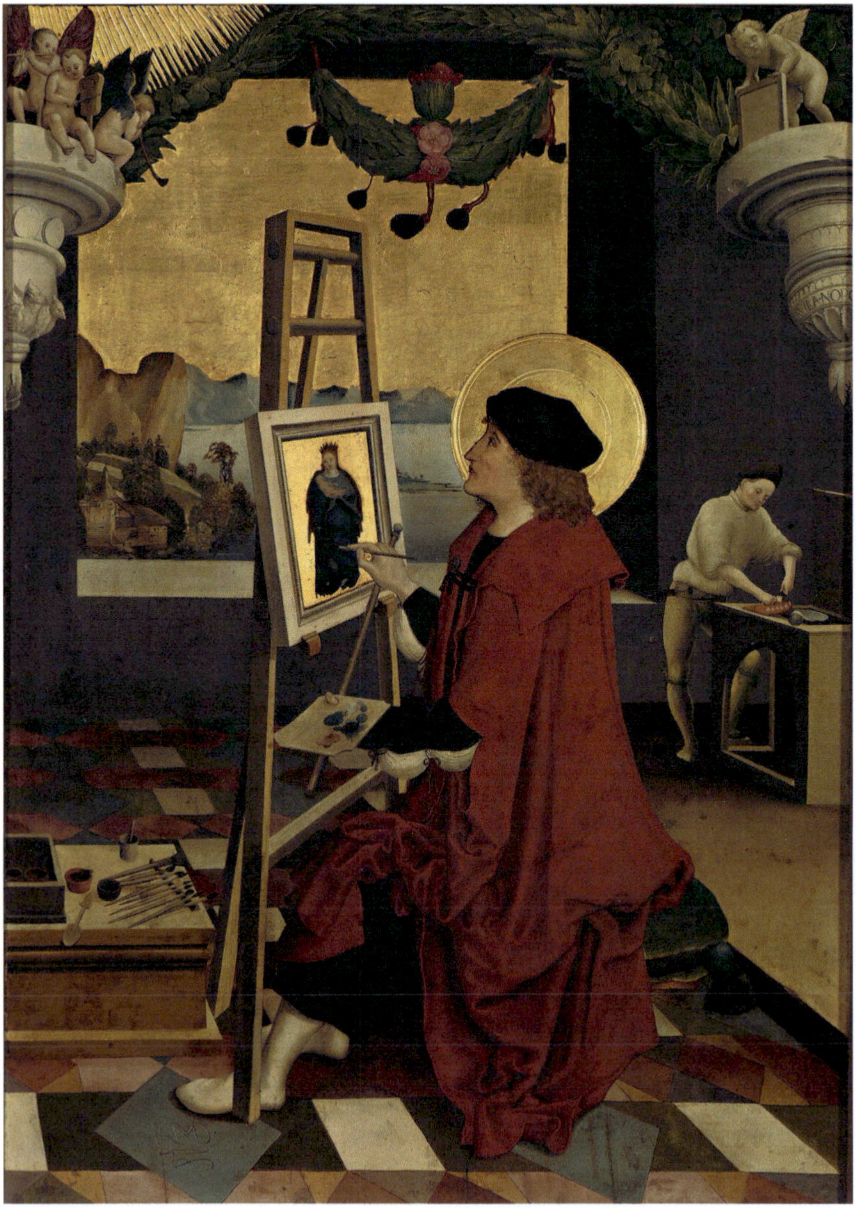

10 Niklaus Manuel gen. Deutsch: *Der Heilige Lukas malt die Madonna* (rechte Außenseite St. Anna-Altar?), 1515, ölhaltige Farbe auf Holz (Fichte), Vergoldung (Poliment), 121,9 × 84,5 cm, Bern, Kunstmuseum, Inv. G 0324

Janina Burandt

Goliaths Stirn und Davids Schulter

Strategien der Ambiguität in einem Werk Valentin de Boulognes und ihre Entschlüsselung mithilfe kunsttechnologischer Befunde

Abstract: This essay analyzes Valentin de Boulogne's approach to compositional structure and figure design, focusing on his painting *David with the Head of Goliath and Two Soldiers* from the Museo Nacional Thyssen-Bornemisza in Madrid. To understand Valentin's approach, it is not only the surface of the painting that matters, but also the traces of its genesis hidden in the layers of color. This requires a close examination of the visible brushstrokes as well as a technical analysis of the painting. By incorporating art-technological findings, changes in the details of Valentin's composition become apparent, allowing conclusions to be drawn about the strategies and mechanisms of gaze and narrative within the depicted scene. In the analysis of the Madrid painting, the traces beneath the surface are intertwined with contemporary themes to shed light on details of the painting that have not yet been sufficiently explored. For this purpose, discourses on beauty and desire, metaphors, and Giovanni Paolo Lomazzo's reflections on the inner and outer movements of figures will be considered. The concept of the figure is explored through the design of David, and a new interpretation of the painting is developed in conjunction with other pictorial elements. By interweaving elements of the work's genesis with contemporary discourses, Valentin's approach reveals an intentional ambiguity, thus underscoring the intended polyvalence of the painting.

Die Argumentation des vorliegenden Aufsatzes wurde unter dem Titel „Goliaths Stirn und Davids Schulter. Das Potenzial kunsttechnologischer Verfahren für die Entschlüsselung zweier Bilddetails" in Einsiedeln vorgetragen und anschließend für den Sammelband überarbeitet. Der Aufsatz geht in Teilen auf meine unveröffentlichte Masterarbeit „Androgynie im Blick. Enigmatische Verflechtungen des Begehrens in Valentins *David mit dem Haupt des Goliath und zwei Soldaten*", die 2020 an der Universität Konstanz eingereicht wurde, zurück. Für anregende Diskussionen und Impulse während meines Abarbeitens an Valentin danke ich den Teilnehmenden des Forschungskolloquiums Kunstwissenschaft der Universität Konstanz, des Düsseldorfer Kolloquiums von Valeska von Rosen und des Workshops, der diesem Band vorausging, sowie Çiğdem Özel und Gudrun Swoboda.

> Valentin [...] kam nach Rom und folgte dem Stil Caravaggios mit einer kraftvollen, dunklen *maniera*. Er tat sich mehr als jeder andere Naturalist in der Anordnung der Figuren hervor und ließ Sorgfalt in seiner Malerei walten [...].[1]

In einer wenige Zeilen umfassenden Textpassage widmet sich Giovan Pietro Bellori in seinen 1672 veröffentlichten *Vite de' Pittori, Scultori e Architetti Moderni* dem Maler Valentin de Boulogne. Der Absatz ist in der Lebensbeschreibung von Michelangelo Merisi da Caravaggio enthalten und der vierte von insgesamt fünf Abschnitten zu dessen Nachfolgern. Unter diesen *seguaci* Caravaggios, die Bellori auch *naturalisti* nennt[2], hebt er Valentin hinsichtlich der Figurenanordnungen in dessen Gemälden hervor. Der vorliegende Aufsatz fokussiert Valentins Vorgehen in Kompositionsaufbau und Figurengestaltung exemplarisch an seinem Gemälde *David mit dem Haupt des Goliath und zwei Soldaten* aus dem Museo Nacional Thyssen-Bornemisza in Madrid (Abb. 1). Um diesen Prozess nachvollziehen zu können, sind nicht nur die Oberfläche seiner Malerei, sondern auch die in den Farbschichten verborgenen Spuren der Werkgenese relevant. Hierfür ist neben der genauen Betrachtung der mit bloßen Augen wahrnehmbaren Pinselzüge ein technischer Blick ins Bild erforderlich. Durch den Einbezug kunsttechnologischer Befunde werden in Valentins Gemälde Veränderungen von Bilddetails offenbar, die Rückschlüsse auf Strategien und Mechanismen der Blickführung und der Narration innerhalb der dargestellten Szene ermöglichen.[3] In der Analyse des Madrider Gemäldes werden die unter der Oberfläche liegenden Spuren mit zeitgenössischen Themen und Überlegungen verwoben, um bislang unzureichend berücksichtigte Bilddetails näher zu beleuchten. Anhand der Gestaltung des David wird der Begriff der *Figur* reflektiert sowie in Verbindung mit weiteren Bildelementen eine neue Deutung des Gemäldes entwickelt.[4] In der Verschränkung von Elementen

1 Giovan Pietro Bellori: *Vita di Michelangelo Merigi da Caravaggio*, Valeska von Rosen (Hrsg./Übers.), Göttingen 2018, S. 69 (Giovan Pietro Bellori: *Le Vite de' Pittori, Scultori e Architetti Moderni*, Elisabeth Oy-Marra, Tristan Weddigen u. Anja Brug (Hrsg.), 5). Für den Hinweis auf diesen Aspekt in Belloris Lebensbeschreibung danke ich Isabell Franconi.

2 Vgl. Bellori 2018 (wie Anm. 1), S. 62. Zu Belloris Verwendung des Begriffs *naturalista* siehe Valeska von Rosen: Wahrheit der Schöpfung und Neuheit in der Malerei. Bellori schreibt über Caravaggios ‚kunstlose Kunst', in: ebd., S. 81–115, bes. S. 112.

3 Hinsichtlich der Oberfläche bieten bildgebende Verfahren die Möglichkeit, das, was für das Auge erkennbar ist, als während des Entstehungsprozesses intendiert oder als spätere Hinzufügung herauszustellen. Doch auch die kunsttechnologische Bildgebung und damit das Analysieren ihrer Ergebnisse unterliegen den Logiken des Interpretierens, denn die innewohnenden Veränderungen müssen visuell erkannt und als Hinweise eingeordnet werden. Für einen Überblick zu interdisziplinären Forschungsansätzen, die Untersuchungen der Kunsttechnologie einbeziehen, siehe Aviva Burnstock et al. (Hrsg.): *Kunstgeschichte, Kunsttechnologie und Restaurierung – Neue Perspektiven der Zusammenarbeit. Eine Einführung*, Berlin 2024.

4 Eine umfassende Untersuchung zum Figurbegriff legte jüngst Patricia A. Gwozdz vor – Patricia A. Gwozdz: *Ecce figura. Lektüren eines Konzepts in Konstellationen (100 v. Chr.–1946)*,

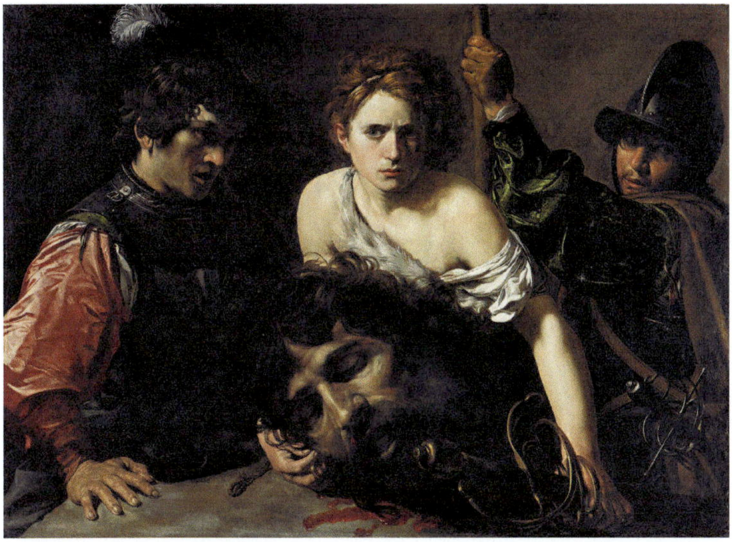

1 Valentin de Boulogne: *David mit dem Haupt des Goliath und zwei Soldaten*, ca. 1615–1616 oder 1620–1622, Öl auf Leinwand, 99 × 134 cm, Madrid, Museo Nacional Thyssen-Bornemisza

der Werkgenese und zeitgenössischen Diskursen wird in Valentins Herangehensweise eine intendierte Ambiguität und damit eine beabsichtigte Polyvalenz des Bildes erkennbar.

Vor einem unbestimmten Hintergrund in verschiedenen Brauntönen gruppiert Valentin drei Halbfiguren um eine Steinplatte, auf der ein abgeschlagenes Haupt ruht. Sie werden von links außerhalb des Bildfeldes beleuchtet, wodurch ihre Gesichter partiell verschattet sind. Die helle Haut der mittleren Figur, die hinter dem Haupt steht und sich leicht nach vorne beugt – und die als David identifiziert wurde –, wird nur von einem hellgrauen Fell über der rechten Schulter und einem weißen Tuch über dem linken Oberarm bedeckt. Das Gesicht ist frontal dem Raum der Betrachter*innen zugewandt, der Blick scheint diese zu fixieren und zugleich an ihnen vorbei gerichtet. Mit seiner linken Hand umgreift der rothaarige David kraftvoll das Schwert Goliaths, während die Fingerspitzen der rechten Hand das liegende Haupt stützen. Unter wilden braunen Locken, die geschlossenen Augen im Schatten, erscheint Goliaths Gesichtshaut wettergegerbt. Ein Lichtakzent in braunem Farbton hebt die Unterlippe des geöffneten Mundes hervor. Die Wunde am Hals bleibt im dunklen Bildbereich zwischen Goliaths Gesicht und Davids beleuchtetem Unterarm verborgen. Ein Tropfen Blut fällt aus der Nase des niedergestreckten Philisters in die roten Rinnsale, die sich auf dem Stein aus-

Berlin 2023 (Mimesis, 103, zugl. Habil. Universität Potsdam 2021). Für die vorliegende Analyse von Valentins Gemälde ist ein Figurbegriff leitend, der sich auf mit Farbe auf Leinwand dargestellte fiktive oder reale Menschen bzw. Lebewesen bezieht.

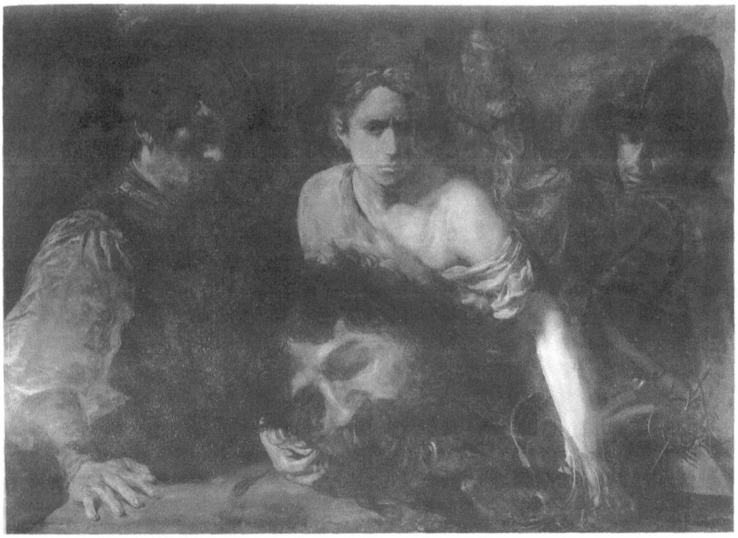

2 *David mit dem Haupt des Goliath und zwei Soldaten*, Infrarotreflektographie von Abb. 1

breiten und eine Locke Goliaths benetzen. Das Ende der Steinschleuder, die neben Davids Hand auf der Steinplatte liegt, wiederholt die Schlingenform dieser Locke.

Zwei Soldaten in grüner und roter Gewandung unter ihren Harnischen rahmen räumlich und farblich das zentrale Paar. Ihre Haut ist gebräunt, wobei das Gesicht des linken Soldaten bleich erscheint. Er stützt sich mit einer Hand auf die Steinplatte und starrt, den Mund geöffnet, auf Goliaths riesiges Schwert. Die Größendimension von Goliaths Waffe wird durch das Schwert des rechten Soldaten deutlich, dessen Griff Valentin in nächster Nähe platzierte. Dieser Soldat steht schräg hinter David – mit der erhobenen Linken in grünem Ärmel hält er hinter Davids Rücken eine Lanze fest und schränkt dadurch dessen Handlungsspielraum ein. Er wendet seinen Kopf über die linke Schulter und schaut ohne eindeutig erkennbare Emotion aus dem Bild hinaus auf etwas, das seine Aufmerksamkeit erregt haben muss. Die Augenpartien beider Soldaten sind verschattet, sodass Davids Blick aus blaugrauen Augen in den Raum der Betrachter*innen umso eindrücklicher wird.

Sein Körper und seine Kleidung sind gänzlich frei von Blutspuren, die auf die vergangene Tötung hinweisen würden. Stattdessen verdichtet sich das Blut in den Rinnsalen auf der Steinplatte, während die in der biblischen Geschichte genannten Wunden an Goliaths Stirn und Hals im Dunkel verborgen sind (1. Sam 17,49 und 1. Sam 17,51). Da auch Goliaths Gesicht bis auf den Tropfen aus der Nase frei von Blut ist, verweist kein Fleck und keine Spur auf die Stirnwunde. Ihr Fehlen ist hinsichtlich ihrer ikonographischen Bedeutung mindestens irritierend, wenn nicht bedeutsam.

Ein technischer Blick unter die Oberfläche verrät, dass Valentin diese Bildpartie veränderte. In der Infrarotreflektographie zeigt sich Goliaths Gesicht ähnlich zur Farb-

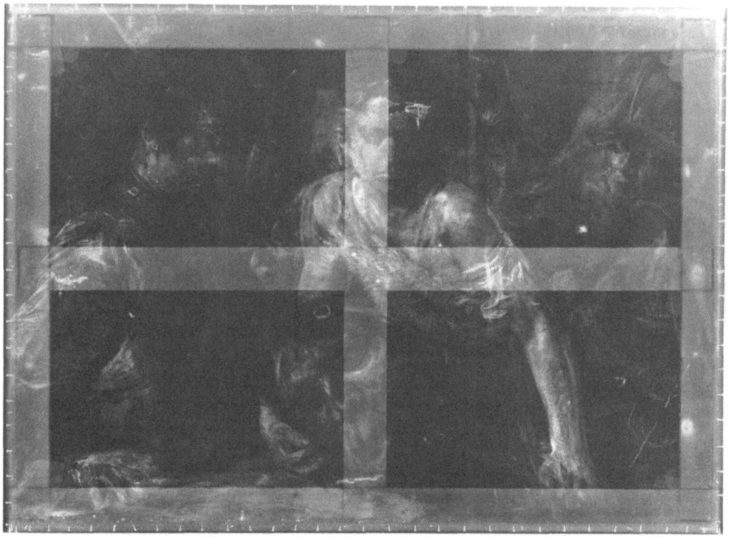

3 *David mit dem Haupt des Goliath und zwei Soldaten*, Röntgenaufnahme von Abb. 1

oberfläche (Abb. 2). In der Röntgenaufnahme werden hingegen Überarbeitungen Valentins an Nase und Mund sowie eine dunkle Stelle auf der Stirn erkennbar, die von wahrscheinlich bleiweißhaltigen Pinselstrichen umschlossen ist (Abb. 3). In der Publikation des Museo Thyssen-Bornemisza von 2008, in der die Ergebnisse der kunsttechnologischen Untersuchung des Gemäldes vorgestellt werden, wird festgehalten, dass Valentin die vormalig frei sichtbare Stirn mit Haar überdeckte.[5] Keith Christiansen bringt dies 2016 mit einem Verdecken der Wunde zusammen.[6] Der Eindruck, dass dem Haupt die auch aus theologischer Sicht bedeutsame Stirnwunde fehle, wird weiterhin durch die Abwesenheit von Blut in der oberen Gesichtshälfte gesteigert.[7] Die Überarbeitung dieses Details, die sich in der Röntgenaufnahme zeigt, lässt auf einen bewuss-

5 Vgl. Javier Bacariza Domínguez u. Luis Nieto Fernández: *Caravaggism and Classicism in Italian Painting at the Thyssen-Bornemisza Museum. A Technical and Historical Study*, Madrid 2008, S. 128.

6 Vgl. Valentin de Boulogne. Beyond Caravaggio, hrsg. v. Keith Christiansen u. Annick Lemoine, Ausstellungskatalog, New York, The Metropolitan Museum of Art, New York 2016, Kat.-Nr. 8 (Keith Christiansen), S. 98.

7 Augustinus beschäftigt sich in Sermon XXXII mit David und Goliath und stellt fest, Goliath sei an der Stirn getroffen worden, da jedem Hochmut die Unverschämtheit auf der Stirn geschrieben stehe. Vgl. Augustinus: Sermon XXXII. Predigt über Goliath und David und die Weltverachtung, § 12, zitiert n. Hubertus Drobner: *Augustinus von Hippo, Predigten zu den Psalmen 2 (Sermones 22–34). Einleitung, Text, Übersetzung und Anmerkungen*, Frankfurt a. M. 2016, S. 1185–1242, S. 1209 (Patrologia. Beiträge zum Studium der Kirchenväter, 35/2).

ten Einsatz dieser ikonographischen Irritation durch Valentin schließen.[8] Auf diesen Befund wird zurückzukommen sein.

In der Röntgenaufnahme wird eine weitere Komponente von Valentins Vorgehensweise ansichtig: Davids Fellbekleidung wurde vor der Brustpartie breiter angelegt und anschließend mit den Locken Goliaths teilweise verdeckt. Die emporragenden Wellen von Goliaths dunklem Haar werden zum farblichen Gegenpol des hellen Fells und Tuchs Davids. Die mit trockenen Pinselstrichen gesetzten, matten Strähnen heben sich auch vor Davids rechter Hand besonders ab und bilden dadurch eine dunkle Grenze zwischen Hand und Gesicht, sodass die leichte Berührung von Davids Fingerspitze an Goliaths Wange akzentuiert und als Detail besonders augenfällig wird. David hält das Haupt nicht in strengem Griff, sondern stützt es behutsam auf dem Stein ab. Dieser Eindruck wird durch Goliaths Locken, die durch Davids Finger fließen, noch prononciert. Es handelt sich um die einzige Stelle im gesamten Gemälde, in der sich Davids und Goliaths Körper sichtbar berühren.

Das elfenbeinfarbene Inkarnat Davids sowie das weiße Tuch und das helle Fell um seinen Oberkörper heben seine Gestalt deutlich von dem in dunklen Tönen gehaltenen Hintergrund und den weiteren Figuren ab. Seine Haut ist makellos, die Farbnuancen nahtlos ineinander verblendet, während die Haare des Fells in präzise ausgeführten Pinselstrichen Brust- und Schulterpartie weich umschmeicheln. Die übergroßen Ausmaße von Goliaths Haupt werden im Vergleich zum Oberkörper Davids deutlich.

Davids Erscheinungsbild wird in der Bibel mehrfach beschrieben:

> […] er war aber rothaarig und schön von Aussehen und von reizendem Angesicht, und der Herr sagte [zu Samuel]: ‚Steh auf, salbe ihn, denn er ist es!‘ (I Sam 16,12)
>
> […] ‚Siehe, ich habe den Sohn Isais, einen Betlehemiter, gesehen, der sich darauf versteht, Kithara zu spielen, und überaus stark an Kraft ist, und einen kriegerischen Mann und klug in Worten, und einen schönen Mann, und der Herr ist mit ihm!‘ (I Sam 16,18)
>
> Und als der Philister hingeschaut und David gesehen hatte, da sah er mit Verachtung auf ihn herab, denn er war ein Jüngling, rothaarig und schön von Aussehen. (I Sam 17,42)[9]

Während andere Maler*innen seiner Zeit überwiegend dunkelhaarige Davids darstellten[10], hielt sich Valentin an die Vorlage des rothaarigen Jünglings. Eine Auseinander-

8 Der Entstehungskontext von *David mit dem Haupt des Goliath und zwei Soldaten* ist unbekannt, sodass über mögliche an der Bildfindung beteiligte Personen neben Valentin keine Aussagen getroffen werden können.

9 Hieronymus: *Biblia Sacra Vulgata*, Andreas Beriger, Widu-Wolfgang Ehlers u. Michael Fieger (Hrsg.), Berlin 2018, 5 Bde., Bd. 2, S. 329, S. 337 (Sammlung Tusculum).

10 Dunkelhaarige Beispiele stammen u. a. von Caravaggio, Guido Reni, Jusepe de Ribera und Simon Vouet. Caravaggio: *David mit dem Haupt des Goliath*, um 1600/1601, Pappelholz, setzung Valentins mit der Beschreibung in der Bibel, die Davids schönes Aussehen drei Mal betont, liegt entsprechend nahe.[11] Valentins Gestaltung der Figur bringt ein ambigues Äußeres hervor, das verschiedene Lesarten zu evozieren vermag. In der Literatur umfasst die Deutung seines Gesichtsausdrucks ein weites Spektrum an Gefühlen, was aus dem Zusammenspiel der unterschiedlich gestalteten Gesichtshälften und dem jeweiligen Fokus der Betrachter*innen resultiert. Die David zugeschriebenen Eigenschaften und Gemütszustände reichen von introvertierter Tristesse[12], Melancholie[13]

91,2 × 116,2 cm, Wien, Kunsthistorisches Museum, Gemäldegalerie; Caravaggio: *David mit dem Haupt des Goliath*, ca. 1606–1607, Öl auf Leinwand, 125 × 101 cm, Rom, Galleria Borghese; Guido Reni: *David mit dem Haupt des Goliath*, um 1605, Öl auf Leinwand, 237 × 137 cm, Paris, Musée du Louvre, Département des Peintures; Jusepe de Ribera: *David und Goliath*, 1620, Öl auf Leinwand, 122 × 100 cm, Privatbesitz; Simon Vouet: *David mit dem Haupt des Goliath*, ca. 1620–1622, Öl auf Leinwand, 121 × 94 cm, Genua, Musei di Strada Nuova, Palazzo Bianco. Einen David mit hellen Haaren malte Tanzio da Varallo – Antonio Enrico, gen. Tanzio da Varallo: *David mit dem Haupt des Goliath*, ca. 1621, Öl auf Leinwand, 120 × 90 cm, Varallo, Palazzo dei Musei, Pinacoteca. Valentin schuf 1627 für Kardinal Francesco Barberini einen dunkelhaarigen David, drei Jahre später folgte ein *Samson* als Pendant (vgl. Annick Lemoine: Chronology of the Life and Work of Valentin de Boulogne, in: Kat. Valentin de Boulogne 2016 (wie Anm. 6), S. 229–235, S. 232 f.). Valentin de Boulogne: *David mit dem Haupt des Goliath*, 1627, Öl auf Leinwand, 139 × 103 cm, Auktion Sotheby's New York am 26. Mai 2016, Lot 64, Privatsammlung; Valentin de Boulogne: *Samson*, 1631, Öl auf Leinwand, 135,6 × 102,8 cm, Cleveland, The Cleveland Museum of Art, Mr. and Mrs. William H. Marlatt Fund.

11 Hierfür spricht auch, dass es in Valentins bekanntem Œuvre keine weitere Figur gibt, die dem David des Thyssen-Gemäldes gleicht, obwohl bekannt ist, dass er Modelle für mehrere Werke einsetzte. Eines der bekanntesten, wiederholt auftauchenden Modelle ist ein älterer Mann mit langem grauen Bart, der als Flussgott im Barberini-Auftragswerk *Allegorie Italiens* (Rom, Villa Lante sul Gianicolo, Institutum Romanum Finlandiae), als Abraham in der *Opferung Isaaks* (Montreal, The Montreal Museum of Fine Arts, Gift of Lord Strathcona and family), als Protagonist in den Gemälden *Moses* (Wien, Kunsthistorisches Museum, Gemäldegalerie) und *Heiliger Matthäus* (Versailles, Musée National des Châteaux de Versailles et de Trianon) sowie als Musiker in einer Tavernenszene (Paris, Musée du Louvre, Département des Peintures) auftritt – vgl. Keith Christiansen: Painting from Life. Valentin and the Legacy of Caravaggio, in: Kat. Valentin de Boulogne 2016 (wie Anm. 6), S. 53 ff. u. Ebd., Kat.-Nr. 35 (Keith Christiansen), S. 176. Siehe dazu auch Annick Lemoine: ‚Ne s'incliner devant Personne'. Valentin de Boulogne, au-delà de Caravage, in: Valentin de Boulogne. Réinventer Caravage, hrsg. v. Keith Christiansen u. Annick Lemoine, Ausstellungskatalog, Paris, Musée du Louvre, Paris 2017, S. 1–21, S. 10. Dort eine Zusammenstellung der Bildausschnitte, allerdings ohne *Moses* aus Wien.

12 Vgl. Luis Nieto Fernández: David with the Head of Goliath and two Soldiers, in: Bacariza Domínguez u. ders. 2008 (wie Anm. 5), S. 130–140, S. 133.

13 Vgl. Roberto Contini: Seventeenth and Eighteenth Century Italian Painting. The Thyssen-Bornemisza Collection, Sammlungskatalog, London 2002, Kat.-Nr. 19, S. 104; Dominik Brabant: Melancholie, Mehrdeutigkeit, Gattungsmischung. Valentin de Boulogne als Genrekünstler, in: David Nelting u. Valeska von Rosen (Hrsg.): *Gattungsmischungen, Hybridisierungen, Amalgamierungen. Perspektiven auf das Verhältnis von Traditionen und Novationen in Bild, Text und Musik des Barock*, Merzhausen 2022, S. 203–239, S. 223.

oder Meditation[14], von Nachdenklichkeit und Besorgtheit[15], über Konzentration[16], Erkenntnis[17], Entschlossenheit[18] und Intensität[19] bis hin zu ausdrucksstarken Emotionen wie Unbehagen[20], Streitlust[21] und als ein Randextrem gar Mordgier[22]. Auch wird die Transition Davids vom Hirten zum Helden, derer David sich im dargestellten Moment bewusst werde, genannt.[23] Sein Sieg über Goliath bleibt für ihn und sein Verhältnis zu König Saul nicht ohne Konsequenzen.[24]

Davids Wandlung koinzidiert mit der kontrastreichen Anlage seiner Figur. Gegensätze bestimmen sein dargestelltes Äußeres. Eine Gesichtshälfte ist hell erleuchtet, die andere verfinstert. Mit einer vorgewölbten Schulter beugt er sich über das Haupt, die andere nimmt er zurück. Angespannt umfasst er das riesige Schwert, während er Goliaths Haupt mit zartem Fingergriff berührt. Sein Haar ist einerseits durch ein Band gezähmt, andererseits wallen wilde Locken bis in den Hintergrund. David scheint in sich gekehrt und dennoch mit einem intensiven Blick ausgestattet. Er konfrontiert die Betrachter*innen mit dem abgeschlagenen Haupt, schaut jedoch an ihnen vorbei.

In der Gestaltung von Davids Körper geht Valentin über die Forderung Leon Battista Albertis zur deutlichen Darstellung von inneren Bewegungen hinaus. Nach Alberti müssten die dargestellten Figuren ihre eigenen inneren Bewegungen, die an den Bewegungen des Körpers erkennbar würden, deutlich machen, um die Seelen der Betrachter vor dem Bild zu bewegen.[25] Valentins David trägt jedoch in seinem ambiguen Äußeren, wie anhand der verschiedenen Deutungen gezeigt, das Potenzial für

14 Vgl. Mar Borobia: Museo Thyssen-Bornemisza. I. Old Masters, Sammlungskatalog, Madrid 2009, S. 465.

15 Vgl. Caravaggio, Bernini. Entdeckung der Gefühle, hrsg. v. Gudrun Swoboda u. Stefan Weppelmann, Ausstellungskatalog, Wien, Kunsthistorisches Museum, Gemäldegalerie, München 2019, Kat.-Nr. 6 (Çiğdem Özel), S. 111.

16 Vgl. Borobia 2009 (wie Anm. 14), S. 465.

17 Vgl. Michael Fried: *After Caravaggio*, New Haven 2016, S. 46.

18 Vgl. Valentin et les Caravagesques Français, hrsg. v. Arnauld Brejon de Lavergnée u. Jean-Pierre Cuzin, Ausstellungskatalog, Paris, Grand Palais, Paris 1974, Kat.-Nr. 43, S. 142.

19 Vgl. Old Master Paintings from the Thyssen-Bornemisza Collection, hrsg. v. MaryAnne Stevens, Ausstellungskatalog, London, Royal Academy of Arts, Mailand 1988, Kat.-Nr. 50 (David Ekserdjian), S. 124.

20 Vgl. Bacariza Domínguez u. Nieto Fernández 2008 (wie Anm. 5), S. 133.

21 Vgl. Kat. Valentin de Boulogne 2016 (wie Anm. 6), Kat.-Nr. 8 (Keith Christiansen), S. 98; Lisbeth M. Helmus: David und Judith, in: Utrecht, Caravaggio und Europa, hrsg. v. Bernd Ebert u. dies., Ausstellungskatalog, München, Bayerische Staatsgemäldesammlungen, Alte Pinakothek, München 2018, S. 220–231, S. 226.

22 Vgl. Kat. Valentin et les Caravagesques Français 1974 (wie Anm. 18), Kat.-Nr. 43, S. 142.

23 Vgl. Kat. Caravaggio, Bernini 2019 (wie Anm. 15), Kat.-Nr. 6 (Çiğdem Özel), S. 111.

24 Vgl. ebd.

25 Vgl. Leon Battista Alberti: *Della Pittura* (II, 41), Oskar Bätschmann u. Sandra Gianfreda (Hrsg./Übers.), Darmstadt 2002, S. 131. „Poi moverà l'istoria l'animo quando gli uomini ivi dipinti molto porgeranno suo propio movimento d'animo. […] Ma questi movimenti d'animo si conoscono dai movimenti del corpo." (Ebd., S. 130).

eine Vielzahl von inneren Bewegungen in seiner Figur. Mit einer gleichzeitigen Ansichtigkeit mehrerer innerer Bewegungen befasst sich Giovanni Paolo Lomazzo in seinem 1584 in Mailand publizierten *Trattato dell'Arte de la Pittura*. Darin legt er ein komplexes Netz aus Freundschaften und Feindschaften der *moti* dar, nach dem zwei, drei oder vier innere Bewegungen zusammen in einer Figur darstellbar seien und im Antlitz aufschienen.[26] Die vielfältige Kombinatorik der einzelnen *moti* ermögliche es, eigentlich konträre Eigenschaften durch die ihnen gemeinsame Verbindung zu einer weiteren wieder miteinander zu versöhnen.[27] Die Ausführungen Lomazzos offenbaren ein weitgespanntes Netz aus Dichotomien, Gruppen mit nahen Bedeutungsinhalten und deren unterschiedlichen Vereinbarkeiten, das sich über Charaktereigenschaften sowie Tugenden und Laster erstreckt. Damit wird in Lomazzos Struktur von Freundschaft und Feindschaft der *moti* der Grundstein gelegt, das Antagonistische einer Gegenüberstellung zugunsten einer vielfältigen Einheit zu verbinden und dadurch eine Überwindung des grundsätzlich Opponierenden durch die Kombination dessen innerhalb einer Figur zu ermöglichen.

Die in der Fachliteratur David zugeschriebenen seelischen Bewegungen sind ihrer heterogenen Vielzahl entsprechend in Lomazzos systematischem Netz der *moti* weit verteilt. In Valentins Figur offenbart sich dies insbesondere in Antlitz und Extremitäten, die auf entgegengesetzte Emotionen als innere Antriebe alludieren. Der Undarstellbarkeit der *verfeindeten moti* in einem Körper wird in Davids Gestaltung somit widersprochen – Davids Körper bedarf keiner ‚vermittelnden' dritten Bewegung, die bei Lomazzo zwei Gegensätze miteinander versöhnt. In der Transition zwischen Hirte und Held, Adoleszent und Mann sind die Unterschiede zwischen diesen Zuständen sowie deren Reflexion in Davids Bewusstsein derart in ihren Extremen durchscheinend, dass sie ein gleichzeitiges Aufflackern an der Oberfläche hervorrufen. Hierin ist die narrative Basis für die simultane Ansichtigkeit von Zögern und Entschlossenheit, Aktivität und Passivität, Ungestüm und Melancholie, Grausamkeit und Mitleid, das sich im zärtlichen Umgang mit dem Haupt äußert, gelegt. In der Visualisierung Valentins sind Davids innere Bewegungen zudem mit dem *chiaroscuro* verknüpft, sodass diese im Zusammenspiel mit der Lichtgebung sein Gesicht gleichsam erleuchten und verfinstern. Im beständigen Zugleich der liminalen Erfahrung Davids, die mit seiner Selbsterkenntnis koinzidiert, werden die antithetische Struktur transzendiert und die Dichotomien aufgelöst.

26 „Perche oltre à tutti i moti, che in generale, & in particolare si sono dichiarati, si come quelli che per ordine vanno espressi nelle figure, si ricerca anco, che secondo la ragione dell'amicitia, & inimicitia loro, si consideri in qual modo due trè, & quattro insieme si possano accoppiare, & dimostrare in vn'medesimo corpo, & risplendere nella faccia". (Vgl. Giovanni Paolo Lomazzo: *Trattato dell'Arte de la Pittura* (II, 18), Darmstadt 1968, S. 169).

27 „Oltre di questo vi sono alcuni moti che trà lorò sono inimicissimi, &non dimeno ambi sono amici di vn'altro, &per questa ragione si conuengono insieme". (Vgl. Lomazzo 1968 (wie Anm. 26), S. 170).

Durch die Simultaneität verschiedener innerer Bewegungen legt Valentin eine Vielzahl möglicher Rezeptionen und Deutungen seiner Davidfigur an.[28] Die Wirkmacht seines Gemäldes ist grundlegend mit seiner Art, wie er Kompositionen erarbeitet und Figuren aufbaut, verbunden. Die kunsttechnologischen Untersuchungen lassen Rückschlüsse auf den Farbauftrag und damit auf den Aufbau der Farbschichten zu. Die Grundierung trägt Valentin in zwei Schichten auf: zuerst eine dunkelbraune und darüber eine mit Bleiweiß versetzte hellbraune Schicht.[29] Bei den Figuren malt er zunächst die Körper, insbesondere die Arme, bevor er die Kleidungsstücke darüberlegt.[30] Der überzeugenden Darstellung verschiedener Stoffe und Oberflächen widmet er viel Aufmerksamkeit, wie im Madrider Gemälde an den samtigen Ärmeln, dem mit feinen Pinselstrichen aufgetragenen Fell, den Wölbungen und Falten des weißen Tuchs sowie den feingliedrigen Härchen der Hutfeder zu sehen ist. In der nahen Betrachtung wird die Kombination von Konturlinien und scheinbar mühelos gezogenen Pinselstrichen, die er bei Lichtakzenten oder Stoffwölbungen einsetzt, offenbar. Valentin variiert zwischen ineinander verblendeten Farbnuancen und einzeln gesetzten Pinselstrichen. Er unterstreicht durch den Einsatz trockener brauner Farbe die Taktilität der strohigen Haarsträhnen des toten Goliath, die er – wie in der Röntgenaufnahme (Abb. 3) zu sehen ist – über das bereits ausdifferenzierte Fell legte. Konzeption und Umsetzung gehen auf der Leinwand ineinander über, die Farbe und ihr Einsatz durch sichtbare Pinselzüge gewinnen an Gewicht. In diesen Pinselzügen ist der performative Akt des Malens manifestiert und konserviert. Farbe ist bei Valentin keine Hinzufügung, sondern substanzieller Bestandteil des Gestaltungs- und Kompositionsprozesses. Dadurch wird sie ebenso Element der Figurbildung.

Aus der Röntgenaufnahme wird zudem ersichtlich, dass Valentin – neben der wiederholten Überarbeitung der gespreizten Hand des Soldaten – die Figur Davids insbesondere an den Schultern und dem linken Unterarm mehrfach in ihrer Haltung abänderte. Auf der linken Schulter und Brust deuten Pinselstriche einen Stoff an, der

28 Ähnliches diagnostiziert Brabant in seiner Analyse von Valentins *Wahrsagerin mit Soldaten* (Toledo, Museum of Art) bezüglich der inneren, sich widersprechenden Affektzustände der Figuren (vgl. Dominik Brabant: Vieldeutige Begegnungen und latente Wirkkräfte. Überlegungen zu Valentin de Boulognes Wahrsagerinnen-Szenen, in: Britta Hochkirchen u. ders. (Hrsg.): *Ästhetische Eigenlogiken des europäischen Genrebildes. Temporalität, Ambiguität, Latenz*, Bielefeld 2023, S. 119–146, S. 137 f.). Ihm zufolge „eröffnet Valentin einen Bildraum der Ambiguität und der Latenz“ (ebd., S. 142).

29 Vgl. Bacariza Domínguez u. Nieto Fernández 2008 (wie Anm. 5), S. 247 f.

30 Dies lässt sich auch am roten Ärmel des Gitarristen in einem *Konzert* (Indianapolis, Indianapolis Museum of Art, William A. Zumpfe Memorial Fund) beobachten (vgl. Kat. Valentin de Boulogne 2016 (wie Anm. 6), Kat.-Nr. 10 (Annick Lemoine), S. 105). Keith Christiansen bezeichnet dieses Vorgehen in seinem Katalogbeitrag zu Valentins Malweise als typischen Aspekt seiner Praxis (vgl. Keith Christiansen: Painting from Life. Valentin and the Legacy of Caravaggio, in: Kat. Valentin de Boulogne 2016 (wie Anm. 6), S. 43–55, S. 51).

diesen Bereich zunächst verdeckte.[31] Auch in der Infrarotreflektographie sind diese Spuren sichtbar, daher müssen sie sich in einer Schicht oberhalb der Grundierung befinden (Abb. 2). Die Kontur des Oberarms wird in der Röntgenaufnahme unterhalb des weißen Tuchs deutlich (Abb. 3).

Das Detail des hinabgeglittenen Tuchs und der entblößten Schulter stellt ein bekanntes zeitgenössisches Motiv dar und erinnert unmittelbar an die hinabgerutschten Stoffe der Knaben Caravaggios, insbesondere an den *Jüngling von einer Eidechse gebissen*.[32] Zugleich ist der David-Ikonographie der Zeit und im Umkreis von Caravaggios *seguaci* eigen, den jungen Hirten häufig mit einer freigelegten Brust und einem entkleideten Arm darzustellen.[33] In Valentins Gemälde hängt das von der linken Schulter hinabgerutschte Tuch in feinen Falten um die Oberarmmuskulatur Davids. Eine aufgebauschte Wölbung wirft einen Schatten auf seine Ellenbeuge, sodass der beleuchtete angespannte Unterarm durch diese Kontrastierung umso auffälliger hervorscheint und als helles Element das Haupt auf der Steinplatte vom Soldaten in dunkelgrüner Gewandung trennt. Die Veränderung dieses Bildelements durch Valentins Hand scheint daher nicht zufällig, sondern ein Resultat von Überlegungen und neben dem Lichteinfall und dem daraus resultierenden *chiaroscuro* ein weiterer interpikturaler Rekurs auf andere Gemälde der Zeit zu sein. Durch die Spuren unterhalb der Oberfläche wird eine intensive Auseinandersetzung mit Davids Erscheinung und Wirkung evident.

Die nackte Schulter, die David den Bildbetrachter*innen darbietet, wird durch ihre Transformation während der Werkgenese zu einem semantisch aufgeladenen Ort der Enthüllung. Der Beweggrund für diese Änderung könnte in einem Auftraggeber*innenwunsch liegen oder Ergebnis von Valentins eigener Gestaltung sein. Mit der freien Schulter und dem hinuntergeglittenen Tuch erzielt Valentin mehrere Effekte. Der weiße Stoff auf Davids Oberarm – das hellste und leuchtendste Element der Bildkomposition – bildet unmittelbar neben Goliaths dunklem Haar einen auffälligen Kontrast. Die Betonung des angespannten Muskels an Davids Unterarm durch den Schatten der Tuchwölbung führt den Blick hinunter zu Goliaths Schwert, dessen Knauf die Grenze zum Raum der Betrachter*innen beinahe durchstößt. Auf dem nun unbedeck-

31 Vgl. Javier Bacariza Domínguez: Radiography and Infra-Red Reflectography, in: Ders. u. Nieto Fernández 2008 (wie Anm. 5), S. 112–129, S. 112.

32 Dieses Gemälde ist in zwei Versionen erhalten (Florenz, Fondazione Roberto Longhi und London, National Gallery). Andreas Sternweiler beschreibt das Spiel von Bedecken und Entblößen durch die Bekleidung und insbesondere das von der Schulter gerutschte Stück Stoff in Caravaggios Malerei (vgl. Andreas Sternweiler: *Die Lust der Götter. Homosexualität in der italienischen Kunst. Von Donatello zu Caravaggio*, Berlin 1993, S. 220 (zugl. Diss. Freie Universität Berlin 1992)). Michel Hilaire bezeichnet im Katalogeintrag zu Valentins Gemälde die nackte Schulter als ein an Caravaggio erinnerndes Detail, lässt das Tuch jedoch außen vor und verzichtet auf konkrete Beispiele (vgl. Corps et Ombres. Caravage et le Caravagisme Européen, hrsg. v. Michel Hilaire u. Axel Hémery, Ausstellungskatalog, Montpellier, Musée Fabre u. Toulouse, Musée des Augustins, Mailand 2012, Kat.-Nr. 38 (Michel Hilaire), S. 188).

33 Siehe hierzu die Auflistung unter Anm. 10.

ten Schlüsselbein Davids entfaltet sich durch den Lichteinfall ein feines Schattenspiel. Das hinuntergerutschte Tuch gibt außerdem den Blick auf Davids linken Brustbereich frei. Dieser Ausschnitt Haut wird durch die zusammenfließenden Linien von Fell und Tuch sowie die wellenartig emporragende Haarlocke und damit durch das visuelle Koinzidieren verschiedener taktiler Qualitäten akzentuiert und erotisiert.[34] Davids rechte Brust hingegen verschwindet hinter den sich auftürmenden Strähnen von Goliaths Haar, die das weiche Fell auf der hellen Haut kontrastieren.

Die drei Bibelstellen, die David beschreiben, gehen neben der Haarfarbe vor allem auf sein schönes Aussehen ein. In der Frühen Neuzeit fallen Konzepte von Schönheit teilweise mit Theorien zum Verhältnis der Geschlechter zusammen.[35] Mario Equicola brachte in seiner Schrift *Di Natura d'Amore* von 1525 in einer parallelisierten Syntax Männlichkeit und Weiblichkeit im Antlitz des Menschen zusammen:

> Das Gesicht der Frau ist zu loben, wenn es die Gesichtszüge des Mannes hat, und das des Mannes, wenn es weibliche Züge trägt. Daher gibt es das Sprichwort für fast jede Gelegenheit, daß eine männliche Frau und ein weiblicher Mann Grazie haben.[36]

Während bei Equicola eine Annäherung beider Geschlechter beschrieben wird, befasst sich Michel de Montaigne in seinen *Essais* von 1580/1588 mit den Vorstellungen der idealen Schönheit von Frauen und Männern zusätzlich hinsichtlich des Alters:

> Und der wahre Vorteil der Frauen liegt in ihrer Schönheit; und Schönheit ist ihnen so sehr eigen, daß unsere, obwohl sie etwas andere Züge verlangt, am größten ist, wenn sie, knabenhaft und bartlos, mit der ihren verwechselt werden kann.[37]

34 Zu erotischen Untertönen in Darstellungen Davids siehe auch Adrian Randolph: Donatellos *David*. Politik und der homosoziale Blick, in: Mechthild Fend u. Marianne Koos (Hrsg.): *Männlichkeit im Blick. Visuelle Inszenierungen in der Kunst seit der Frühen Neuzeit*, Köln 2004, S. 35–51 (Literatur-Kultur-Geschlecht, 30).

35 Ein Einstieg in die Geschlechterforschung kann hier nicht erfolgen, daher sei auf Thomas Laqueur: *Auf den Leib geschrieben. Die Inszenierung der Geschlechter von der Antike bis Freud*, Frankfurt a. M. 1992 verwiesen, dessen These des Ein-Geschlecht-Modells bezüglich des Sexus nicht unkritisiert blieb. Zu den Themen Androgynie und Hermaphroditismus in Kunst und Literatur siehe Achim Aurnhammer: *Androgynie. Studien zu einem Motiv in der europäischen Literatur*, Köln 1986 (Literatur und Leben, 30, zugl. Diss. Universität Heidelberg 1983/1984); Andrea Raehs: *Zur Ikonographie des Hermaphroditen. Begriff und Problem von Hermaphroditismus und Androgynie in der Kunst*, Frankfurt a. M. 1990 (Europäische Hochschulschriften – Reihe 28 Kunstgeschichte, 113, zugl. Diss. Technische Hochschule Aachen 1987) sowie Karin Orchard: *Annäherungen der Geschlechter. Androgynie in der Kunst des Cinquecento*, Hamburg 1992 (Kunstgeschichte, 10, zugl. Diss. Universität Hamburg 1988).

36 Mario Equicola: *Di Natura d'Amore*, Venedig 1607, Bl. 113r., Übersetzung zitiert n. Orchard 1992 (wie Anm. 35), S. 31.

37 Michel de Montaigne: *Essais* (III, 3), zitiert n. Orchard 1992 (wie Anm. 35), S. 31. Der Topos der Ähnlichkeit und Verwechslung ist bereits bei Ovid enthalten. Er beschreibt Atalantes Gesicht mit den Worten: „Du könntest es mädchenhaft nennen, / wenn ein Knabe es trüg', und

Mit der Annäherung an die weibliche Schönheit geht somit eine Uneindeutigkeit einher, die eine Verwechslung hervorrufen kann. Diese ist in Valentins David angelegt, denn in seiner Figur sind tendenziell männlich und weiblich konnotierte Eigenschaften vereint. Die Milde und Weichheit, die sich in Davids heller Gesichtshälfte sowie in seiner zärtlichen Berührung von Goliaths Haupt offenbaren, stehen als dem Weiblichen zugeschriebene Merkmale der Härte und Bedrohlichkeit seines verdunkelten Antlitzes und des festen Griffs um das Mordinstrument als männlich gelesene Eigenschaften gegenüber.[38] Die Zweiteilung des Gesichts setzt sich in den Haaren in eine durch das Haarband gezähmte, begrenzte und damit weibliche Seite und in eine wilde, unbegrenzte, männliche Hälfte fort. Die Entgegensetzung aktiv – passiv[39] manifestiert sich insbesondere in der hervorgeschobenen und der zurückgenommenen Schulter. Valentins David – knabenhaft, bartlos und mit wallendem Haar – bewegt sich in seiner schönen, ambiguen Erscheinung an der Grenze der Geschlechter.[40] Dabei wird auf eine andere Ikonographie verwiesen, die ebenfalls ein Schwert und einen abgetrennten Kopf beinhaltet: Judith mit dem Haupt des Holofernes. Diese Allusion wird noch ge-

knabenhaft, trüg' es ein Mädchen." (Ovid: *Metamorphosen* (VIII, 322 f.), Erich Rösch (Hrsg./Übers.), München 1983, S. 291 (Sammlung Tusculum)). Siehe auch Orchard 1992 (wie Anm. 35), S. 9.

38 Die Zuweisung verschiedener Eigenschaften an die Geschlechter gründet in der Antike (siehe Anm. 39), stellt jedoch keine absolute Größe dar. Insbesondere in der Frühen Neuzeit werden bestehende Zuordnungen und das Verhältnis der Geschlechter vielstimmig diskutiert, sodass verschiedene Zuschreibungen nebeneinander bestehen. Siehe hierzu Orchard 1992 (wie Anm. 35), S. 6–27. U. a. in Baldassare Castigliones *Il Libro del Cortegiano* (1528) werden die verschiedenen Eigenschaften verhandelt: In einer Diskussionsrunde wird Graf Ludovico da Canossa aufgefordert, den idealen Höfling zu beschreiben. Dieser solle neben den männlich konnotierten Tugenden der Tapferkeit und Kühnheit auch Anmut und Bescheidenheit vorweisen (vgl. Baldassare Castiglione: *Il Libro del Cortegiano* (I, 17), Albert Weselski (Übers.), Berlin 1996, S. 28 ff.).

39 Aristoteles schreibt in seiner *Metaphysik* den Pythagoreern zehn Entgegensetzungen zu, darunter rechts – links, männlich – weiblich, Licht – Dunkel (vgl. Aristoteles: *Metaphysik* (I, 5, 986a), Hans Günter Zekl (Hrsg./Übers.), Würzburg 2003, S. 154). Zusätzlich kombiniert er das gegensätzliche Paar männlich – weiblich mit weiteren Prinzipien: das Männliche mit Aktivität, Form und Vollkommenheit, das Weibliche mit Passivität, Materie und Unvollkommenheit (vgl. Orchard 1992 (wie Anm. 35), S. 10, Anm. 18). Sie nennt folgende Textstellen: *Physik*, I, 9 (192a22); *De Generatione Animalium*, I, 2 (716a6 f.); I, 20 (729a25 ff.); *Historia Animalium*, IX, 1 (608a11 ff.).

40 Auf die androgyne Wirkung Davids sei hier lediglich verwiesen, da Androgynie primär eine in der Rezeption zugeschriebene Eigenschaft und damit ein im Abstrakten verbleibendes Konzept sei (vgl. Francette Pacteau: The Impossible Referent. Representations of the Androgyne, in: Victor Burgin, James Donald u. Cora Kaplan (Hrsg.): *Formations of Fantasy*, London 1986, S. 62–84, S. 62). Im Vorwort zum Pariser Ausstellungskatalog benennt Sébastien Allard beinahe beiläufig „la beauté androgyne", die Valentins David zu eigen sei (vgl. Sebastien Allard: Valentin de Boulogne. Réinventer Caravage?, in: Kat. Valentin de Boulogne 2017 (wie Anm. 11), S. XVIII–XIX, hier S. XVIII). Für weiterführende Literatur zur Androgynie siehe Anm. 35.

stärkt, da in Valentins Gemälde keine Stirnwunde an Goliaths Haupt sichtbar ist, die in der biblischen Geschichte jedoch ein wichtiges Element darstellt.

In der Auswirkung auf die klare Lesbarkeit der Ikonographie und in der Gewichtigkeit der Stirnwunde liegt vermutlich auch begründet, dass diese Änderung nach der Museumspublikation von 2008 in der Forschung rezipiert wurde, während die entkleidete Schulter unerwähnt blieb.[41] Doch sowohl das Verdecken der Stirnwunde als auch das Entblößen der Schulter sind Veränderungen, die sich auf die Blickführung und die Eindeutigkeit des Bildsujets auswirken.[42] Valentin verschiebt den Fokus von der Stirnwunde und damit dem zurückliegenden Duell auf Davids inneres Erleben und auf die Rezeption seiner ambiguen Gestalt. In der neuen Konfiguration bekannter ikonographischer Elemente weist er auf den Facettenreichtum der biblischen Geschichte hin. In Valentins Variante des Sujets sind hinsichtlich der dargestellten Szene Fragen offen, denn bei den rahmenden Soldaten handelt es sich um unübliches Figurenpersonal.[43] Ihre Identifizierung hilft bezüglich der Unklarheit weiter, wen Davids Blick trifft – und zugleich nicht trifft.

1988 formulierte David Ekserdjian die Idee, ein Soldat könne Abner sein, der Heerführer Israels unter König Saul: „Und als David zurückgekehrt war, nachdem er den Philister geschlagen hatte, nahm ihn Abner und führte ihn hinein vor Saul, während er den Kopf des Philisters in der Hand hielt.“ (1 Sam 17,57)[44]

Entsprechend, so Ekserdjian, fänden wir uns als Betrachtende vor dem Gemälde in der Rolle König Sauls wieder.[45] Diese These lässt sich unter Bezugnahme auf die Ergebnisse der kunsttechnologischen Untersuchung und die bereits ausgearbeiteten Beobachtungen zur ambiguen Davidfigur weiterdenken, denn der Blick Davids gilt einer anderen Person vor der steinernen Platte.

41 Z. B. Kat. Valentin de Boulogne 2016 (wie Anm. 6), Kat.-Nr. 8 (Keith Christiansen), S. 98; Kat. Caravaggio, Bernini 2019 (wie Anm. 15), Kat.-Nr. 6 (Çiğdem Özel), S. 111. Annick Lemoine geht auf die Befunde zwar nicht ein, nennt aber die bibliographische Angabe der Museumspublikation (vgl. Caravaggio and the Painters of the North, hrsg. v. Gert Jan van der Sman, Ausstellungskatalog, Madrid, Museo Thyssen-Bornemisza, Madrid 2016, Kat.-Nr. 40 (Annick Lemoine), S. 164).

42 Semiotisch gewendet ist hier die Zeichenhaftigkeit einzelner Bildelemente betroffen. Wie Valeska von Rosen formulierte, „entsteht Ambiguität durch die Reduktion der die Figuren markierenden oder Narrationen bestimmenden Zeichen in Verbindung mit einem gezielten Abweichen von der Bildtradition.“ (Valeska von Rosen: *Caravaggio und die Grenzen des Darstellbaren. Ambiguität, Ironie und Performativität in der Malerei um 1600*, Berlin 2021[3], S. 34 (zugl. Habil. Freie Universität Berlin 2006)). In Valentins Gemälde wird dies exemplarisch vorgeführt.

43 Durch die Eingliederung dieser Figuren kokettiere Valentin in diesem Gemälde mit dem Bildpersonal von Genreszenen, so Brabant (vgl. Brabant 2022 (wie Anm. 13), S. 223).

44 Hieronymus 2018 (wie Anm. 9), S. 339.

45 Vgl. Kat. Old Master Paintings from the Thyssen-Bornemisza Collection 1988 (wie Anm. 19), Kat.-Nr. 50 (David Ekserdjian), S. 124.

Die Verknüpfung von Liebe auslösendem Pfeil und dem Blick wurde in den Vorstellungen und den Bildmedien der Frühen Neuzeit bereits plausibilisiert.[46] Eine Übertragung dieses Gedankens ist auch auf die Steinschleuder möglich: Eine Episode aus Vergils *Aeneis*, die einen Wettkampf im Bogenschießen beschreibt, wurde von Jacopo Sannazaro zu Beginn des 16. Jahrhunderts zu einem Wettkampf unter Hirten mit Steinschleudern variiert. In der *Aeneis* sollten vier Bogenschützen eine Taube treffen, die an einem Mast festgebunden war. Der erste Schütze traf den Stamm, der zweite durchschlug den Knoten, sodass die Taube davonflog, jedoch vom dritten Schützen in der Luft abgeschossen wurde. Obwohl er die Taube nicht mehr treffen konnte, ließ der vierte Schütze seinen Pfeil durch die Luft schnellen, dieser fing Feuer und markierte seine Flugbahn mit Flammen. Dies wurde als Omen gedeutet und der vierte Schütze zum Sieger erklärt. Wie Julian Kliemann herausstellte, übertrug Sannazaro den Wettkampf in seiner 1504 publizierten *Arcadia* in ein arkadisch-pastorales Umfeld.[47] Die Hirten zielten mit Steinschleudern auf einen an einem Baum angebundenen Wolf. Der erste Hirte verfehlte gänzlich, der zweite traf den Baumstamm, der dritte den Strick, sodass sich der Wolf losreißen konnte, bevor der vierte ihn an der Schläfe verwundete und tötete.

Die Verbindung von geschossenem Pfeil und geschleudertem Stein rückt Davids Steinschleuder in den Bedeutungsbereich der Blickmetaphorik. Die von Ekserdjian identifizierte Textstelle, in der David König Saul gegenübertritt, benennt in der Fortsetzung eine weitere Person, die mit Davids Schicksal verwoben ist.

> 57 Und als David zurückgekehrt war, nachdem er den Philister geschlagen hatte, nahm ihn Abner und führte ihn hinein vor Saul, während er den Kopf des Philisters in der Hand hielt. 58 Und Saul sagte zu ihm: ‚Von welcher Abstammung bist du, junger Mann?' Und David sagte: ‚Der Sohn deines Knechtes Isai, des Betlehemiters, bin ich!'
>
> 1 Und es geschah, als er zu Ende gesprochen hatte zu Saul: Die Seele Jonatans wurde mit der Seele Davids verbunden, und Jonatan liebte ihn wie seine Seele. 2 Und Saul nahm ihn an jenem Tag zu sich und gestattete ihm nicht, dass er in das Haus seines Vaters zurückkehrte. 3 Aber Jonatan und David gingen einen Bund ein, denn er liebte ihn wie seine Seele. 4 Denn Jonatan zog sich das Untergewand aus, mit dem er gekleidet war, und gab es David, und seine übrigen Kleider bis zum Schwert und seinem Bogen und bis zum Gürtel. (1 Sam 17,57–18,4)[48]

46 Z. B. Marianne Koos, Amore dolce-amaro. Giorgione und das ideale Knabenbildnis der venezianischen Renaissancemalerei, in: *Marburger Jahrbuch für Kunstwissenschaft* 33 (2006), S. 113–174.

47 Vgl. Julian Kliemann, Kunst als Bogenschießen. Domenichinos ‚Jagd der Diana' in der Galleria Borghese, in: *Römisches Jahrbuch der Bibliotheca Hertziana* 31 (1996), S. 273–311, S. 279.

48 Hieronymus 2018 (wie Anm. 9), S. 339 ff.

Jonatan ist Sauls ältester Sohn, damit dessen Erbe und Davids direkter Kontrahent um die Thronfolge. Nach heutigen Erkenntnissen bezieht sich die Wortwahl in der Textstelle in ihrem Entstehungskontext vor allem auf die politische Liebe, d. h. auf eine loyale, dem Gehorsam verpflichtete Beziehung und weniger auf eine intime.[49] Für das metaphernreiche Denken der Frühen Neuzeit hingegen sind die Beschreibungen des ersten Aufeinandertreffens und der späteren Begegnungen von David und Jonatan durchaus verführend. Vor Valentins David, im Raum der Betrachter*innen, steht nicht nur Saul, sondern auch Jonatan, der von Davids Blick getroffen wird. Die Prononcierung der entblößten Hautpartien Davids und der von Goliaths Haarlocken verdeckten Brust ermöglicht eine mit erotischen Nuancen aufgeladene Rezeption.[50] Weniger subtil ist die Kombination von rundem Schwertknauf und Goliaths geöffnetem Mund in unmittelbarer Nähe zueinander auf der Bildfläche und zudem raumlogisch vor dem Schritt Davids. Derart wird der knabenhafte, bartlose David, dessen Schönheit – mit Montaigne gesprochen – am größten ist, wenn er mit einer Frau verwechselt werden kann, in Valentins Gemälde zur Projektionsfläche für ein Begehren. In der Betonung von Davids ansprechendem Äußeren und durch die enge Beziehung zwischen ihm und Jonatan in der Bibel liegt für Rezipient*innen der Frühen Neuzeit eine mögliche Lesart nahe, die den begehrenswerten Jüngling zum Objekt erotischer Vorstellungen macht.[51]

49 Die Frage, was das Verb „lieben" (*'āhēb*) und das verwandte Nomen „Liebe" (*'ahăbâ*) in den Texten des deuteronomischen Geschichtswerks – d. h. in den Büchern Deuteronomium, Josua, Richter, Samuel 1 und Samuel 2 sowie Könige 1 und Könige 2 – genau bezeichne, ist seit einem 1963 von William L. Moran publizierten Aufsatz in den Bibelwissenschaften aufgeworfen – siehe William L. Moran, The Ancient Near Eastern Background of the Love of God in Deuteronomy, in: *The Catholic Biblical Quarterly* 25/1 (1963), S. 77–87. Morans Untersuchung führt das Konzept der Liebe Gottes auf eine politische Sprache zurück (vgl. Susan Ackerman: *When Heroes Love. The Ambiguity of Eros in the Stories of Gilgamesh and David*, New York 2005, S. 170 (Gender, Theory, and Religion)). Auch die Beziehung zwischen David und Jonatan gründe in einer Loyalität, Dienst und Gehorsam umfassenden Verpflichtung zur Treue (vgl. Moran 1963, S. 82, Anm. 33).

50 Auf das zarte Umfassen des Hauptes durch den „melancholisch sinnierende[n] David" führt Brabant eine „nachgerade verstörende erotische Hintergründigkeit" zurück, die „durch Davids nachlässig herabfallendes Gewand und die dadurch entblößten Schultern sowie durch dessen feminin anmutendes Haar weiter unterstrichen" werde (Brabant 2022 (wie Anm. 13), S. 223).

51 Auch Giovan Battista Marino äußerte sich 1619 in seinem Band *La Galeria* über die Schönheit Davids in seinem Gedicht zu Guido Renis *David mit dem Haupt des Goliath* (Paris, Musée du Louvre). In der Betrachtung des Gemäldes stellt das lyrische Ich die Schönheit Davids über den Schrecken des abgetrennten Hauptes: „Ma s'io ben miro il vincitore e'l vinto, / Più bello è il viuo, c'horrido l'estinto." (Giovan Battista Marino: *La Galeria* (1619), Historie, 4, zitiert n. Giambattista Marino: *La Galeria*, Christiane Kruse u. Rainer Stillers (Hrsg./Übers.), Mainz 2009, S. 92). Zu den Versionen von Renis Gemälde siehe D. Stephen Pepper, Guido Reni's ‚Davids'. The Triumph of Illumination, in: *Artibus et Historiae* 13/25 (1992), S. 129–144. Zu Marinos *Galeria* und dem Verhältnis von Malerei, Dichtung und Wahrnehmung siehe Rainer Stillers: Bilder einer Ausstellung. Kunstwahrnehmung in Giovan Battista Marinos *Galeria*, in:

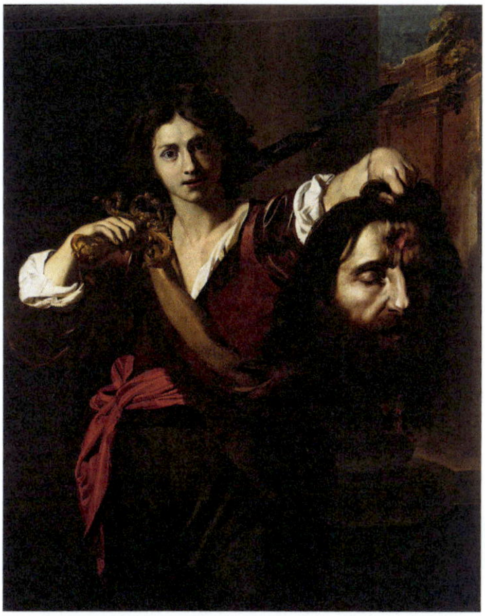

4 Nicolas Régnier: *Triumphierender David mit dem Haupt des Goliath*, um 1625, Öl auf Leinwand, 132 × 104 cm, Dijon, Musée des Beaux-Arts, Inv. Nr. 1996-6-1. © Musée des Beaux-Arts de Dijon/François Jay

Dass sich Verschiebungen in der David-Ikonographie durch Weglassen oder Hinzufügen von Bildelementen besonders eignen, um sich facettenreich mit Fragen der Schönheit, des Begehrens und des Geschlechts auseinanderzusetzen, zeigen auch andere Gemälde aus dem ersten Drittel des 17. Jahrhunderts. Nur wenige Jahre nach Valentin malt Nicolas Régnier einen David, dessen geschlechtliche Uneindeutigkeit in der Figur noch weiter forciert ist (Abb. 4). Die Klarheit des Sujets gewährleisten deshalb die prominente Stirnwunde und das wie einen Hirtenstab geschulterte Schwert, das die Schwerthaltung in Caravaggios Gemälde in Wien variiert und auf die vorangegangene Enthauptung verweist.[52]

Bodo Guthmüller, Berndt Hamm u. Andreas Tönnesmann (Hrsg.): *Künstler und Literat. Schrift- und Bildkultur in der europäischen Renaissance*, Wiesbaden 2007, S. 231–251 (Wolfenbütteler Abhandlungen zur Renaissanceforschung, 24).

52 Unter der Oberfläche liegt ein weiterer David verborgen. Dieser war zunächst anders ausgerichtet und zeigte eine unbedeckte Schulter – siehe die Röntgenaufnahme bei Annick Lemoine: *Nicolas Régnier. Ca. 1588–1667. Peintre, Collectionneur et Marchand d'Art*, Paris 2007, Kat.-Nr. 63, S. 258. Ob es sich um eine Zweitverwendung der Leinwand handelt oder Régnier seine Komposition komplett überarbeitete, kann hier nicht geklärt werden. Dem Heranwachsenden des fertigen Gemäldes schreibt Lemoine ein feminines Antlitz zu (vgl. ebd., S. 259). Zu einem weiteren *David* Régniers im Museo Civico von Padua bemerkt sie, dass das biblische Sujet nur noch als Folie diene, um das Portrait eines Jünglings mit feinen und anmutigen Zügen zu malen. Sie hebt die Darbietung der entblößten Schulter des Heranwachsenden hervor, der als David posiere. In diesem Gemälde beziehe sich Régnier mehr auf Reni als auf Caravaggio (vgl. ebd., S. 126 ff. u. Kat-Nr. 75, S. 266).

In Valentins Gemälde sind Goliaths verdeckte Stirn und Davids entblößte Schulter bereits an der Oberfläche bedeutsame Bilddetails, die zu mehreren Folgerungen, darunter die unklaren Grenzen zur Judith-Ikonographie und der Rekurs auf zeitgenössische Bildelemente innerhalb des Caravaggio-Umkreises, führen. Ihre Veränderung während der Werkgenese und damit ihr Potenzial für eine inhaltliche Deutung werden als Spuren zurückliegender Auseinandersetzungen, Überlegungen und Entscheidungen jedoch erst durch die kunsttechnologische Untersuchung ersichtlich. Zwischen der Grundierung und der Farboberfläche überdauerten diese Elemente verschiedener Zwischenstadien des Malprozesses die Zeit, bis sie kunsttechnologisch gehoben und ihre intendierten Veränderungen für eine inhaltliche Deutung fruchtbar gemacht werden konnten.

In Valentins *David mit dem Haupt des Goliath und zwei Soldaten* dienten die Änderungen während des Malprozesses mehreren Hervorhebungen. Die Entscheidung, die Stirn mit Haarlocken zu verdecken, die sich aus den kunsttechnologischen Befunden ableiten lässt, weist auf die damit verbundene Intention für die Schaffung einer Unstimmigkeit in der Bildtradition und von multiplen Rezeptionsmöglichkeiten hin. Das hinabgerutschte Tuch führt zu einer gesteigerten Wirkung der Hell-Dunkel-Kontraste im zentralen Bildbereich und einem Zusammenfließen mehrerer Linien zur Akzentuierung der noch nicht entblößten Brust. Durch die Allusion auf Caravaggios Jünglinge knüpft Valentin an die Malerei Roms um 1600 an und schreibt sich gleichsam in sie ein. Innerhalb der biblischen Geschichte rückt Valentin durch die Inszenierung dieser Details den Fokus auf einen bestimmten Konfrontationsmoment nach dem tödlichen Duell und verbindet das vergangene Geschehen mit der zukünftigen Beziehung zwischen David und Jonatan.

Diese Verbindung von Vergangenem und Zukünftigem nimmt Valentin in der Gestaltung Davids auf, dessen konträre innere Bewegungen intensiv in seinem Antlitz aufscheinen und Lomazzos theoretisches Konzept der gleichzeitigen Ansichtigkeit von *befreundeten moti* überschreiten. Mit Davids Körper, der Dichotomien in sich vereint, gibt Valentin eine mögliche Antwort auf die Frage, was in einer Figur darstellbar ist. Gleichzeitig bildet Davids Ambiguität die Basis für eine Vielzahl an Rezeptionsangeboten. In der Figurenanordnung sowie in der Gestaltung der Körper und der Kleidung reflektiert Valentin zugleich über Schönheit und Genuss und übertüncht den grausamen Aspekt des Köpfens. Valentin legt eine Rezeptionsweise an, die in der Identifikation von und mit Jonatan vor dem Gemälde ein Begehren evoziert, das an den Genuss in der Bildbetrachtung appelliert. Konzeptuell webt er somit das *diletto* als Funktion des Bildes in die David-Ikonographie ein.[53]

Valentins Gemälde wird durch die strategische Inszenierung der Figuren zum polyvalenten Werk, das eine Vielfalt an Lesarten zulässt und sich durch den Reiz der

53 Zum Reiz der Uneindeutigkeit in sinnlicher Wahrnehmung und intellektuell geprägter Rezeption bei Werken Caravaggios siehe auch von Rosen 2021 (wie Anm. 42), S. 108 ff.

Uneindeutigkeit konstruktiv auf die Diskussionen vor dem Gemälde auswirkt.[54] Letztlich ist auch die hier entworfene Interpretation, die Betrachter*innen vor dem Bild koinzidierten mit Jonatan in der Szene und seien entsprechend in Begehrensstrukturen involviert, nur *eine* Deutung, die im Bild angelegt ist. Der bewusste Einsatz der uneindeutigen Bildelemente erhält mit dem kunsttechnologischen Blick unter die Oberfläche ein argumentatives Fundament und entfaltet dadurch sein Potenzial, zu einem umfassenderen Verständnis von Objekt, Genese und Wirkungsstrategien beizutragen.

54 Zu ähnlichen Folgerungen gelangt Brabant bezüglich Valentins Genremalerei (vgl. Brabant 2022 (wie Anm. 13), S. 227 f.). Zur Kommunikation vor und mit dem Bild siehe Wolfgang Brassat: *Das Bild als Gesprächsprogramm. Selbstreflexive Malerei und ihr kommunikativer Gebrauch in der Frühen Neuzeit*, Berlin 2021.

Maximilian Geiger

Geschichte, Figur, Zeit

Philippe de Champaignes *Flucht nach Ägypten*

Abstract: Between 1650 and 1660, Philippe de Champaigne fabricated a painting that was preserved in the monastery Val-de-Grâce and shows the flight of the Holy Family into Egypt. This paper focuses on the disposition of the figure of Mary, carrying the Christ child, in the image space, which is defined by the dark area of the forest, the stony wall, and the distance of the landscape. Referring to Girard Desargues' projective geometry and contextualizing it within contemporary discussions of perspective, the space and narrative turn out to be oriented towards a point at infinity outside the right boundary of the image: the line of the eye can be imagined to cross the parallel lines of the pictorial space, indicating a point at which the relation between image and aesthetic reception is concretized as something real. It will be referred to the theory of signs of Port-Royal to read the figure as a sign that signifies this imaginary place as a future viewing situation with political implications and contradicts a one-sided semiotic relation between Christ and Joseph, which can be characterized as allegorical. Considered with the authors of Port-Royal, the dark substance of the "Bildvehikel" can be understood as the signifying pictorial material of Mary's blue cloak, coining the figure, which, herewith, forms a new pictorial content structured by the *Involution* and imagined outside the image space. The semiotic definition of the pictorial material processes the historic precondition of de Champaigne's painting, namely the *fronde* movements, during which flights of the royal family, including the young Louis XIV, occurred. Anne d'Autriche's second "appartement" in the monastery, which since the political struggles with Richelieu served as a place of spiritual and mental rest, has been suggested as the location of the history painting by research, and this view will finally be strengthened.

(Abb. 1) Eingehüllt in einen dunkelblauen Mantel trägt Maria das Christuskind, das, durch den Mantel geschützt und selbst eingewickelt in ein Tuch, sich seiner Mutter, eine Haarsträhne fassend, zuwendet. Betrachtet man die Gruppe in Philippe de Champaignes *Flucht nach Ägypten* als eine Bildfigur, wird anhand des sich an der steinernen Mauer mit Rundbogen zunehmend verdichtenden Schwarz, und damit des bildnerischen Materials, eine mehrschichtige Disposition der Figur im Bildraum deut-

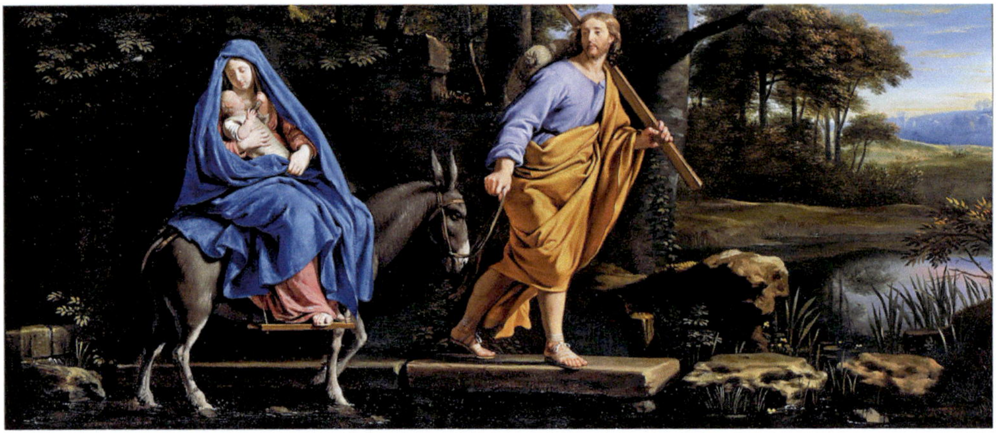

1 Philippe de Champaigne: *Die Flucht nach Ägypten*, 1650–1660, Öl auf Holz, 58,1 × 133,7 cm, Senlis, Musée d'Art et d'Archéologie, Photo: © Christian Schryve

lich, wodurch sich ihre semiotisch-epistemische Dimension speist. Neben dem Dunkel rührt sie aus der Aufhellung des blauen Textils. Ist der Bildraum am linken Bildrand durch den Saum eines Waldes markiert, öffnet er sich rechter Hand des voranschreitenden Joseph und einiger Baumstämme über Steine, die den Weg markieren, in die Tiefe zum lichten Horizont. Durch die Bezüglichkeit der Figuren zueinander und die natürliche Entfaltung des Weges zum rechten Bildrand werden dem Raum immanente Qualitäten zuteil. Die Figur des Joseph ist Scharnier der Raumordnung und der Bewegung der Figuren, denn sein blaues Gewand vermittelt zwischen Maria und der bläulichen Ferne und taucht der Orangeton des Mantels im bronzenen Blattwerk des Baumes im Mittelgrund sowie am Himmel auf. (Abb. 2/Abb. 3) Im Vergleich zum Gewand Mariens in de Champaignes Londoner *Verkündigung* mit seiner behutsamen Helldunkelverteilung wird deutlich, dass die Schwarzwerte der Mauerzone bzw. des Grundes im Textil klar aufgegriffen und als solche sichtbar sind. In der *Verkündigung* ist der Dunkelton indessen dem Blau angenähert.[1]

Für die womöglich in den 1650er Jahren geschaffene *Flucht nach Ägypten* ist der Entstehungskontext bis heute nicht geklärt. Wenngleich das in Öl auf Holz gefertigte Historienbild dem Pariser Kloster Val-de-Grâce zugeordnet werden konnte[2], ist

1 Aufgrund fehlender Forschungsresultate zum bildnerischen Aufbau des Gewandes Mariens in der *Flucht nach Ägypten* liegt ein Vergleich mit der Londoner *Verkündigung* nahe: zwei obere Schichten aus Bleiweiß und Ultramarin, dann eine Ebene aus Bleiweiß und einem blauschwarz Pigment (ev. Indigo) und Schwarz, worauf der graue Malgrund des Gemäldes folgt (Mary Allden u. Richard Beresford, Two Altar-Pieces by Philippe de Champaigne. Their History and Technique, in: *The Burlington Magazine* 131 (1989), S. 395–406, S. 402).

2 Bernard Dorival: *Philippe de Champaigne. 1602–1674. La Vie, l'Œuvre, et le Catalogue Raisonné de l'Œuvre*, Paris 1976, 2 Bde., Bd. 1, S. 32.

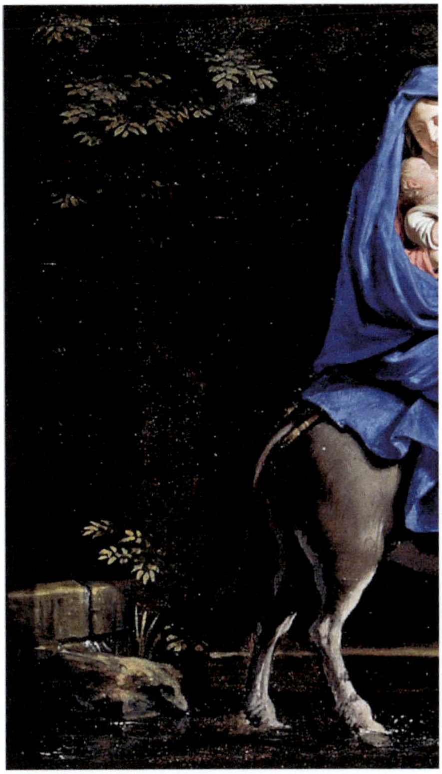

2 Philippe de Champaigne: *Die Flucht nach Ägypten* (Detail), 1650–1660, Öl auf Holz, 58,1 × 133,7 cm, Senlis, Musée d'Art et d'Archéologie, Photo: © Christian Schryve

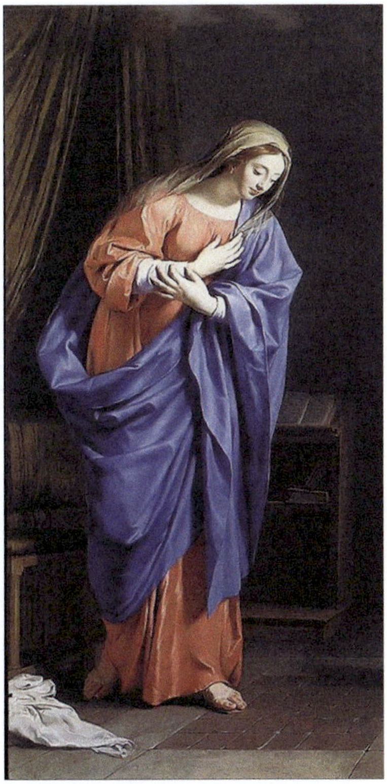

3 Philippe de Champaigne: *Die Verkündigung an Maria* (Detail), c. 1648, Öl auf Leinwand, 334 × 214,5 cm, London, Wallace Collection

unklar, für welche Räume es de Champaigne fertigte. Die kunsthistorische Forschung hat sich zum Gemälde des Musée d'Art et d'Archéologie in Senlis nur vereinzelt zu Wort gemeldet. Z. B. vermutet Imola Kiss, dass das die Flucht der Heiligen Familie vor Herodes aus Judäa (Mat. 2, 13–15) zeigende Werk um 1655 für das neue Appartement Annas von Österreich in Val-de-Grâce gemalt wurde.[3] Eine Erweiterung des Forschungsfeldes hat Louis Marin geleistet, indem er sich zeichentheoretisch Störungen im mimetischen

3 „En l'absence de documents relatifs à une commande, nous ne pouvons qu'émettre l'hypothèse qu'il puisse s'agir de l'un des tableaux exécutés par Champaigne vers 1655 pour le nouvel appartement de la régente Anne d'Autriche à l'abbaye royale, sans être toutefois en mesure de préciser sa destination d'origine." (Imola Kiss: La Fuite en Égypte, vers 1655, in: Philippe de Champaigne, 1602–1674. Entre Politique et Dévotion, hrsg. v. La Réunion des Musées Nationaux, Ausstellungskatalog, Lille, Palais des Beaux-Arts u. Genève, Musée Rath, Paris 2007, Kat.-Nr. 84, S. 278 ff., S. 278 (Le Petit Journal des Grandes Expositions, 406)).

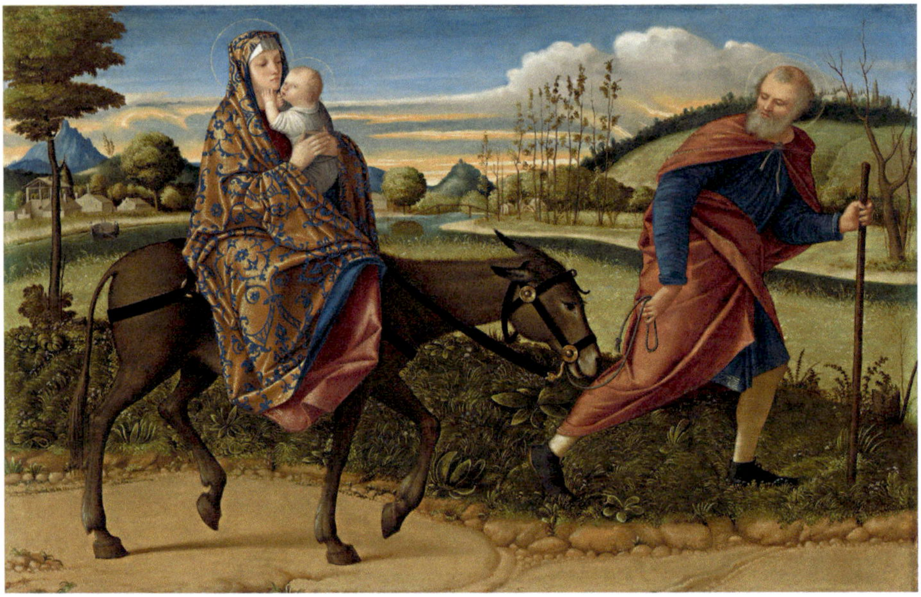

4 Vittore Carpaccio: *Die Flucht nach Ägypten*, c. 1515, Öl auf Holz, 72 × 111 cm, Washington D. C., National Gallery of Art, Courtesy National Gallery of Art, Washington

Darstellungsgehalt von de Champaignes Werken im Kontext des Jansenismus[4] zuwendet, oder die Darstellung der Landschaft zu einem signifikanten Aufhänger der perspektivischen Raumdarstellung erhebt.[5] Untersuchungen zur Gestaltung des Bildraums und zu Wahrnehmungsstrukturen im Schaffen des französischen Künstlers sind spär-

4 Wechselbeziehungen zwischen de Champaignes Malerei und der jansenistischen Philosophie (mit Blick auf die für Port-Royal bestimmten Werke) sowie die spirituelle Qualität des Betrachter-Kunstwerk-Verhältnisses bilden einen Schwerpunkt der Forschung: Mette Birkedal-Bruun: A Private Mystery. Looking at Philippe de Champaigne's „Annunciation" for the Hôtel de Chavigny, in: Walter S. Melion, Elizabeth Carson Pastan u. Lee Palmer Wandel (Hrsg.): *Quid est Sacramentum? Visual Representation of Sacred Mysteries in Early Modern Europe, 1400–1700*, Leiden/Boston 2020, S. 606–655 (Intersections, 65/1); Die Beeinflussung des Malers durch den Jansenismus ist dabei differenziert betrachtet worden: Monique Cottret: Le Jansénisme et les Arts, in: Marianne Cojannot-Le Blanc (Hrsg.): *Philippe de Champaigne, ou, la Figure du Peintre Janséniste. Lecture Critique des Rapports entre Port-Royal et les Arts*, Paris 2011, S. 7–10, S. 9; Pierre Rosenberg: *Philippe de Champaigne*, Mailand 1966 (I Maestri del Colore, 209).

5 Durch geometrische Projektion wird sie unter die Bedingung eines bestimmten Blickwinkels gestellt. Von der Ausdehnung der Landschaft setzt Marin den Punkt im Unendlichen ab: „Le géomètre de la projection et du point à l'infini. L'infini est le plus petit, le plus circonscrit des paysages: il n'est pas l'immensité d'une étendue, un désert sans bornes qu'irrésistiblement l'imagination viderait de tous ses éléments et de toutes ses figures, un abîme d'espace." (Louis Marin: *Philippe de Champaigne ou la Présence Cachée*, Paris 1995, S. 182–188, S. 38 (Collection, 35/37)).

lich. So möchte ich anknüpfend an Marins semiotische Überlegungen zu de Champaignes Malerei die Zeichentheorie von *Port-Royal* genauer hinsichtlich der Bildfigur und des bildnerischen Materials bzw. des „Bildvehikels"[6] beleuchten und die naturwissenschaftlichen Grundlagen von Bildraum und -wahrnehmung erschließen, um im Kontext der politischen Situation in Paris um 1650 und hinsichtlich des Aufbewahrungsortes eine mögliche Bildaussage zu rekonstruieren.

Nur für den Blick der Rezipient*innen bestimmt – die Aufmerksamkeit der Eltern ist dem Kind gewidmet – erstreckt sich die Landschaft in die Ferne, wo sich in der unberührten Natur eine ursprüngliche ideale Ordnung der Welt bekundet. Das Verhältnis von Landschaft und Figur sowie die Links-Rechts-Ausrichtung der Reise sind bewährt: Schon bei Gentile da Fabriano, Vittore Carpaccio und im 17. Jahrhundert bei Nicolas Poussin sind die Figuren nebeneinander angeordnet und vermittelt der Maler jeweils einen starken Zusammenhang zwischen der Veränderung der Natur und den einem ebenen Weg folgenden Figuren (Abb. 4). Gravierend an de Champaignes Bild ist die Genauigkeit, mit der er die Wegstrecke gestaltet und dieser die Position der Figuren im Bildraum unterordnet. Das lässt sich an den Kanten und Abschnitte bildenden Markierungen des Plateaus erkennen, auf dem die Figuren angeordnet sind und das den Weg angibt.

Die Reproduktion einer von de Champaigne geschaffenen Version des Bildthemas[7] verdeutlicht die Besonderheit des Verhältnisses zwischen dem Bildraum und den -figuren. (Abb. 5) So führen in Jean-Baptiste Haussards Kupferstich aus dem 18. Jahrhundert die geschwungenen Bodenformationen am linken Bildrand in den Hintergrund zu einer Stadt oder Festung, blickt die Gottesmutter über den Kopf ihres Kindes hinweg und wird der Saum des Waldes durch eine Rundbogenarchitektur und hiermit gleichsam die rechte Bildgrenze markiert. Wie in einer zweiten, von François de Poilly überlieferten Version ist der Bildraum zu den Seiten hin abgeschlossen, worin der entscheidende Unterschied zur *Flucht nach Ägypten* aus Senlis liegt.

Für den Blick, den die in die Tiefe des Bildraums führende Natur freigibt, lässt sich in Leonardo da Vincis *Traktat von der Malerei* eine interessante Passage ausfindig machen: „Stando il sole all'oriente, i suoi alberi sono oscuri inverso il mezzo, ed i loro estremi sono luminosi."[8] Die an ihren Rändern ausgeleuchtete Baumpartie im Mittelgrund folgt Leonardos Prämissen, die auch der farblichen Gestaltung des Horizonts zugrunde liegen, die darauf verweist, dass sich die Figuren aus der Nacht heraus bewegen und im Osten ein neuer Tag anbricht. Vom kraftvollen Blau von Mariens Gewand zur Bekleidung Josephs hin zum in der Ferne liegenden, in Blauwerte getauchten Hügel und zum Himmel, lässt sich eine Verdünnung der Blauwerte registrieren. Betrachtet man die Entwicklung der Blautöne im Blickwinkel von Leonardos wahrneh-

6 Wolfram Pichler u. Ralph Ubl: *Bildtheorie zur Einführung*, Hamburg 2014, S. 23.

7 Dorival 1976 (wie Anm. 2), S. 32, S. 140, S. 141. Die von Haussard überlieferte Version könnte sich ebenfalls in Val-de-Grâce befunden haben. Das von Poilly überlieferte Werk wurde für die Kirche des Hôpital des Incurables in Paris geschaffen (Kiss 2007 (wie Anm. 3), S. 278).

8 Leonardo da Vinci: *Trattato della Pittura*, Roma 1890, S. 282, S. 287.

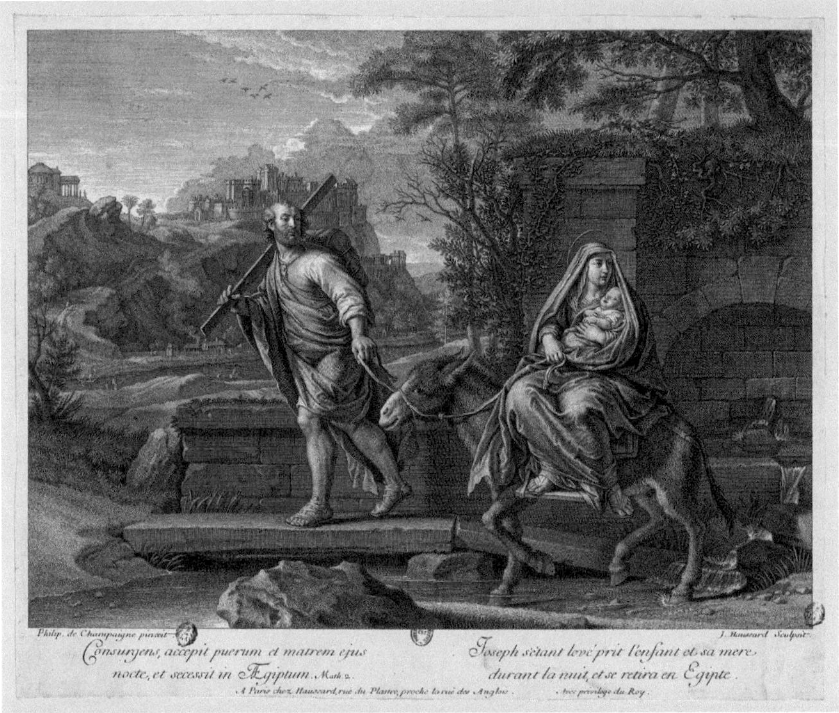

5 Jean-Baptiste Haussard: *Die Flucht nach Ägypten*, 1729, Kupferstich, 27,8 × 36,2 cm, Paris, Département des Estampes et de la Photographie, Bibliothèque Nationale de France

mungsspezifischen Beobachtungen, fällt Folgendes auf: Im Kontrast von dunkler Waldzone und Mariens blauem Gewand manifestiert sich dessen Erkenntnis, dass die Luft ein ästhetisch privilegiertes Blau annimmt, je stärker die Finsternis hinter ihr ist.[9] Das weit im Hintergrund versichtbarte Blau des Hügels und des Himmels bezeugt also die Gegenwart der Finsternis. Damit tritt Maria mit dem Christuskind aus dem dunklen Wald heraus und wird gleichsam auf die räumliche Tiefe bezogen. Das sich dort abzeichnende Blau ist mit dem Dunkel des Waldes verbunden, das dem steinernen Pfad

9 „L'azzurro dell'aria nasce dalla grossezza del corpo dell'aria illuminata, interposta fra le tenebre superiori e la terra. L'aria per sé non ha qualità d'odore, o di sapore, o di colore, ma in sé piglia le similitudini delle cose che dopo essa sono collocate, e tanto sarà di più bell'azzurro quanto dietro ad essa saranno maggiori tenebre, non essendo essa di troppo spazio, né di troppa grossezza d'umidità; e vedesi ne'monti che hanno più ombre esser più bell'azzurro nelle lunghe distanze, e cosi dove è più illuminato, mostrare più il colore del monte che dell'azzurro appiccatogli dall'aria che infra lui e l'occhio s'interpone." (Leonardo 1890 (wie Anm. 8), S. 89). In Bezug auf das von links einfallende Licht („Beleuchtungslicht") habe das Blau des Mantels in seinem lokal farblichen Eigenwert die vorrangige Funktion „Reflexleuchtlicht" (und erst dann „Blaufarbe") zu sein. Die Quelle des „Leuchtlichts" trete dabei in den Hintergrund (Wolfgang Schöne: *Über das Licht in der Malerei*, 5. Aufl., Berlin 1979, S. 207 f. (Gebr.-Mann-Studio-Reihe)).

seine Plastizität verleiht. Damit schafft de Champaigne einen engen Bezug zwischen der dargestellten Erzählung und dem Matthäus-Evangelium, wo es heißt, dass die Heilige Familie Herodes bei Nacht entwich (Mt. 2, 14). Die Raumgestaltung beruht ferner auf geometrischen Gesetzmäßigkeiten, die im Folgenden erschlossen werden sollen.

Bildebene und projektive Geometrie

Es waren nicht mehr primär die Optik oder die Gesetzmäßigkeiten der sichtbaren Natur, durch die die Perspektive als Instrument zur Konzeption des Bildraums im 17. Jahrhundert erschien. Sondern wurde die Perspektive nun Georg Kaufmann zufolge unter das Anwendungsgebiet der Geometrie subsumiert. De Champaignes Gemälde führt ein Spannungsverhältnis vor Augen, nämlich zwischen der Wiedergabe der Welt, und – worauf Leonardos Beobachtungen zu Luft und Farbe hinweisen – der Darstellung der *wahrgenommenen* Welt.[10] Weder die Heilige Familie noch die Ansicht der in die Tiefe des Bildraums führenden Landschaft lassen sich in eine auf der perspektivischen Raumkonstruktion basierenden Sehanordnung zwängen. Wie verhält sich dann aber das wahrnehmende Subjekt gegenüber Bildfigur und -raum, wenn ein Standpunkt vor dem Gemälde bzw. ein bestimmter Blickpunkt unterbunden ist?

Girard Desargues hat in seiner Schrift *Brouillon Project d'une atteinte aux Événements des Rencontres d'une Cône avec un Plan* ein Gesetz der projektiven Geometrie ausgearbeitet, das in diesem Kontext aussagekräftig ist. Referenzpunkt ist zum einen der parallele Verlauf der Linien, die sich über die obere und untere Kante des Plateaus sowie den Steigbügel erstrecken. Zum anderen sind es die Schnitte, die den gepflasterten Weg bzw. den zerklüfteten Pfad so unterteilen, dass sie als Markierungen mit den Senkrechten der Baumstämme sowie der Mauer korrespondieren (der Bildträger wurde oben um ca. 30 cm verkürzt, was eine Akzentuierung der Baumstämme mit sich bringt[11]). Das führt dazu, dass wir es mit mehreren horizontalen Geraden zu tun haben, die durch vier Vertikale gegliedert sind.

Die *Involution* (dt. Einfaltung) ist Desargues zufolge nun ein Vorgang, bei dem

> quatre poincts en une droicte chacun à distance finie y donnent trois pieces consecutives, dont la quelconque extréme est à la mitoyenne comme la somme des trois est à l'autre extréme: L'autre, où trois poincts à distance finie en une droicte avec un quatrieme à distance infinie, y donnent de meme trois pieces, dont la quelconque extréme est à la mitoyenne comme la somme des trois est à l'autre extréme.[12]

10 Vgl. Georg Kauffmann: *Poussin-Studien*, Berlin 1960, S. 68.

11 Philippe de Champaigne – La Fuite en Égypte, https://musees.ville-senlis.fr/philippe-de-champaigne-la-fuite-en-egypte/ [abgerufen am 21. 11. 2024].

12 Girard Desargues: *Brouillon Project d'une atteinte aux Événements des Rencontres d'une Cône avec un Plan* [...], Paris 1639, S. 8.

Für die Elemente dieser Anordnung verwendet der Mathematiker Begriffe aus der Botanik, nämlich den „Stamm", auf dem „Knoten" eingetragen werden, sowie den „Ast", der durch einen solchen Knoten führt:

> Quand à divers poincts d'une droicte passent indifferemment diverses autres droictes, cette droicte en laquelle sont les poincts est icy nommée Tronc. Les poincts de ce tronc auquel passent ainsi d'autres droictes y sont nommez Nœuds. Là quelconque autre droicte qui passe à un de ces nœuds est à l'égard du tronc nommé Rameau.[13]

Die vier Einschnitte am Stamm (Steinplatten und Naturfelsen) können als Knoten aufgefasst werden, die durch die Bäume und Mauerstruktur gegebenen Senkrechten wiederum als Äste. Zum besseren Verständnis möchte ich die vier Knoten A, C, B und D nennen. Entsprechend Desargues' Satz stehen die Punkte in *Involution*, wenn für die (Strecken-)Verhältnisse AC/CB und AD/DB gilt: AC/CB = – AD/DB.[14] Betreffend die Schnitte im Stein sind die Streckenverhältnisse damit so beschaffen, dass die Landschaftsvedute als äußerste Zone des Bildraums gemessen an der *Involution* unberücksichtigt bleibt.

Signifikant an der *Involution* ist, dass sie eine Prämisse Desargues' bezüglich der Perspektive evident macht. Der Mathematiker ging nämlich davon aus, dass diese in Hinsicht auf den Rezipienten nicht zwingend oder unmittelbar auf einen dritten Punkt, einen Distanz-, Aug- oder Standpunkt bezogen ist. Dieser könne nur im Unendlichen liegen.[15]

Desargues dekliniert verschiedene Konstellationen zwischen der Augenlinie und parallelen bzw. geneigten Linien im Verhältnis zu einer Bildebene durch.

> Quand des lignes sujet sont paralelles entr'elles, & que la ligne de l'oeil menée paralelle à icelles est paralelle au tableau, les aparences de ces lignes sujet sont des lignes paralelles entr'elles, aux lignes sujet, & à la ligne de l'oeil, à cause que chacune de ces lignes sujet est en un méme plan avec cette ligne de l'oeil, en laquelle tous ces plans s'entre-coupent ainsi qu'en leur commun essieu, & que tous ces plans sont coupez d'un autre méme plan le tableau.[16]

Der Mathematiker nimmt zunächst an, dass parallele Linien parallel zur Augenlinie verlaufen. Wenn die Augenlinie selbst parallel zur Bildebene ist, dann sind die Erscheinungen der Linien ebenfalls parallel zueinander und zu besagter Augenlinie.

13 Ebd., S. 2.

14 Jeremy Gray: Projective Geometry, in: Ivor Grattan-Guinness (Hrsg.): *Companion Encyclopedia of the History and Philosophy of the Mathematical Sciences*, London/New York 1994, 2 Bde., Bd. 2, S. 897–908, S. 899.

15 Girard Desargues: *Exemple de l'une des Manières Universelles [...] la Pratique de la Perspective sans Emploier aucun tiers Point, de Distance ny d'Autre*, Paris 1636; Judith V. Field u. Jeremy Gray: *The Geometrical Work of Girard Desargues*, New York 1987, S. 144–157.

16 Desargues 1636 (wie Anm. 15), S. 11.

> Quand des lignes sujet sont paralelles entr'elles, & que la ligne de l'oeil menée paralelle à icelles n'est pas paralelle au tableau les apparences de ces lignes sujet, sont des lignes qui tendent toutes au point auquel cette ligne de l'oeil rencontre le tableau, dautant que chacune de ces lignes sujet est en un méme plan avec cette ligne de l'oeil, en laquelle tous ces plans s'entre-coupent ainsi qu'en leur commun essieu, & que tous ces plans sont coupez d'un autre méme plan le tableau.[17]

Ist die Augenlinie nun gleichlaufend mit den parallelen Linien, aber von der horizontalen Disposition eines Bildes abweichend, so geschieht etwas anderes: In diesem Fall nämlich neigen sich die Erscheinungen der Linien so zueinander, dass sie in einem unbestimmten Punkt zusammentreffen. Genau diese unspezifische Stelle kann als Ort definiert werden, an dem die Augenlinie mit der Bildebene konvergiert.

In de Champaignes Gemälde weist die Horizontalität der Strukturlinien auf den Verlauf der (mobilen) Sehlinie – wir hatten schon festgestellt, dass kein Distanz- oder Blickpunkt gegenwärtig ist, auf den sie sich festlegen lassen würden. In Bezug auf die Herausstellung der Landschaftsvedute infolge der *Involution* konzipiert der Maler im *Off* des Historienbildes damit eine Stelle, in der sie sich vereinigen. Im Hinblick auf die Ausführungen in Desargues' Text von 1636 wäre gerade das der Punkt, wo die Sehlinie auf die Bildebene trifft. Die evozierte Konvergenz von Augenlinie und Strukturlinien und das Zusammentreffen von Augenlinie und Bildebene setzt die Störung der horizontalen Disposition des Bildraums durch die landschaftliche Ferne auf Basis der *Involution* voraus. Basierend auf Desargues' Gedanken gibt der Maler zu verstehen, dass er die Bildebene erst an diesem weit entfernten Punkt nicht mehr für etwas Imaginäres, sondern für etwas Konkretes hält. Erst an dieser unbestimmten geometrischen Stelle erfüllen oder realisieren sich die idealen Bedingungen des Sehens, d. h. weisen die Wahrnehmungsstruktur des Betrachters und der Bildinhalt hinsichtlich der Bildebene eine reale Qualität auf. Die Kreuzung paralleler Geraden im Unendlichen, dort, wo sie ihr Zentrum besitzen, hat auch für die *Involution* Geltung.[18] Mit dem Punkt auf einer Linie im Unendlichen konzipierte Desargues nicht explizit einen Fluchtpunkt[19], doch korrespondiert die Auffassung vom Punkt im Unendlichen mit dem Gedanken an

17 Desargues 1636 (wie Anm. 15), S. 12.

18 Field u. Gray 1987 (wie Anm. 15), S. 47. Weniger an der Kombination mehrerer Blickpunkte gemäß der Distanzpunktperspektive orientiert als von der Erweiterung des euklidischen Sehkegels durch ein geometrisches Bündel von Strahlen ausgehend, die in alle Richtungen des Raumes verlaufen, schuf Desargues eine Voraussetzung, den Raum in seiner Unendlichkeit auf eine Ebene abzubilden (Ludwig Burmester, Die geschichtliche Entwicklung der Perspektive in Beziehung zur Geometrie, in: *Beilage zur Allgemeinen Zeitung München* 6 (1906), S. 43–46, S. 45).

19 Kirsti Andersen: *The Geometry of an Art. The History of the Mathematical Theory of Perspective from Alberti to Monge*, New York 2006, S. 433–441 (Sources and Studies in the History of Mathematics and Physical Sciences).

einen solchen Punkt.[20] Dem Bildraum und der Bildebene liegt also ein dynamischer Grundzug inne, der sich jedoch projektiv manifestiert.[21]

Die Diskussion der Perspektive im 17. Jahrhundert

Mit der Verunsicherung des Betrachterstandpunkts und -blickpunkts konfligiert die Vorstellung des Gemäldes als Schnitt durch die Sehpyramide. Im 15. Jahrhundert spielte sie für Leon Battista Alberti bekanntlich im Rahmen zentralperspektivisch angelegter Bilder eine entscheidende Rolle. Diese Auffassung entsprechend organisierter Bildräume wirkte auch Mitte des 17. Jahrhunderts noch nach, was die Perspektivlehre des Kupferstechers Abraham Bosse erkennen lässt: „Je suppose la position dudit Tableau [...] entre l'Oeil & l'Object".[22]

Desargues' Überlegungen zur projektiven Geometrie hat Bosse in seinem Werk *Manière Universelle de Mr. Desargues, pour Pratiquer la Perspective* zu einem „Regelsystem bildlicher Darstellung" gemäß einem zentralperspektivischen Experimentieren in Bezug auf den Raum bzw. eine analytische Ebene ausgebaut.[23] Für Bosse besaß die Bildebene allerdings einen anderen Stellenwert als für Desargues und dem Auge misst er als Distanzpunkt im Verhältnis zum Fluchtpunkt eine wichtige Funktion bei.[24]

In Hinsicht auf die Problematik der Verortung des Fluchtpunkts wäre eigens zu erörtern, inwieweit alternative Raum- bzw. geometrische Darstellungskonzepte von

20 Ebd., S. 441–444. Die schwierige Relation zwischen klassischer Perspektivtheorie bzw. dem Fluchtpunkt und Desargues' Punkt im Unendlichen ist neuerdings ausführlich erläutert worden: Leonardo Baglioni u. Riccardo Migliari, Desargues's Perspective Theory. A Critical Interpretation of the Fundamental Theorem, in: *Nexus Network Journal* 25 (2023), S. 495–520, https://doi.org/10.1007/s00004-022-00636-6 [abgerufen am 30. 6. 2023].

21 René Descartes' „synthetisierende[s] Raumkonzept", in dem Ausdehnung und Materie zusammengedacht werden, vereinte gewissermaßen eine geometrische und eine dynamische Vorstellung des Raumes, den er als Bezugsgröße der Wahrnehmung auffasste (Karin Leonhard: Was ist Raum im 17. Jahrhundert? Die Raumfrage des Barocks. Von Descartes zu Newton und Leibniz, in: Horst Bredekamp u. Pablo Schneider (Hrsg.): *Visuelle Argumentationen. Die Mysterien der Repräsentation und die Berechenbarkeit der Welt*, München 2006, S. 11–34, S. 21 (Kulturtechnik)). Descartes hat sich in einem Brief vom 19. Juni 1639 an Desargues wohlwollend über die Vereinigungssystematik paralleler Linien geäußert: Field u. Gray 1987 (wie Anm. 15), S. 176 f.

22 Abraham Bosse: *Moyen Universel de Pratiquer la Perspective sur les Tableaux, ou Surfaces Irrégulières*, Paris 1653, S. 9. Hierzu auch: Martin Kemp: *The Science of Art. Optical Themes in Western Art from Brunelleschi to Seurat*, New Haven 1990, S. 127.

23 Robert Felfe: Sehen am Faden der Linie. Spiele des Bildermachens bei Abraham Bosse, in: Helmar Schramm, Ludger Schwarte u. Jan Lazardzig (Hrsg.): *Spektakuläre Experimente. Praktiken der Evidenzproduktion im 17. Jahrhundert*, Berlin/New York 2006, S. 78–113, S. 84, S. 102 f. (Theatrum Scientiarum, 3); vgl. hierzu auch: Kemp 1990 (wie Anm. 22), S. 123–126.

24 Abraham Bosse: *Manière Universelle de Mr. Desargues, pour Pratiquer la Perspective*, Paris 1648, S. 54.

der Académie Royale de Peinture et de Sculpture toleriert wurden. Erwies sich de Champaigne als Verfechter einer Maßgabe, mit der die klassische Perspektivlehre modifiziert wurde?[25] Jutta Held zufolge hat de Champaigne „gegen die Identitätslogik des sich durchsetzenden zentralistischen Rationalismus" im Geiste Charles Le Bruns, dem ersten Rektor der 1648 gegründeten Akademie, argumentiert.[26] André Félibien zufolge blieben Unstimmigkeiten zwischen de Champaigne und der Akademie aus, ja bescherte sie ihm sogar den Rang eines ihrer Rektoren.[27] Mit dem Tod Laurent de La Hyres 1656 verlor Bosse innerhalb der Akademie einen Befürworter und mit Desargues' Tod im Jahr 1661 schließlich ist er aus der Akademie entlassen worden.[28]

Gibt sich de Champaigne also mit dem zwischen 1650 und 1660 geschaffenen Historienbild als Gewährsmann der Desargues'schen Prämissen vor dem Hintergrund des Bruchs zwischen Bosse und Le Brun zu erkennen?[29] Die Bildstruktur der *Flucht nach Ägypten* legt zumindest nahe, den Maler als Kenner der Arbeiten des Mathematikers anzusehen[30], die sich in Bezug auf die Zeichenlehre von Port-Royal näher betrachten lassen.

Zeichen und Projektion

Mit Port-Royal handelt es sich um ein unweit von Versailles gelegenes Kloster, dem eine Verbindung zum Jansenismus zugeschrieben wird. Wie der Jansenismus in dieser Zeit konfessionell zu fassen ist, kann hier nicht erläutert werden. Für die spirituelle Bewegung von Port-Royal spielte die Eucharistie allerdings eine wichtige Rolle.[31]

25 Dagegen Kemp 1990 (wie Anm. 22), S. 128.

26 Jutta Held: *Französische Kunsttheorie des 17. Jahrhunderts und der absolutistische Staat. Le Brun und die ersten acht Vorlesungen an der königlichen Akademie*, Berlin 2001, S. 113–118, S. 115, S. 114. Auch für Lorenzo Pericolo öffnet sich mit de Champaignes Schaffen eine Diskrepanz zur akademischen Malerei: Lorenzo Pericolo: *Philippe de Champaigne. Philippe, Homme Sage et Vertueux; Essai sur l'Art et l'Œuvre de Philippe de Champaigne (1602–1674)*, Tournai 2002 (Références. La Renaissance du Livre).

27 André Félibien: *Entretiens sur les Vies et sur les Ouvrages des plus Excellens Peintres Anciens et Modernes*, London 1705, S. 256.

28 Andersen 2006 (wie Anm. 19), S. 460–465. Zu den Berührungspunkten zwischen Desargues und Bosse siehe: Hubert Damisch, A Tale of two Sides. Poussin between Leonardo and Desargues, in: *Studies in the History of Art* 59 (2003), S. 53–61.

29 Grund dafür war, dass Bosses Umgang mit der Perspektive allzu praktisch ausfiel. Bosse hat die Regeln der projektiven Geometrie verstärkt im Licht der Bild-Herstellung begriffen (Felfe 2006 (wie Anm. 23), S. 105, S. 81).

30 Desargues, zu dessen Schülern Blaise Pascal zählte, beriet de Champaigne bei der Ausmalung der Pariser Karmelitenkirche (Kauffmann 1960 (wie Anm. 10), S. 69 m. w. Lit.).

31 Herbert E. Brekle, Semiotik und linguistische Semantik in Port-Royal, in: *Indogermanische Forschungen* 69 (1964), S. 103–121; Louis Marin, Signe et Représentation. Philippe de

Die in *La Logique ou l'Art de Penser* von Antoine Arnauld und Pierre Nicole dargelegte Sprachtheorie fokussierte den Status der Repräsentation auf den Grundlagen der cartesischen Epistemologie, wonach es eine logische und eine grammatisch/linguistische Ordnung des Wissens gibt.[32] Basierend auf der Auffassung, dass Worte auf Gedanken verweisen, geht es um die Unterscheidung zwischen den Ideen der Dinge für sich genommen und den Ideen der Zeichen, um die Absetzung materieller Substanz vom Zeichen und um das Repräsentationspotenzial eines (mentalen) Bildes.[33]

> Quand on considère un objet en luy-même & dans son propre être, sans porter la veuë de l'esprit à ce qu'il peut représenter, l'idée qu'on en a est une idée de chose, comme l'idée de la terre, du soleil. Mais quand on ne regarde un certain objet que comme en représentant un autre, l'idée qu'on en a est une idée de signe, & ce premier objet s'appelle signe. C'est ainsi qu'on regarde d'ordinaire les cartes & les tableaux. Aisni le signe enferme deux idées, l'une de la chose qui représente, l'autre de la chose représentée; & sa nature consiste à exciter la seconde par la première. [...] L'on peut conclure que la nature du signe consistant à exciter dans les sens par l'idée de la chose figurante celle de la chose figurée, tant que cet effet subsiste, c'est à dire tant que cette double idée est excitée, le signe subsiste, quand même cette chose seroit détruite en sa propre nature.[34]

Die im Zeichen enthaltenen beiden Ideen beziehen sich auf die Sache, die repräsentiert, und auf die Sache, die repräsentiert wird. Die Natur des Zeichens bestehe darin, die zweite Idee durch die erste zu motivieren. Mit anderen Worten fokussieren Arnauld und Nicole den Zusammenhang zwischen Zeichen und Bezeichnetem.

Das sich mit dem Blau des Marien-Mantels in de Champaignes Gemälde vermischende Schwarz kann als das bezeichnende (bildnerische) Material aufgefasst werden, die Figurengruppe als Zeichen und die weiße Himmelszone am Horizont bzw. der im Unendlichen liegende Fluchtpunkt, genauer, eine zukünftige ideale Rezeptionssituation, als das Bezeichnete. Damit ist auch der Zusammenhang zwischen Zeichen und Ding, Repräsentation und Idee angezeigt, welcher in der Zeichen-/Sprachtheorie der *Logique* relevant ist. Das Zeichen kann sich im Grunde selbst bedeuten, aber ebenso ein anderes Objekt oder eine Idee repräsentieren.

Die Logik von Port-Royal suche somit nach einer Wahrheit der Sprache, die darin ausdrücklich wird, dass das Wort bzw. Zeichen – „signe pictural" – hinter dem Objekt, das es repräsentiert oder bezeichnet, zurücktritt.[35] Diese Repräsentation durch

Champaigne et Port-Royal, in: *Annales. Economies, Sociétés, Civilisations* 25e Année 1 (1970), S. 1–29; siehe weiter z. B.: Cojannot-Le Blanc 2011 (wie Anm. 4).

32 Stefanie Ertz: Die Linguistik der Präsenz. Port-Royal oder das sakramentale Zeichen in den Umbrüchen der neuzeitlichen Epistemologie, in: Stefanie Ertz, Heike Schlie u. Daniel Weidner: *Sakramentale Repräsentation. Substanz, Zeichen und Präsenz in der Frühen Neuzeit*, München 2012, S. 295–328, S. 295, vgl. S. 303, S. 305 (Trajekte).

33 Vgl. Marin 1970 (wie Anm. 31), S. 2.

34 Antoine Arnauld u. Pierre Nicole: *La Logique, ou l'Art de Penser*, Paris 1683, S. 55, S. 57.

35 Marin 1970 (wie Anm. 31), S. 2.

das Zeichen wird vom sichtbaren Malmaterial, Farben, der Leinwand – „fragment du monde" – getragen, was sich in dem die Maria-Christus-Gruppe einfassenden Schwarz zeigt.[36] Im nicht-repräsentativen Zeichen[37] drückt sich gewissermaßen der ontologische Zustand einer Sache aus – „dispositions profondes" bzw. „manières d'etre essentielles".[38] Wohingegen z. B. Poussin anhand des psychologischen Ausdrucks seiner Figuren vom Zustand des Menschen in der Natur im Angesicht des Göttlichen handle, gehe es de Champaigne, wie Marin weiter meint, um die Übersetzung des ontologischen Zustands eines jeden Wesens.[39]

> Nous avons déjà dit que les sons ont eté pris par les hommes, pour etre signes des pensées, & qu'ils ont aussi inventé certaines figures pour etre les signes de ces sons. Mais quoy que ces figures ou caracteres selon leur premiere institution e signifient immediatement que les sons, neanmoins les hommes portent souvent leurs pensées des caracteres à la chose meme signifiée par les sons. Ce qui fait que les caracteres peuvent etre considerez en ces deux manieres: ou comme signifiant simplement le son, ou comme nous aidant à concevoir ce que le son signifie.[40]

In Arnaulds und Claude Lancelots *Grammaire Générale et Raisonnée* ist diese Perspektive auf die Ebene des Bezeichnenden bzw. die Formung des Zeicheninhalts begründet, insofern hinter der Sprache der Menschen deren Lebenswelt als weitere Ebene aufscheint. Marins Rede von den „manières d'etre essentielles" lässt sich mit Herbert Brekle als Voraussetzung des Zeichens weiterführen, d. h. als die „Art und Weise einer sozial [...] konditionierten Sinngebung von Zeichen" verstehen.[41] Die Inhalte der Zeichen werden somit nicht von absolut vorgegebenen Gegenständen oder Ideen her definiert, sondern sind „operable Größen", die auf Ausschnitte eines soziokulturellen Kontextes verweisen bzw. durch diesen konditioniert werden. Diese Merkmale können auch aus konkreten Lebensbedingungen oder Erkenntnisvorgängen der menschlichen Psyche rühren.[42]

36 Marin 1970 (wie Anm. 31), S. 2, S. 4.
37 Ebd., S. 6.
38 Ebd., S. 19.
39 Ebd., S. 19.
40 Antoine Arnauld u. Claude Lancelot: *Grammaire Générale et Raisonnée* [...], Paris 1664, S. 18.
41 Brekle 1964 (wie Anm. 31), S. 105.
42 Vgl. ebd., S. 105, S. 117 f.

Geschichte und Zeit

Die Erweiterung der Abtei Val-de-Grâce gründet auf einer Initiative Annas von Österreich, nachdem sie die Regierung angetreten hatte. Nach dem Tod Ludwigs XIII. übernahm sie für ihren Sohn die Regentschaft und sicherte ihm damit die *Autorité Royale*.[43] Die Kirche des Klosters war Ausdruck der Dankbarkeit für die Geburt des Thronfolgers und der Geburt des Christuskindes geweiht.[44] Für die Königin war der Konvent ein spirituell-mentaler Rückzugsort[45], worauf besonders das Bildprogramm zum Leben des Heiligen Benedikt in den Räumen des zweiten (neuen) Appartements der Herrscherin schließen lässt. Alain Mérot hält es für möglich, dass die Werke im Alkoven-Zimmer im ersten Stock aufbewahrt wurden.[46] Die Räumlichkeiten des Erdgeschosses des neuen Appartements wurden 1657 mit einer *Himmelfahrt der Heiligen Maria Magdalena* sowie mit vier Landschaften de Champaignes ausgestattet, die Büßerinnen in der Wüste zeigten und panoramatisch die den Blick in den Garten öffnenden Fenster ergänzten und über die Ecken der Wände angebracht waren.[47]

Zur lebenswirklichen Bedeutung des Ortes für Anna von Österreich zählen die gewaltsamen Aufstände im Rahmen der *Fronde* 1648, deren Ursprünge z. B. in den durch die Kriegskosten verursachten Steuererhöhungen für die Bevölkerung, die aus der Beteiligung Frankreichs am 30-jährigen Krieg resultierten, lagen. Es handelt sich um jene „chaotischen Kämpfe, die in immer neuen Koalitionen die maßgeblichen Kräfte des Staats in eine Selbstzerfleischung führten, der jede staatspolitische Richtung fehlte und aus der den Weg in einen friedlichen Ausgleich zu finden so schwierig war."[48]

43 Siehe hierzu: Barbara Gaehtgens, La Hyres „Autorité" von 1648. Ein Beitrag zur Regentschaftsikonographie der Anna von Österreich, in: *Niederdeutsche Beiträge zur Kunstgeschichte* 38 (1999), S. 173–193.

44 Zur Kirche, ihrem Inventar und ihrer auf die Weihung bezogenen Symbolik: Gabriel Vauthier: *Anne d'Autriche et l'Église du Val-de-Grâce*, Paris 1916; Zur Geschichte des Klosters siehe Janvier Joseph Jules Servier: *Le Val-de-Grâce. Histoire du Monastère et de l'Hôpital Militaire*, Paris 1888.

45 Siehe ausführlich hierzu: Thierry Sarmant: Anne d'Autriche et le Val-De-Grâce, in: Claude Mignot u. Alexandre Gady (Hrsg.): *Le Val de Grâce*, Paris 2019, S. 20–31.

46 Alain Mérot: La Peinture. Philippe de Champaigne et son Atelier, in: Mignot u. Gady 2019 (wie Anm. 45), S. 157–173, S. 165. Zur Ungeklärtheit der von de Champaigne für das Alkoven-Zimmer geschaffenen Werke: z. B. Claude Mignot: *Le Val-de-Grâce. L'Ermitage d'une Reine*, Paris 1994, S. 52 (Caisse Nationale des Monuments Historiques e des Sites).

47 Mérot 2019 (wie Anm. 46), S. 158, S. 160. Philippe de Champaigne: *Himmelfahrt Maria Magdalenas*, um 1656, Öl auf Leinwand, 285 × 380 cm, Marseille, Musée des Beaux-Arts. Siehe auch: Tatiana Senkevitch: Becoming Elijah. The Sleep of Elijah by Philippe de Champaigne from the Convent of the Val-de-Grâce, in: Walter S. Melion, James Clifton u. Michel Weemans (Hrsg.): *Imago Exegetica. Visual Images as Exegetical Instruments, 1400–1700*, Boston 2014, S. 321–357, S. 351 (Intersections, 33); Siehe auch Mignot 1994 (wie Anm. 46), S. 52.

48 Jürgen Grimm: *Französische Klassik*, Stuttgart 2005, S. 30 (Lehrbuch Romanistik); Uwe Schultz: *Der Herrscher von Versailles. Ludwig XIV. und seine Zeit*, München 2006, S. 33.

Das Pariser Parlament hatte den Krieg gegen Spanien und die Beschneidung seiner Befugnisse erdulden müssen, wobei Epidemien, Missernten und Kriegsverwüstungen zur Ablehnung der Regentin und Jules Mazarins, ihres ersten Ministers, beitrugen.[49] Die Aufstände führten zwischen 1649 und 1654 gar zum Aussetzen der Bauarbeiten der Klosterkirche, die zusammen mit dem Palais die ursprüngliche Abtei ergänzte.[50] Mit der *Paulette* hatte Mazarin eine Steuer zur Finanzierung der Truppen auf dem Schlachtfeld angesetzt, die auf die Vererbung von Ämtern erhoben wurde und zu einer Auflehnung des Parlaments und der Gerichtshöfe gegen die Krone führte.[51] Während der *Fronde Parlementaire*, die sich in der *Déclaration des Vingt-Sept Articles* niederschlug, kam es in der Nacht vom 5. zum 6. Januar 1649 zur Flucht der königlichen Familie nach Saint-Germain-en-Laye, was als ein direktes Indiz für das Bildthema begriffen werden kann. 1651 erzwang die Koalition Gaston d'Orléans' mit den Standesgenossen aus dem Hochadel, die gleichermaßen im Parlament wie in der Bevölkerung von Paris auf Verbündete stieß, die Verbannung Mazarins ins Exil.[52] Wurde dieser Akt der *Fronde des Princes* gewissermaßen durch die Deklaration der Volljährigkeit Ludwigs XIV. im selben Jahr konterkariert, hielten die Unruhen an und führten 1652 zur *Bataille du Faubourg Saint-Antoine*.[53] Die Vereinigung beider *Fronde*-Bewegungen führte nach 1650, als sich die Macht Annas von Österreich und Mazarins langsam wieder herzustellen schien, zum Bürgerkrieg. Im August 1652 kehrte die Herrscherin mit ihrem Sohn nach Paris zurück, Mazarins Rückkehr erfolgte im Jahr darauf.[54]

Das Kloster spielte während der politischen Auseinandersetzung mit Richelieu schon vor 1642 eine wichtige Rolle, als sich die Königin nach Val-de-Grâce zurückgezogen hatte, um aus dem Verborgenen Briefe an die spanischen Verbündeten zu schreiben.[55] Ab 1661, als Ludwig XIV. offiziell als König regierte, war Val-de-Grâce der faktische Lebensmittelpunkt der Königin.

Als Ganzfigur wiedergegeben, erscheint sie in einem durch Bernard Dorival de Champaigne und einem Mitarbeiter zugeschriebenen Bildnis vor einem drapierten Vorhang (Abb. 6).[56] Neben diesem erstreckt sich zum rechten Bildrand eine steinerne Brüstung, deren Profilierungen mehrere parallele Geraden ergeben. Die zwei Baluster formen die Sicht ins Freie zur Ansicht einer Landschaft. Indessen reicht der Stoff des dunklen Gewandes über den Fußboden zum verschatteten Saum der Balustrade, wodurch die Figur über die rechte Bildgrenze hinweggezogen zu werden scheint.

49 Grimm 2005 (wie Anm. 48), S. 30 f.
50 Claude Mignot: Un Modeste Couvent pour une Jeune Reine (1624–1642), in: Mignot u. Gady 2019 (wie Anm. 45), S. 32–44, S. 33.
51 Schultz 2006 (wie Anm. 48), S. 34.
52 Ebd., S. 39 f.
53 Grimm 2005 (wie Anm. 48), S. 31.
54 Mignot 1994 (wie Anm. 46), S. 43.
55 Graf von Sainte-Aulaire: *Geschichte der Fronde*, Leipzig 1827, 2 Bde., Bd. 1, S. 38.
56 Dorival 1976 (wie Anm. 2), S. 159 f.

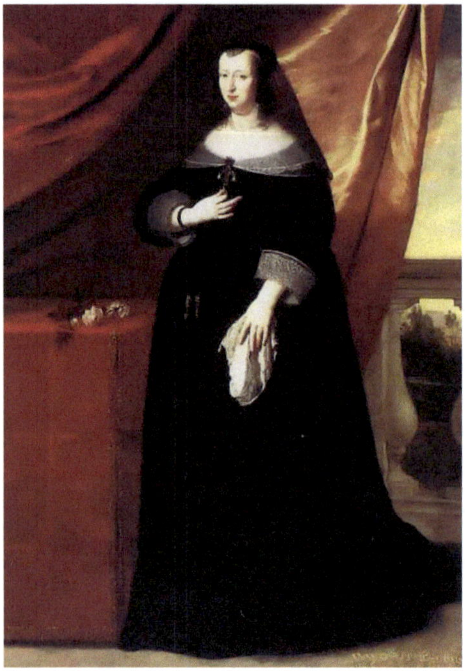

6 Philippe de Champaigne (Werkstatt): *Anna von Österreich*, um 1647, Öl auf Leinwand, 205 × 144 cm, Paris, Privatsammlung

Im Porträt der Regentin werden damit mehrere Eigenschaften des Historienbildes aufgegriffen: insbesondere die die Bildfigur einfassenden Dunkelwerte gegenüber der landschaftlichen Weite und die imaginierte Überschreitung der rechten Bildgrenze durch parallele Geraden in ein unbestimmtes Außen, auf das die Figur jedoch bezogen wird. Das Gemälde unterstreicht, dass de Champaigne im Historienbild aus Senlis nicht zufällig über den Zusammenhang von Bildfigur, Wahrnehmung und Bildraum reflektierte.

Mit dem Fern-Raum der *Flucht nach Ägypten* lässt der Maler den Betrachter nicht seine eigene Sicht auf die Welt, sondern die der Regentin einnehmen, in die gleichsam ein zweiter Blick eingeschaltet ist. Dieser beschreibt einen sich aus der Geschichte speisenden Zustand, der durch den Punkt im Außen rechter Hand der Bildgrenze thematisch wird, wo gemäß Desargues' projektiver Geometrie die Parallelen der Bildstruktur konvergieren: die Substitution der bezeichneten Idee des Staates durch reale Bedingungen des Regierens.

Nennt man das Gesetz der *Involution* beim Namen, so wird klar, dass die Erzählung der *Flucht nach Ägypten* durch *Einfaltung* und nicht durch ein bloßes Aufrollen voranschreiten kann – Erzählen bedeutet: die Entwicklung eines Narrativs unter Bedingung der Tiefe der Geschichte. Im landschaftlichen Ausblick der *Flucht nach Ägypten*, wie er im Bildnis der Anna von Österreich aufgerufen ist und wahrnehmungsspezifisch in Bezug auf ein hintergründiges Dunkel gesehen werden kann, werden die

Unterdrückung der *Fronde* und die aufgrund neuer Steueredikte nachwirkenden Proteste des Parlaments um 1655[57] geltend.

Im Unendlichen soll die Sehlinie mit der Bildebene zusammentreffen. Dort, im Schnittpunkt der horizontalen Raumstrukturen, so die Darstellungsabsicht, kann sich die dargestellte Erzählung – die Rettung der Heiligen Familie und des Staates – als Realität erst konkretisieren. Damit bringt die Bildfigur – die Mutter-Kind-Gruppe – in ihrer bildnerisch-materiellen Disposition einen neuen Bildinhalt (Raumtiefe) ein bzw. wird zum (nicht-repräsentativen) Zeichen für eine zukünftige Wahrnehmungskonstellation. Zeichen und Material sind unterscheidbar, weshalb die Figur ihre imaginäre/virtuelle Disposition einbüßt.[58] Gerade wahrgenommen als Figur *im* Bildraum vermag sie in die Zukunft zu weisen.

Die schematische Struktur von Raum- und Erzählordnung könnte als Einsicht des Malers in die Unzulänglichkeit der menschlichen Wahrnehmungsfähigkeit, Transzendenz und göttliche Botschaft vollständig zu begreifen, aufgefasst werden.[59] Sie hat jedoch ungleich wirklichere Gründe und Bezugspunkte. De Champaigne geht es nicht primär darum, mit dem Christuskind als Zeichen auf eine zeitlich aufgeschobene Herrschaft in Gestalt Ludwigs XIV. vorauszuweisen, die man als mentales Abbild im Betrachter oder als dessen absolute Vorstellung von der Figur auffassen könnte. In diesem Kontext würde die Figur des Joseph als Scharnier zwischen der flächigen Ausrichtung und dem Tiefenzug des Bildraums dann eine wichtige Funktion einnehmen. Zwar ist die Christus-Physiognomie der Figur im Werk de Champaignes nicht unüblich[60], doch erzeugt die Konstellation mit dem Christuskind dadurch zwei ikonologische Deutungsoptionen. Als der ein Holz schulternde Christus zeigt die Figur zum einen eine narrativ-zeitliche und wahrnehmungsspezifische Verschiebung an, die auf den Lebens- und damit nahenden Passions- bzw. Kreuzweg Christi weist. Wäre die Rettung des Kindes in der Flucht so als *kontrastierende* Bedingung des späteren Ganges zur Erlösungspassion zu verstehen?[61] Erkennt man in der Figur zum anderen Joseph selbst, dann kann die Rettung des Christuskindes hingegen als den Passionsweg aufhebender narrativer Zug gedeutet werden. Übertragen auf die skizzierte Zeitgeschichte könnte infrage stehen, ob mit der Figur der ältere Ludwig XIV. oder dessen Vater, Ludwig XIII., gemeint ist.

Durch den Mantel der Mutter und die Schwarzwerte wird aber gerade unterbunden, dass die Figur des Kindes als (repräsentatives) Zeichen fungiert, durch das die

57 Balthasar Reber: *Der Staat Ludwigs XIV.*, Basel 1863, S. 7.

58 Friedrich Piel: Werk und Bild, in: Ders.: *Systemfragmente 1969–2009*, Falkenberg 2018, S. 81–97, S. 85.

59 Vgl. Lorenzo Pericolo: Epilogue, in: Pericolo 2002 (wie Anm. 26).

60 Siehe z. B. Philippe de Champaigne: *Der Traum des Joseph*, 1642–1643, Öl auf Leinwand, 209,5 × 155,8 cm, London, National Gallery.

61 Die Diskussionsbeiträge haben diesen vertieften religiösen Gedanken zutage gefördert.

Rezipient*innen das besagte mentale Abbild[62] bzw. gemäß der *Logique* eine Idee von der repräsentierten Sache formen. Wenn schon, dann könnte man interpretieren, dass die anvisierte, zukünftige Wahrnehmungssituation angesichts der politischen Historie Frankreichs den Schutz der Allgemeinheit bzw. die Ordnung und Ausrichtung des Staates im Hinblick auf die Herausforderungen der Verarbeitung verschiedener Bestrebungen zur zentralistischen Macht im Zuge des während der *Fronde* entstandenen Machtvakuums der Monarchie[63] meint. Lässt sich das als Argument für eine Kritik am politischen Zentralismus bzw. absolutistischen Königtum verstehen?

In dem die Farbtöne des Himmels durch seine Gewandung reflektierenden Joseph wird gleichwohl die auf der projektiven Geometrie beruhende komplizierte zeitliche Verschränkung von Vergangenheit und Zukunft unterstrichen. Die Lokalisierung der Figur auf dem zweiten der vier Abschnitte des „Stammes" ist hierbei aussagekräftig. Dieser dient an dieser Stelle als Sockel oder Basis einer durch ihre Haltung markierten Idealfigur, die diejenige des *Apolls von Belvedere* spiegelt. Die Voraussicht des Apollon wird jedoch durch den Blick zurück substituiert. Die bekannte und eingehend erforschte Aneignung der Apollon-Ikonographie, insbesondere die Symbolisierung des Lichts, durch Ludwig XIII. oder in den 1660er Jahren durch Ludwig XIV.[64] wird in de Champaignes Gemälde um die erläuterte semiotisch-bildnerische Funktion der Mutter-Kind-Gruppe ergänzt, insofern diese eine zukünftige gute, umsichtige Herrschaft aus der Tiefe der Geschichte heraus beschreibt. Dagegen bekräftigt die latente Mehrdeutigkeit der Joseph/Christus-Figur, ihr allegorisches Potenzial, den Status des Christuskindes als Zeichen, das kurzerhand auf singuläre Einzelfiguren – die beiden männlichen Herrscher – referenzieren würde.

62 Vgl. Mieke Bal: Seeing Signs. The Use of Semiotics for the Understanding of Visual Art, in: Mark A. Cheetham (Hrsg.): *The Subjects of Art History. Historical Objects in Contemporary Perspectives*, Cambridge University Press 1998, S. 74–93, S. 75 f. Die Entgrenzung des Bildraums der *Flucht nach Ägypten* weist nicht vorrangig auf eine Politisierung der Landschaft im Blickwinkel des Souveräns. Grundsätzlich zum Konnex von politischer Ordnung und Geographie: Thomas Kirchner: Landschaftsmalerei und politische Souveränität. Zu einem Bildtypus des französischen 17. Jahrhunderts, in: Ulrike Gehring (Hrsg.): *Entdeckung der Ferne. Natur und Wissenschaft in der niederländischen Malerei des 17. Jahrhunderts*, Paderborn 2014, S. 203–223.

63 Vgl. Grimm 2005 (wie Anm. 48), S. 31.

64 Ich danke Michael Rohlmann für den Hinweis zum *Apoll von Belvedere*. Z. B. gelangte im *Bassin du Dragon* die Verherrlichung der königlichen Herrschaft durch den Sonnengott über politische Feinde zum Ausdruck. In üblichem ikonographischem Habitus der 1660er Jahre referenziert die Python auf die *Fronde* (Artemis Klidis: *François Girardon. Bildhauer in königlichen Diensten 1663–1700*, Weimar 2001, S. 45 (zugl. Diss. Universität Bonn 2000)). Siehe weiter, auch zu den Schlossräumen: Gérard Sabatier: *Versailles ou la Disgrâce d'Apollon*, Rennes 2016, S. 29–38, S. 49–51 (Histoire. Presses Universitaires de Rennes); Robert Berger: *In the Garden of the Sun King. Studies on the Park of Versailles under Louis XIV*, Washington 1985 (Dumbarton Oaks Research Library and Collection).

Das zweite Appartement der Königin befand sich im nordöstlichen Flügel bzw. Pavillon des Klosters, war zum Garten hin geöffnet und wurde um 1655 ausgestattet.[65] Die privaten Räumlichkeiten wiesen einen Eingangsbereich auf, der mit schwarzen und weißen Steinfliesen gepflastert war. Das Alkoven-Zimmer Annas von Österreich lag im ersten Stock; vergleichbar dem Balkon des um 1644 ausgestatteten alten Appartements im ersten Stock des östlichen Flügels, öffnete sich das Innere des Raums über einen Balkon mit Eisenbalustrade, der von Jean de Monchy 1655 fertiggestellt wurde, nach draußen zum Garten.[66] Bis heute ist nicht eindeutig sichergestellt, welche Werke de Champaignes und seiner Werkstatt für welches Appartement bestimmt waren.[67] Kiss' Vermutung, dass das Gemälde für das zweite Appartement angefertigt wurde, lässt sich abschließend unterstreichen und präzisieren. Ich möchte die These aufstellen, dass sich das Werk an einem Platz bzw. an der Wand linker Hand der zum Balkon führenden Tür des Alkoven-Zimmers befand. Die Sicht ins Freie lässt gen Osten blicken, wo – äquivalent zum Bildraum – der neue Tag anbricht. Durch den Bildraum wird der ideale Ausblick gegeben. Der reale Ausblick über den Balkon wiederum würde die in die Bildstruktur eingeflochtene Faktizität des historischen Geschehens unterstreichen, das durch den Ort verarbeitet worden ist, und konkretisierte bzw. realisierte den imaginären Zielpunkt der *Involution*. Damit ist die ideale Rezeptionssituation, d. h. die Ordnung des Staates zum Schutz der Allgemeinheit gemeint, die sich dort vollzieht, wo das wahrnehmungsspezifische Verhältnis zwischen Rezipient*innen und Bildebene als etwas Reales oder Konkretes verstanden wurde. Mit der Realisierung dieser im Bildraum über die rechte vertikale Bildgrenze konstruierten Stelle deutet sich eine Bewegung von der geometrischen Systematik des Bildes in eine Ordnung an, in der die Welt in Form der wahrgenommenen Wirklichkeit gegenwärtig ist und die ein den Blick der Anna von Österreich ergänzendes Wahrnehmen implizierte.

65 Mignot 1994 (wie Anm. 46), S. 39–42.

66 Ebd., S. 51 f.

67 Siehe hierzu den konzisen Forschungsüberblick bei Mérot 2019 (wie Anm. 46), S. 158. Eine verschwundene Serie von Bildnissen von Herrscherinnen der Antike hat womöglich im ersten Appartement ihren Platz gefunden. Eine *Himmelfahrt Mariens* (Philippe de Champaigne: *Maria Himmelfahrt*, 1645–1650, Öl auf Leinwand, 193 cm (DM), Marseille, Musée des Beaux-Arts) sei mit größerer Sicherheit für das Oratorium des ersten Appartements geschaffen worden (ebd., S. 158 f.).

Di Fan

Frederik Ruysch's Engraved Fetal Skeleton *Dioramas*

Abstract: This article explores how Frederik Ruysch's anatomical displays transcend their scientific and didactic functions by intertwining anatomical precision with artistic expression, *vanitas* themes, and *memento mori* motifs. It emphasizes the coexistence of materiality and symbolic, metaphorical resonance in his anatomical preparations and their visualizations. As a physician, anatomist, and botanist, Ruysch employed innovative preservation techniques and integrated botanical elements as well as aesthetic embellishments into his anatomical collections. Among his most renowned works are the fetal skeleton dioramas, meticulously assembled by Ruysch himself. Three of them were engraved by Cornelis Huyberts and featured in the *Thesaurus Anatomicus* (1701–1715). Focusing on this trio of extant engravings, this essay analyzes how the fetal skeletons are arranged within allegorical landscapes that emulate naturalistic environments, yet are composed of human calculi, blood vessels, and organic material. The engravings are rich in iconographic details: floral crown, feather, mayfly, billhook, sickle, and anatomical elements resembling a vase, leafless branch, musical instrument, and handkerchief—each serving as a visual metaphor for mortality, transience, and introspection. The skeletons' poses, evocative of musicians, mourners, or penitents, are further intensified by Latin inscriptions alluding to human suffering, sin, and the hope of redemption. By combining anatomical inquiry with allegorical imagery, Ruysch developed a layered visual language that reflects his interdisciplinary approach to anatomy, art, and natural philosophy. This study also situates Ruysch's work within the broader tradition of anatomical illustration and early modern cabinets of curiosity, underscoring his distinctive theatricalization of human finitude and his unique artisticity.

Introduction

At the turn of the seventeenth and eighteenth centuries, a burgeoning interest in the human figure emerged in Europe, fueled by the rapid advancement of anatomical studies. Engravings of dissected cadavers, widely disseminated in anatomical treatises, not only facilitated the exploration of bodily structures and physiological mechanisms but also provoked reflection on aspects that transcend mere material existence. The body became a vessel imbued with multiple layers of meaning, while its representations — situated at the intersection of science and art — blurred the boundaries between reality and symbolism.

The anatomical preparations of Frederik Ruysch (1638–1731), a Dutch anatomist and botanist based primarily in Amsterdam, stand as emblematic artifacts for interpreting the semiotic dimensions embedded within the represented body. His compositions reveal an extraordinary visual sense, wherein bones, calculi, organs, tissues, and vessels — sourced from both human and animal specimens — are embellished with silk, velvet, fringe, and even desiccated plant materials. These elements attest to his aesthetic sensibility; they are reminiscent of cabinets of curiosities.

Among Ruysch's most distinctive objects of study, fetal skeletons occupy a particularly significant position, manifesting across three distinct yet interconnected levels of representation. The first level presents individual fetal skeletons mounted on pedestals, while the second integrates them into elaborate compositions that combine anatomical fragments to create allegorical dioramas, evoking naturalistic landscapes where reality and illusion converge. The third level departs from materiality, reproducing these scenes as engravings in Ruysch's *Thesaurus Anatomicus* (1701–1715), transforming the dioramas into purely visual representations. While the first two levels remain grounded in materiality — emphasizing the physical and tangible nature of the specimens — they are also inherently visual experiences. The latter two levels, though distinct in medium — one sculptural and three-dimensional, the other graphic and two-dimensional — demonstrate how materiality in Ruysch's work coexists with symbolic and metaphorical significance.

This stratification calls for an examination of the figuration of fetal skeletons in Ruysch's work, positioned at the juncture of tangible materiality and aesthetic effect. This paper will accordingly examine the mutations undergone by the fetal skeleton in his anatomical displays, as well as the intentions and intellectual preoccupations that shaped his approach, primarily through an analysis of three engravings depicting his dioramas. It will also consider how these figures, which are imbued with profound symbolic resonance, engage in a dialogue with evocations of nature.

To address these questions, this study first examines Ruysch's anatomical collections, with particular attention to his preservation techniques, not only for fetal skeletons but also for other human anatomical specimens. His collection — akin to a cabinet of curiosities, a favored medium of scholarly inquiry at the time — can be understood as a precursor to the anatomical museum. The analysis then turns specifically to three engravings depicting dioramas in which fetal skeletons are arranged in a *vegetalized* scene. Finally, the discussion explores the singular poetics of Ruysch's macabre world, wherein an allegorical dimension, steeped in the motifs of *vanitas* and *memento mori*, extends beyond scientific discourse to embrace aesthetic concerns.

The Anatomist and His Collection

Born in The Hague into a prosperous family of distinguished social standing[1], Frederik Ruysch was able to pursue his academic ambitions unencumbered by financial constraints. The economic stability of his background provided the foundation upon which he built both his education and professional trajectory. He initially trained as an apprentice apothecary before enrolling at Leiden University in 1661 to study medicine under the guidance of the eminent physician and anatomist Johannes van Horne. During this period, he forged a lasting friendship with his fellow student Jan Swammerdam, who went on to become a renowned anatomist and naturalist. Ruysch obtained his medical degree in 1664 and began practicing as a physician in The Hague. In 1667, he was appointed municipal anatomist and *praelector* in Amsterdam, where he ultimately settled. By 1672, he had taken an active role in training midwives while also practicing as an obstetrician. His appointment as a forensic physician in 1679 granted him privileged access to cadavers and fetuses, facilitating his study of both normal and pathological anatomy and enabling him to assemble a private collection using his own innovative preservation techniques[2].

Ruysch's early exposure to pharmacy sparked a keen interest in plants, which led to his appointment as a professor of botany in 1685 and his involvement in Amsterdam's newly established botanical garden, the *Hortus Botanicus*, in an advisory capacity. Over the course of his long and multifaceted career, he prepared and amassed an extensive array of specimens — encompassing human, animal, and botanical materials — from diverse geographic origins. His dedication to botany extended to the dissection of numerous plant specimens, which he incorporated into his anatomical collection, drawing parallels between plant structures and human anatomy[3].

His anatomical collection, enriched with botanical specimens and animal remains, exhibited a remarkable diversity, spanning *scientifica, exotica, naturalia* and *artificialia*, while also emphasizing *curiositates*. Renowned for its intellectual depth, pedagogical value, and speculative nature, the collection was equally distinguished by its imaginative, fantastical, and artistic dimensions, evident in both its contents and presentation. As a result, it attracted a broad audience, including students, scholars, physicians, and eminent figures, as well as members of the general public, garnering widespread admiration and serving as a center for knowledge, instruction, and intellectual exchange.

1 Luuc Kooijmans: *Death Defied. The Anatomy Lessons of Frederik Ruysch*, Leiden/Boston 2011, pp. 2–17 (History of Science and Medicine Library, 18).

2 Kenneth B. Roberts and John D. W. Tomlinson: *The Fabric of the Body. European Traditions of Anatomical Illustration*, Oxford 1992, p. 290; Joanna Ebenstein (ed.): *Frederik Ruysch and his* Thesaurus Anatomicus. *A Morbid Guide*, Cambridge (MA) 2022, pp. 7 f.

3 Kooijmans 2011 (see note 1), pp. 401 f.

Ruysch's collection became so famous that it captivated not only his Dutch peers and laymen with a keen interest in anatomy but also foreign scholars and high-ranking dignitaries. Among the most illustrious visitors were Tsar Peter the Great, who visited twice, in 1697 and 1716[4]. Deeply fascinated by Ruysch's anatomical preparations and the secret formula he used for preservation, the Tsar acquired the collection in 1717 for the substantial sum of 30,000 guilders[5]. Following this transaction, Ruysch, then 79 years old, embarked on assembling a second collection, which was ultimately sold to John Sobieski, King of Poland[6].

For all these reasons, Frederik Ruysch cannot be confined to the roles of anatomist and physician alone. His expertise extended across multiple domains, encompassing pharmacy, botany, obstetrics, midwifery instruction, forensic medicine, and collecting. Moreover, his management of a cabinet open to the public for a fee, alongside the sale of his collections to two monarchs — despite the numerous challenges he faced in these negotiations — demonstrates a keen business acumen and shows him to be a shrewd and skillful negotiator.

The Naturalized Body

Ruysch relied on various techniques to preserve specimens in his cabinet: some were desiccated, others submerged in an aqueous solution, while yet others were injected with wax[7]. According to the historians Kenneth B. Roberts and John D. W. Tomlinson, the secret formula for his injection technique — which he had learned from van Horne and later refined himself — likely contained substances such as "talc, white wax (or suet), and cinnabar[8]." This compound solidified tissues and ensured their long-term resistance to decay.

Ruysch's distinctive method centered on the use of a balsamic liquor (*liquor balsamicus*) to preserve human specimens in glass jars. The composition of this liquid remained a closely guarded secret throughout his lifetime and continues to elude scholars today. Initially, Ruysch employed heated, tinted liquid wax, a technique widely practiced by contemporary anatomists. Dissatisfied with its results, he developed a clear solution composed of alcohol and spices, which prolonged preservation while maintaining the specimens' original color and elasticity, creating the striking illusion

4 Ibid., pp. 242–252; Roberts and Tomlinson 1992 (see note 2), p. 290.

5 Kooijmans 2011 (see note 1), p. 335.

6 Roberts and Tomlinson 1992 (see note 2), p. 294.

7 Andrew Cunningham: *The Anatomist Anatomis'd. An Experimental Discipline in Enlightenment Europe*, London 2016, p. 239 (History of Medicine in Context).

8 Roberts and Tomlinson 1992 (see note 2), p. 292.

of lifelike vitality[9]. The French philosopher Bernard Le Bouyer de Fontenelle marveled at the astonishing effects of Ruysch's preservation techniques:

> The cadavers, though retaining all their viscera, emitted no unpleasant odor; on the contrary, they acquired a pleasant fragrance, even if they had previously been malodorous before undergoing the procedure. Everything was protected from corruption by Mr Ruysch's secret. His long life allowed him the satisfaction of never seeing any of his specimens deteriorate with time, nor being able to determine the limits of their longevity. These bodies, neither desiccated nor wrinkled, bore a healthy complexion, and retained supple limbs, appearing almost resurrected; they seemed merely asleep, on the verge of speech upon awakening. Ruysch's mummies, in a sense, prolonged life itself, whereas those of ancient Egypt merely extended death.[10]

Particular care was also devoted to sealing the large glass jars containing the specimens. A layer of resin was meticulously applied to the rim, which was then hermetically sealed with a pig's bladder, preventing the evaporation of the alcohol-based solution and ensuring optimal preservation. In some cases, additional human materials, such as intestines or skin, were employed to reinforce the jar's airtight seal. The blood vessels of these specimens were injected with wax, imparting a distinctive red hue to the lid. A final decorative touch was sometimes added in the form of a velvet ribbon — always in red — tied around the cover, enhancing the specimen's aesthetic appeal[11].

Ruysch's pursuit of an innovative and enduring preservation technique was driven by multiple motives. Traditionally, dissections were conducted during the winter months, as colder temperatures slowed cadaver decomposition. Thanks to his pioneering method, dissection became feasible even during the summer months, as temperature was no longer a decisive factor in the onset of putrefaction[12]. Furthermore, bodies preserved using his technique did not suffer from excessive blood leakage during dissections, which made them less repulsive and mitigated unpleasant odors. In this way, the dissected deceased regained, to some extent, a semblance of dignity and integrity[13].

Additionally, Ruysch's method facilitated the detailed study of minuscule blood vessels, otherwise imperceptible to the naked eye, thereby deepening the understanding of human physiology and more closely approximating the structures' living state[14].

9 Kooijmans 2011 (see note 1), p. 208.

10 Bernard Le Bouyer de Fontenelle, Éloge de M. Ruysch, in: *Histoire de l'Académie Royale des Sciences. Avec les Mémoires de Mathématique & de Physique, pour la même Année. Tirés des Registres de cette Académie*, Paris 1731, p. 105. Translation by the author.

11 Kooijmans 2011 (see note 1), p. 269.

12 Ibid., p. 45.

13 Ibid., p. 210.

14 Ibid., p. 45.

This approach also allowed for repeated observations beyond public dissections, granting scholars and students the opportunity to conduct prolonged, meticulous, and methodically refined investigations without the limitations imposed by printed engravings. Ruysch's preservation techniques significantly alleviated the challenge posed by the frequent lack of availability of cadavers for anatomical research.

Certainly, balsamic liquor was neither widely accessible nor easy to use. Its application demanded substantial financial resources, as both glass jars and preservation fluids were costly. Moreover, mastering this technique necessitated exceptional skill and manual dexterity, as the preparation of the fluid and the treatment of specimens required precision, patience, and expertise.

Among the various methods ensuring the longevity of Ruysch's anatomical collections, engraving played a pivotal role. Far more than a mere visual aid, engraving enabled the widespread dissemination of his anatomical specimens, extending their reach to a broader audience and preserving their existence long after the physical collection was lost. Ruysch himself contributed drawings for the illustrated plates of his anatomical catalog, first published in 1690 as *Observationum Anatomico-Chirurgicarum Centuria* and later included in his *Opera Omnia* (1721). Recognizing his own artistic limitations, he enlisted Cornelis Huyberts — an accomplished draftsman — to refine the engravings. Biographical details regarding Huyberts are scarce, but he is known to have been active in Amsterdam and to have produced numerous illustrations for Ruysch's publications, including the three famous plates depicting fetal skeleton dioramas in *Thesaurus Anatomicus*, arguably the most emblematic engravings of the collection.

Prior to his death in 1712, Huyberts executed and signed nearly all the engravings illustrating the first eight cabinets of *Thesaurus Anatomicus*, except for two plates attributed to A[braham] de Blois and two others lacking signatures. The illustrations for the final two cabinets, published in 1714 and 1715, were completed by the engraver Joseph Mulder, renowned for his expertise in scientific illustration, aside from the last two unsigned plates. Mulder had previously contributed two signed engravings to Ruysch's *Thesaurus Animalium* (1710). Furthermore, it is likely that Ruysch's daughter, Rachel — a celebrated still-life painter — and his eldest son, Hendrik, played a role in arranging the specimens. Some evidence even suggests that Rachel may have offered guidance or actively participated in the engravings' execution[15].

Ultimately, in Ruysch's cabinet, aesthetics and curiosity were inextricably intertwined and held as much significance as the scientific knowledge conveyed by the meticulous details of his specimens. It was, above all, a personal collection — an extraordinary cabinet of curiosities and a precursor to the anatomical museums that would emerge in the future.

15 Antonie M. Luyendijk-Elshout, Death Enlightened. A Study of Frederik Ruysch, in: *Journal of the American Medical Association* 1/212 (1970), pp. 121–126, p. 122; Roberts and Tomlinson 1992 (see note 2), p. 291.

Vegetalized Dioramas as Depicted in Engravings

Throughout his career, Frederik Ruysch exhibited a sustained fascination with human reproduction. He meticulously dissected numerous women and the embryos developing within them, some of which displayed congenital anomalies. At the same time, he amassed an extensive collection of fetal specimens, including organs and skeletal remains. His particular attention to these skeletal structures is evident in their carefully curated presentation. The skeletons were meticulously arranged on pedestals that highlighted their expressive, lifelike poses. In addition to individually mounted fetal skeletons, Ruysch orchestrated elaborate compositions incorporating other human, animal, and botanical elements—placentas, calculi, flowers, and blood vessels—creating dramatic and captivating dioramas.

Today, three of these dioramas are known to us through engravings: those from Cabinet I (Fig. 1), Cabinet III (Fig. 2), and Cabinet VIII (Fig. 3). The others, which have been lost over time, survive only through the literary descriptions found in Ruysch's catalogs. While the first two primarily feature human calculi, the third is composed predominantly of bones. Each fetal skeleton is arranged on a pedestal, set against a backdrop of human and animal arteries. The interplay of these calculi, bones, arteries, and other organic components, resembling tree branches, creates a compelling trompe-l'oeil effect, evoking a naturalistic landscape.

The first diorama (Fig. 1), detailed in the catalog of the first cabinet published in 1701, is positioned atop a natural rock formation raised on a pedestal, its surface concealed beneath an assortment of human calculi of varying sizes. These calculi originate from the bladder, kidneys, renal pelvis, breasts, toe joints, and the perineal region, having been expelled through different routes—the urinary tract, lithotomy, or respiratory excretion. Some were removed *ad vivum*, while others were extracted *post mortem*. For instance, three calculi, designated by the letter N in the engraving, are held in the right hand of the skeleton positioned at the lower right of the composition. These were extracted from the toe joints of a woman afflicted with gout.[16]

Three fetal skeletons, each approximately four months in developmental age[17], are arranged in a pyramidal structure: one at the apex and two at the base, standing upon a significantly smaller pedestal. Multiple arterial branches, originally infused with a reddish wax[18], intertwine among the calculi. Although the black-and-white engraving does not directly convey this coloration, the effect is subtly suggested through shading and hatching techniques[19]. Ruysch claimed to possess techniques allowing his

16 Frederik Ruysch: *Thesaurus Anatomicus*, Amsterdam 1701, t. 1, pp. 1 ff.

17 Ibid., p. 5.

18 Ibid., p. 4.

19 Although most copies of the *Thesaurus Anatomicus*, including the one that served as the basis for this study, were printed in black and white, rare hand-colored plates exist, along with later color reproductions issued by publishers seeking to faithfully restore the original hues

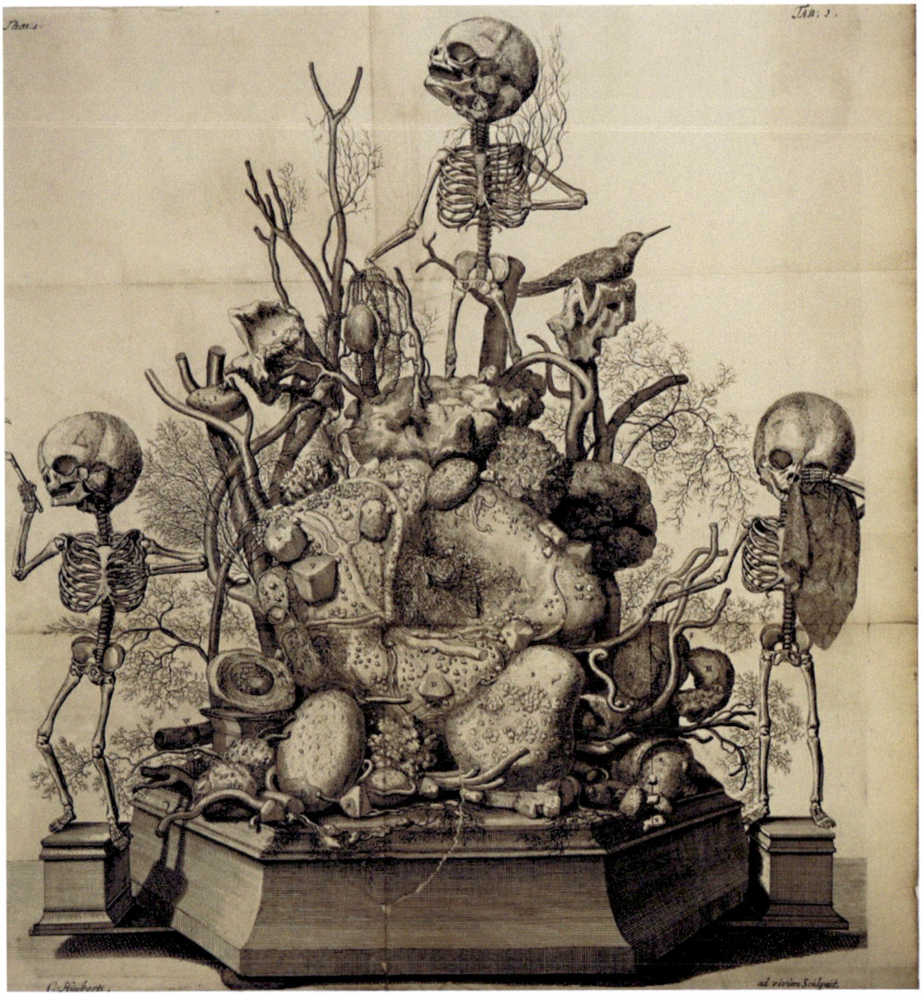

1 Engraving, reproduced from Frederik Ruysch: *Thesaurus Anatomicus*, Amsterdam 1701, t. 1

skeletons to stand independently, without external support[20]. Here, the arteries appear to provide both structural stability and visual focus, and their vivid red hue was intended to capture the observer's gaze *in situ*. These delicate blood vessels create an illusionistic effect, resembling tree branches, reinforcing the naturalistic aesthetic. The diorama as a whole evokes a rugged, mountainous landscape, adorned with flora. A

of the specimens. Among these, some were produced by Jan l'Admiral using the four-color mezzotint technique; one such copy is preserved at the Rijksmuseum in Amsterdam. As for the hand-colored plates, they are primarily found in private collections or cataloged in auction records.

20 Frederik Ruysch: *Thesaurus Anatomicus*, Amsterdam 1703, t. 3, p. 7.

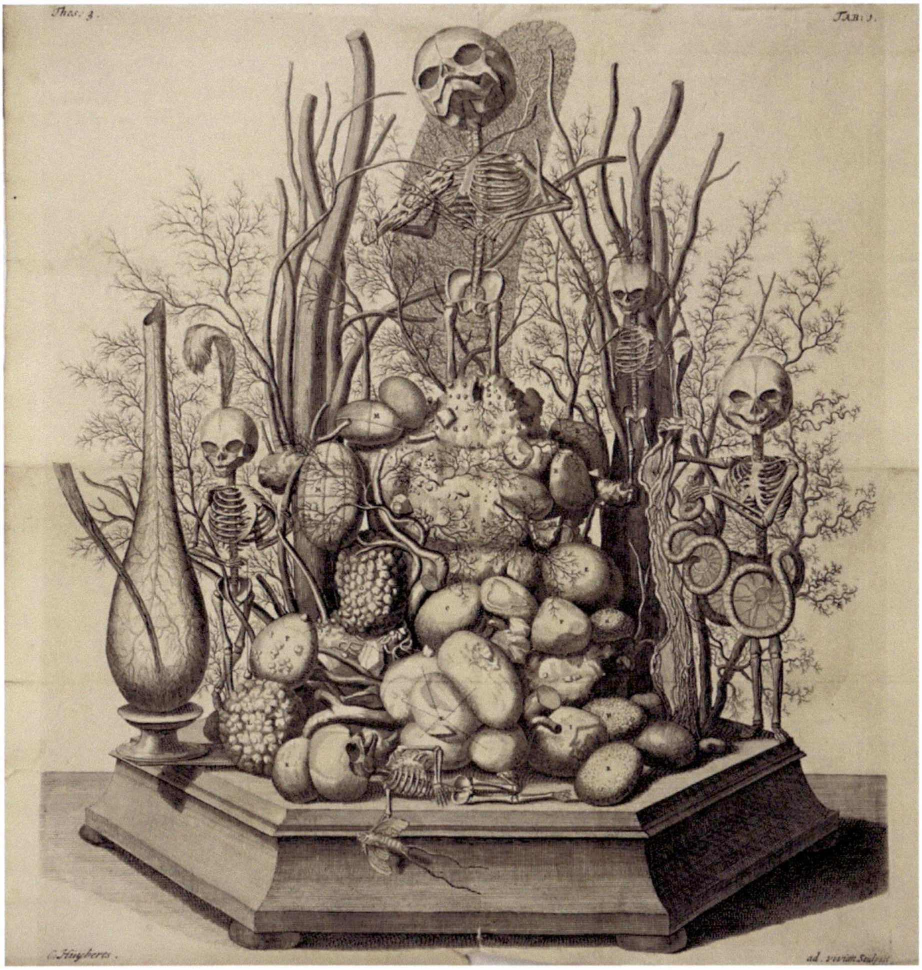

2 Engraving, reproduced from Frederik Ruysch: *Thesaurus Anatomicus*, Amsterdam 1703, t. 3

vividly preserved bird, perched atop a calculus near the highest skeleton, breathes life into this artificial forest, enhancing its resemblance to a naturalistic environment.

The second diorama (Fig. 2), documented in the catalog of the third cabinet published in 1703, follows a similar triangular configuration. A dense layer of human calculi completely covers the natural rock base, upon which three skeletons are positioned: one at the summit and two at the base on both sides. These calculi, originating from the bladder and kidneys, were either surgically removed from living patients or retrieved *post mortem*[21]. Two more fetal skeletons contribute to the composition: a

21 Ibid., pp. 4–7.

fourth figure to the right and a fifth, reclining at the base of the pedestal in front of the mound of calculi.

The most prominent fetal skeleton, positioned atop the rocky elevation, commands attention as the focal point of the scene. It represents a developmental stage of approximately four and a half months[22].

The second, the smallest of the five at roughly three months of gestation, is placed in front of a tangle of arteries that were once infused with red wax, like those in the first diorama. It delicately holds a slender arterial branch in its right hand, while its left grasps a blade of "grass" — actually fibrous strands from a woman's bladder, interspersed with minuscule calculi.[23]

The third skeleton, estimated to be four months old, is situated on the right side of the pedestal. In its left hand, it holds the small intestine of a fetal lamb, whose arterioles, as described by the anatomist, were injected with a red substance, while a dark material represents the meconium. Its right hand holds the pampiniform vessels of human testicles, which are filled with a reddish, wax-like substance.[24]

The fourth skeleton, around three and a half months old, lies at the base of the pedestal, partially enveloped in calculi. Two of them, marked with the letter R, are located near its skull and feet, while to its left are bladder stones, which Ruysch describes as "prodigiously large", "exceeding the size of a nutmeg", and "marvelously shaped", with "darkening barks."[25]

The fifth skeleton, also three and a half months in development, is positioned at the far left of the diorama. It holds in its right hand a minuscule calculus, sourced from the lungs, suspended by a thin strand of hair. Its left hand clutches an arterial branch, while its legs are crossed.[26]

In the background, a calf's spleen, once injected with red wax[27], enhances the composition. On either side of the rocky mound, arterial trunks and branches, similarly infused with red wax[28], create a striking organic structure. While the vivid red coloration was observable in Ruysch's cabinet, in the engraving, it is suggested through the interplay of light and shadow. The delicate pampiniform vessels intertwine with the five skeletons, serving a similar stabilizing function as in the first diorama, particularly in relation to the smaller calculi.

This second diorama surpasses the first in scale[29], compositional intricacy, and variety of decorative elements derived from both flora and fauna. It also benefits from a more elaborate textual description in the *Thesaurus Anatomicus*, detailing the five

22 Ibid., p. 2.
23 Ibid., p. 3.
24 Ibid., pp. 6 f.
25 Ibid., p. 6. Translation by the author.
26 Ibid., p. 9.
27 Ibid., p. 5.
28 Ibid., p. 9.
29 Ibid., p. 1.

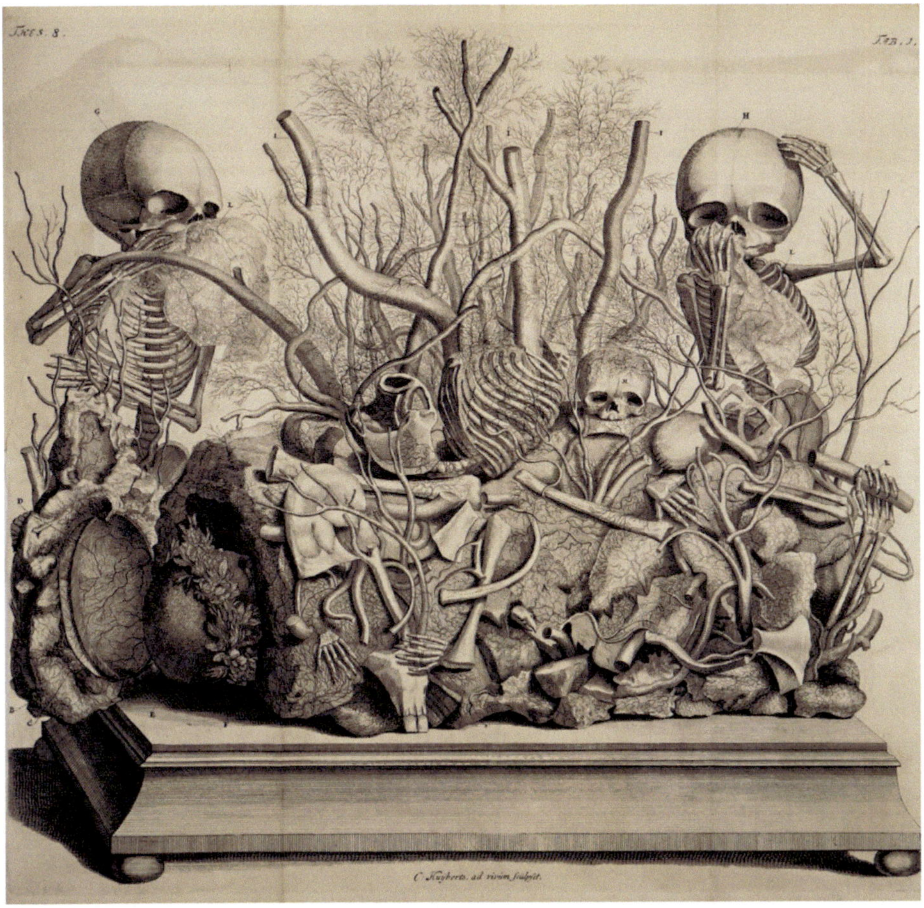

3 Engraving, reproduced from Frederik Ruysch: *Thesaurus Anatomicus*, Amsterdam 1709, t. 8

skeletons and the calculi composing the scene. Moreover, it is accompanied by a poetic tribute by a certain Peter Francis, extolling the achievements of Ruysch[30].

The third engraved diorama (Fig. 3), featured in the catalog of the eighth cabinet published in 1709, diverges significantly from its predecessors. Unlike the previous compositions, which share a consistent skeletal arrangement, pedestal distribution, and calculus structure, this scene adopts a rectangular format and incorporates additional ornamental elements.

Most notably, a sarcophagus forms the foundation of the arrangement, introducing a layer of complexity absent in the earlier compositions. Its external framework consists of human bones, primarily from children, along with calculi, membranes, and

30 Ibid., p. 2: "… He demonstrates it in his plates, he articulates it in his words — Ruysch, the pride of Amsterdam and the honor of medicine." Translation by the author.

arterial structures, including prominent trunks and branches extending upward. These haphazardly arranged anatomical embellishments depict an extended process of decomposition.

Within the sarcophagus lies a six-month-old fetal skeleton, preserved through embalming techniques Ruysch had employed nearly two decades earlier. Only the cranial vault remains visible. The lid, fashioned from the upper skull of another fetal skeleton, mirrors the sarcophagus' external composition. Inside, the dura mater — a robust membrane encasing the brain and spinal cord — is prominently displayed. Twin premature skeletons, positioned behind the lid and at the back of the sarcophagus, hold before their eyes a nearly transparent membrane. Adjacent to the figure on the right, the skull of a roughly four-month-old fetus rests atop the sarcophagus, while a ribcage occupies the center.[31]

In these three dioramas, the skeletal figures are not set in rigid, static postures; rather, they are arranged to suggest movement, inviting viewers to picture life somehow enduring after dissection. This presentation transcends mere theatricality, serving not only to enhance the visual impact but also to illuminate the mechanics of the human body — particularly the articulation and function of bones. Ruysch thus transformed the individual figures within the dioramas into epistemic-scientific signifiers. Their primary function is to convey anatomical knowledge, enabling them to serve an instructional purpose alongside their artistic expression. The architectural foundation, composed of multiple figures, supports this didactic function, allowing it to operate on a broader scale.

Furthermore, Ruysch's fascination with botany is evident in the very conception of these dioramas, where he integrates organic and mineral elements to create a seamless visual continuity between the botanical and anatomical worlds. Natural rocks are juxtaposed with human calculi that resemble stones, while arterial trunks evoke bare branches — a parallel explicitly noted by the anatomist in his catalogs[32].

This approach aligns with a long-standing tradition of anatomical representation that situates the dissected body within a naturalistic landscape, a trope inaugurated by Andreas Vesalius in *De Humani Corporis Fabrica Libri Septem* (1543) and perpetuated throughout the eighteenth century by anatomists and the artists working alongside them. This visual model, originating in Padua — where the father of modern anatomy taught — extended across Europe, influencing anatomical illustration in France, the Netherlands, England, and Scotland[33]. Over time, this iconographic frame-

31 Frederik Ruysch: *Thesaurus Anatomicus*, Amsterdam 1709, t. 8, pp. 64 f.

32 Ruysch 1701 (see note 16), p. 4; Ruysch 1703 (see note 20), p. 9; Ruysch 1709 (see note 31), p. 64.

33 For illustrations set against naturalistic landscapes, consult the treatises of anatomists such as Charles Estienne, Pietro da Cortona, Giulio Cesare Casseri, Adriaan van den Spiegel, Govard Bidloo, and Bernhard Siegfried Albinus.

work became a signature trope in anatomical treatises, firmly establishing landscape as a widely employed representational device.

Resurrected Worlds of the Dead

In these meticulously composed artificial landscapes, the arrangement of skeletons does not merely serve a didactic purpose; it is further imbued with specific symbolic meanings. Here, fascination with the mechanics of the human body converges with a meditation on the transience of existence. Each element in the engraved diorama, beyond its simple physical presence, contributes to a coherent whole, where every detail plays a role in an implicit narrative.

Huyberts' engravings feature multiple references to *vanitas* symbols and the *memento mori* motif, themes highly valued by scholars in Leiden, where Ruysch had studied. Inspired by *vanitas* paintings, anatomists of this period incorporated objects evoking life's fleetingness into their compositions[34] — an influence readily discernible in Ruysch's work. As a result, the organic objects that are visualized in the engravings in their semiotic state oscillate between an epistemic-scientific dimension and the traditional symbolic language of art.

The skeleton positioned within the sarcophagus of the third diorama (Fig. 3) is adorned with a crown of both fresh and dried flowers, including conyza, foetidia africana, ptarmica, white, red, and yellow gnaphalium, African mesembryanthemum, erica leaves, and breynia[35] — most likely collected or cultivated by Ruysch himself. In the second diorama (Fig. 2), the skeleton on the left stands out through the feather affixed atop its skull, lending it the appearance of a Roman officer, while also drawing attention to cranial ossification[36]. Adjacent to this skeleton, a slender and elongated *vase* is erected on its own pedestal, set on the main pedestal that supports the entire arrangement. This object is, in fact, the *tunica vaginalis* of a human testicle, stretched to appear longer than in its natural state, complete with the cremaster and blood vessels[37]. The floral crown (Fig. 3), the feather, the vase (Fig. 2), together with the bird featured in the first diorama (Fig. 1), collectively emphasize the futility of the pursuit of beauty, serving as a poignant reminder of its fleeting nature.

Another striking element is the pose of the skeleton atop the rocky *mountain* in the second diorama (Fig. 2). In its right hand, it holds a femur eroded by decay, with one end resting on its right shoulder. This decomposing bone evokes not only a with-

34 Julie V. Hansen, Resurrecting Death: Anatomical Art in the Cabinet of Dr. Frederik Ruysch, in: *The Art Bulletin* 4/78 (1996), pp. 663–679, p. 668.

35 Ruysch 1709 (see note 31), pp. 64 f.

36 Luyendijk-Elshout 1970 (see note 15), p. 125.

37 Ruysch 1703 (see note 20), p. 8.

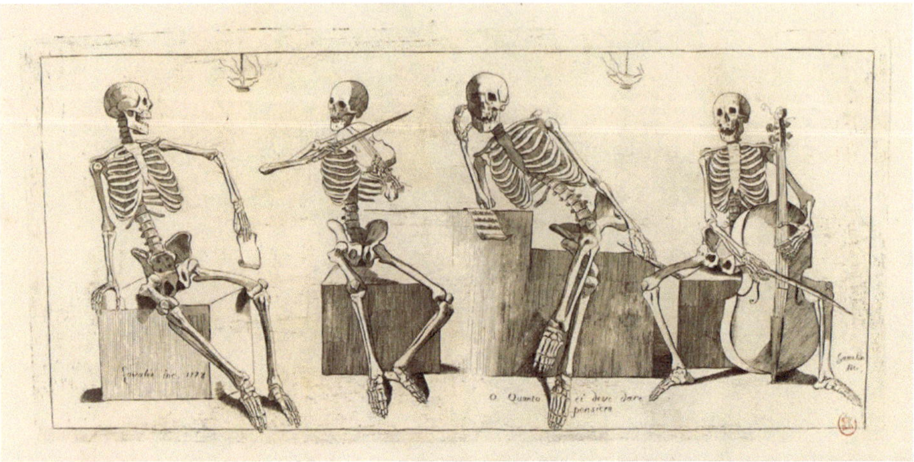

4 Etching, reproduced from Jacques Gamelin: *Nouveau Recueil d'Ostéologie et de Myologie*, Toulouse 1779

ered tree trunk but also the finitude of human existence[38]. Resting on this bone, as well as in the skeleton's left hand, is a segment of blood vessels whose structure resembles the branches of a tree, reinforcing the analogical interplay between the botanical and anatomical realms. This evocative gesture has led many scholars to interpret the skeleton as mimicking a violinist[39]. Similarly, the smallest skeleton in the same diorama raises both arms, as if pausing in its own imitation of a musician.

While the themes of *memento mori* and *vanitas* are less overt in the first diorama, in this scene, Ruysch renders the symbolic content of the objects more explicit. The anatomical elements associated with the four standing skeletons clearly resemble bowed string instruments, while their gestures mirror those of performing musicians. The reclining skeleton, by contrast, appears to be enjoying the concert, a detail liable to enhance the spectator's imaginative perception of the scene—whether within Ruysch's cabinet at the time or when viewing this engraving that depicts it.

Indeed, this diorama echoes allegories of the senses, a common theme in early modern *vanitas* imagery. The presence of the *musicians* and their instruments aligns with period iconographic conventions. This arrangement appears to have inspired Jacques Gamelin decades later, as one of his plates similarly features skeletal musicians (Fig. 4).

38 Ibid., p. 2.

39 Kenneth Fitzpatrick Russell: *British Anatomy 1525-1800*, Melbourne 1963, p. 34; Kooijmans 2011 (see note 1), p. 274; Anthony Anemone, The Monsters of Peter the Great. The Culture of the St. Petersburg Kunstkamera in the Eighteenth Century, in: *The Slavic and East European Journal* 4/44 (2000), pp. 583–602, p. 586.

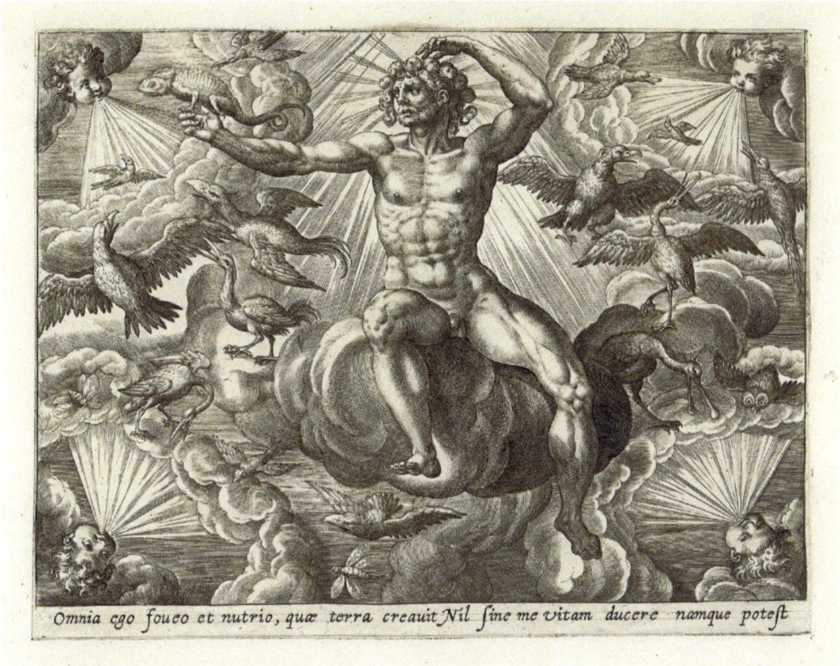

5 Adriaen Collaert, after Maerten de Vos: *Air*, 1580–1584, Engraving, 18,8 × 23,6 cm, Amsterdam, Rijksmuseum

Another element reinforcing the allegorical dimension is the mayfly, *hemerobius hoefnagelii*, an insect whose life span lasts only a single day[40]. It is held in the right hand of the skeleton standing on the pedestal in the second diorama (Fig. 2), while its left hand rests on a lumbar vertebra. The insect not only provides a sense of scale for the skeletons but also serves as a poignant metaphor for life's brevity. The presence of the mayfly and the association between blood vessels and coral may also constitute a subtle allusion to the four elements[41]. Aristotle and Pliny the Elder had already mentioned the mayfly in their writings[42], and the insect continued to intrigue naturalists throughout the sixteenth and seventeenth centuries. This Paleoptera also appears in one of the engravings from Adriaen Collaert's *Four Elements* series (Fig. 5), symbolizing air[43]. Furthermore, Ruysch's contemporary and friend Jan Swammerdam published a

40 Ruysch 1703 (see note 20), pp. 7 f.

41 Martin Kemp: *Visualizations. The Nature Book of Art and Science*, Oxford/New York 2000, p. 17.

42 Aristotle refers to the mayfly as *ephemeron*, while Pliny the Elder designates the insect as *hemerobius*.

43 Amanda K. Herrin: Pioneers of the Printed Paradise. Maarten de Vos, Jan Sadeler I and Emblematic Natural History in the Late Sixteenth Century, in: Karl Alfred Engelbert Enenkel study on the reproduction of the mayfly in 1675[44]. Given Ruysch's meticulous approach to anatomical preparations and their embellishment, it is likely that the inclusion of the insect and of the bird in the first diorama was not purely decorative but rather a carefully considered arrangement. These elements may serve to evoke the concept of air within the microcosm that Ruysch constructed in his dioramas.

Two elements highlight the fragility of human existence — a central theme in the dioramas' composition. In the first scene (Fig. 1), the skeleton on the left turns its gaze slightly to the right, gripping a billhook in its right hand[45], a symbol of Death, while its left hand is raised to chest level. Its legs bend subtly to the right, as if poised to confront an unseen adversary. Meanwhile, the metal ring affixed to the dura mater inside the coffin lid in the third scene (Fig. 3) forms a sickle[46], reinforcing its function as a funerary emblem of Death's relentless harvest. Moreover, the arterial trunks, resembling withered, leafless branches, suggest a metaphor for life itself: stripped of vitality, these skeletal limbs seem to await their inevitable demise.

This inescapability causes the skeletons' laments, expressed through the *handkerchief* they hold between their fingers. This accessory, in reality, is an extremely thin and delicate membrane adorned with thousands of arterioles, once tinted red. Though the black-and-white plate cannot fully replicate this vivid hue as faithfully as a hand-colored or color-printed engraving, it conveys the contrast between the striking red and the pallor of the skeletons and stones through subtle gradations of light and shadow, imparting both a poetic and macabre quality to the scene. In the first plate (Fig. 1), the handkerchief[47] in the left hand of the rightmost skeleton covers the lower part of its skull and ribcage. Its head inclines slightly downward, suggesting mourning, whether for its own fate or that of humanity at large[48]. Similarly, in the third plate (Fig. 3), the twin skeletons hold a membrane akin to a delicate, translucent handkerchief[49], as though weeping over the fetus interred in the coffin. Are they grieving for the infant's untimely death, their own fate, or the inescapable destiny of all humankind? Here, Ruysch demonstrates compassion for prematurely deceased fetuses[50]. Likewise, the scene of the skeletons appearing to play instruments (Fig. 2) may be interpreted as an elegy for human suffering.

and Paul J. Smith (ed.): *Zoology in Early Modern Culture. Intersections of Science, Theology, Philology, and Political and Religious Education*, Leiden/Boston 2014, pp. 329–400, p. 366 (Intersections, 32).

44 Ibid., pp. 366 f.; Eric Jorink: *Reading the Book of Nature in the Dutch Golden Age, 1575-1715*, Leiden/Boston 2010, p. 198 (Brill's Studies in Intellectual History, 191).

45 Ruysch 1701 (see note 16), p. 5.

46 Ruysch 1709 (see note 31), p. 64.

47 Ruysch 1701 (see note 16), p. 3.

48 Ibid.

49 Ruysch 1709 (see note 31), p. 65.

50 Ruysch did not conceal his feelings toward the deceased he studied or the patients he treated. See Kooijmans 2011 (see note 1), p. 272.

In the first two scenes (Figs. 1, 2), most of the skeletons bear inscriptions. However, no such text accompanies the third diorama. To facilitate comprehension and comparison, these inscriptions are listed in the table below:

Cabinet	Skeleton Position	Latin Inscription	Translation[51]
I	Bottom right	Homo natus de muliere, brevi vivens tempore, repletur multis miseriis.	Man who is born of woman, living a short time, is endowed with considerable miseries.
	Bottom left	Nec parcit imbellis juvencae poplitibus.	He does not spare the knees of the defenseless young.
	Top	Cur ea deligere velim, quae sunt in Mundo?	Why should I choose the things that are in the world?
II	Top center	Ah fata, ah aspera fata!	Ah, fate! Ah, painful fate!
	Bottom right	Prima, quae vitam dedit, hora carpsit.[52]	The first hour that gave life has taken it away.
	Bottom center	Quasi herba solstitialis paulisper fui, repente exortus sum, repente occidi.[53]	Like an herb of solstice, I existed for a short time. Suddenly I rose, suddenly I died.
	Bottom left	O, quam dura premit miseros conditio vitae![54]	Oh, how the harsh condition of life oppresses the wretches!

These inscriptions, complementing both the theatrical arrangement and the literary commentary, reinforce the symbolic significance of the *memento mori*. They echo the engraved epigraphs found on the walls of contemporary anatomical theaters—an architectural feature with which Ruysch was intimately familiar[55]. He appears to have sought to transpose this practice onto his own assemblages, transforming them into a form of animated theater.

Despite the somber tone permeating these three dioramas, a glimmer of hope remains. Certain elements, as well as the postures of the skeletons, allude to Christian iconography. In the second scene (Fig. 2), the eroded femur symbolizes the tragic fate of humanity, while the skeleton grasping it evokes the Original Sin and the Fall of Man.

51 Translation by the author.

52 This inscription is drawn from *Hercules Furens*, a tragedy by Seneca, the Roman philosopher and playwright.

53 This inscription originates from *Pseudolus* by Plautus, one of the foremost dramatists of Latin literature.

54 This Latin verse is attributed to the Roman poet Maximianus.

55 Luyendijk-Elshout 1970 (see note 15), p. 123.

In the first diorama (Fig. 1), a skeletal figure perched atop the rocky composition holds a long string of pearls in its right hand, reminiscent of a rosary. A shell, symbolizing pilgrimage, is affixed to one end of the strand. This figure appears poised for prayer, awaiting salvation. Additionally, the orientation of the skulls' eye sockets carries metaphorical weight: while the two skeletons at the base seem to cast their *gaze* downward, engrossed in earthly concerns, the one holding the *rosary* tilts its head skyward[56], suggesting an aspiration toward redemption. A similar dynamic is evident in the second diorama (Fig. 2), where the skeleton in a corresponding position adopts a comparable posture — knees slightly bent, head lifted toward the sky[57], as if engaged in contemplation or gazing heavenward. Furthermore, in the third composition (Fig. 3), the sarcophagus contains the bones of four hands, one of which grasps an arterial branch in a gesture reminiscent of saints holding prophetic texts. This subtle detail implies that even those who died prematurely might still hope for redemption.

Moreover, in each of the three dioramas, robust arterial trunks rise just behind the *mountain*. Their delicate branches unmistakably evoke botanical structures, while the trunks themselves — originally infused with a reddish substance for preservation — resemble coral[58] in both form and hue. This resemblance is particularly striking given that coral, a rare and prized material among collectors of curiosities, was long considered an entity straddling the boundaries between mineral and plant life. It was not classified within the animal kingdom until the mid-eighteenth century. Due to its chromatic palette and aquatic habitat, coral blurs the distinctions among the three realms of nature and is often associated with the elements of water, earth, and even air[59]. Difficult to harvest, it became a highly sought-after commodity, sometimes fashioned into elaborate *objets d'art* or used to embellish sabers. Furthermore, from Pliny the Elder to the early modern period, medicinal properties were attributed to coral. It was believed to be effective in treating urinary ailments, blood disorders, and afflictions of the soul, such as melancholy. Notably, Dutch portraits of children from the sixteenth and seventeenth centuries frequently depict coral accessories, not only as a talisman against malevolent influences but also as a marker of the family's social standing[60].

Thus, Ruysch elevates anatomical specimens — originally collected for scientific purposes — into a meticulously crafted artistic composition, underscoring the profound analogy between blood vessels and the plant kingdom. The bird, the pearls, the shell, and the arterial trunks serve not merely as ornamental embellishments but also

56 Ruysch 1701 (see note 16), p. 3.
57 Ruysch 1703 (see note 20), p. 2.
58 Ruysch 1709 (see note 31), p. 64.
59 Marion Endt-Jones: "Something Rich and Strange". Coral in Contemporary Art, in: Tricia Cusack (ed.): *Framing the Ocean, 1700 to the Present. Envisaging the Sea as Social Space*, London 2017 [2014], pp. 223–238, p. 223.
60 Ibid.

as symbolic meditations on earthly vanities and show Ruysch's deep fascination with *naturalia*. His scope extends beyond anatomy; he presents himself as a scholar at the intersection of multiple disciplines, including anatomy, botany, natural history, literature, art, and craftsmanship. The literary inscriptions and the expressive postures of the skeletons further reveal his didactic intentions, deeply imbued with the ethos of *memento mori*, which underpins the entire mise-en-scène of his collections.

The interplay of *musical instruments*, inscriptions, the *vase*, the insect, and the blood vessels resembling barren tree branches — a symbol of winter's desolation and of the end of the life cycle — attests not only to Ruysch's erudition across diverse fields but also to his familiarity with classical literature and his fascination with curiosities. Through this elaborate visual language, he conveys a moralizing message, inviting spectators to contemplate human mortality.

Yet, this intricate web of symbols and allegories does not detract from the primary objective of these compositions: the transmission of anatomical knowledge. Scientific accuracy is seamlessly interwoven with visual wonder. For instance, in the second diorama (Fig. 2), the smallest skeleton holds both a twig and a blade of grass, their tips pointing upward. This seemingly minor detail illustrates "the error of anatomists"[61] regarding the nature of the fetal cranial bone — a misconception Ruysch was able to correct thanks to his unique preservation techniques, which he took great pride in. Once again, he sought to distinguish himself from his contemporaries, showcasing not only the sophistication of his method but also his unparalleled craftsmanship and expertise.

Conclusion

The anatomical specimens collected by Ruysch were not only remarkable for their diversity and abundance, but also had an imaginative and aesthetic dimension, revealing naturalistic analogies while fulfilling a didactic function. These dioramas featuring fetal skeletons further established him as an artist in the service of the anatomist. He blurred the distinction between stones extracted from the human body and natural minerals, drawing striking parallels between blood vessels and leafless tree branches — from imposing trunks to delicate twigs. He paid particular attention to fields that were considered to fall outside of the realm of anatomy and medicine, such as art and aesthetics, as well as related disciplines like zoology, botany, and natural philosophy[62].

61 Ruysch 1703 (see note 20), pp. 3 f.
62 In his description of the second diorama, Ruysch equates the calculus marked with the letter E to a bezoar — a rare and highly coveted object among collectors of curiosities, including European nobility. The bezoar, much like coral, was believed to be a universal remedy, particularly effective against poisons. This comparison underscores Ruysch's intellectual openness and his willingness to explore fields beyond his primary domain of expertise, namely anatomy. See ibid., p. 4.

This openness stems not only from Ruysch's keen interest in botany — one of his earliest areas of research — but also from his ability to transcend the boundaries of anatomy and medicine, positioning himself as a truly interdisciplinary scholar. Driven by curiosity and a spirit of exploration, Ruysch followed the contemporary trend of collecting. He assembled a diverse array of rare objects that piqued his interest, primarily anatomical specimens but also various natural curiosities, which he displayed in his anatomical cabinet — a space reminiscent of a cabinet of wonders, where visitors could admire them. Like the curators of traditional curiosity cabinets, he meticulously compiled a catalog of his collection. His expertise in the field of art infused these collections with both an aesthetic and moralizing dimension.

Examining the three dioramas reproduced through engraving, it becomes evident that Ruysch employed a consistent and harmonious aesthetic in their composition. These arrangements primarily feature fetal skeletons, human calculi, and arterial vessels, arranged on wooden pedestals. The skeletons assume various poses, each accompanied by different objects associated with the symbolism of *memento mori* and *vanitas*, alongside inscriptions that emphasize both the epistemic and symbolic dimensions of the compositions. This amplifies their emotional resonance and evocative power. In this regard, Ruysch functions as an alchemist of mortality. Multiple layers of meaning emerge through this theatricalized representation: beyond its didactic function of transmitting anatomical knowledge, it embodies the *vanitas* — not only the fleetingness of beauty, the inevitability of death, and humanity's tragic fate, but also the hope of salvation, the quest for redemption, and the promise of resurrection. This progression from materiality to symbolism underscores the intellectual and artistic depth of the engraved dioramas.

Despite the skeletal nature of his subjects, Ruysch's compositions evoke little terror or horror; instead, they are imbued with a sense of refinement and grace[63]. This intentional polysemy is a distinctive feature shared by several other anatomists and artists of the period. It is in particular present in the engravings of Gerard de Lairesse, executed for the anatomist Govard Bidloo, as well as in the anatomical plates of Jacques Gamelin. Moreover, Ruysch did not seek to undercut the potential repulsion elicited by the macabre and funerary aspects of skeletons; on the contrary, he skillfully intertwined horror with an unusual beauty, thus stimulating the curiosity and imagination of his viewers.

63 Luyendijk-Elshout 1970 (see note 15), p. 123.

Gilles Monney

Vom Hintergrund zur Hauptfigur

Die Herausbildung des Gletschers als Bildsubjekt im 18. Jahrhundert

Abstract: This article investigates the transformation of glaciers — specifically the Lower Grindelwald Glacier — from passive background elements to active pictorial subjects in 18th-century Alpine imagery. Through detailed analyzes of artworks and scientific discourse, it will be shown how glaciers became symbolic, aesthetic, and intellectual focal points in the evolving visual and cultural representation of the Alps. The narrative begins with early depictions like Joseph Plepp's 1642 etching, where the glacier is present but a passive pictorial object. Over time, however, artists such as Felix Meyer, Johann Rudolf Huber, and Caspar Wolf progressively positioned the glacier as the central figure in the image. Meyer's pioneering oil painting notably captures the glacier as a monumental, architectural form, surrounded by figures who observe, sketch, or meditate upon it — blurring the boundaries between scientific documentation, aesthetic contemplation, and personal experience. A pivotal moment comes up with Huber's 1736 portrait of Albrecht von Haller, where the poet-scientist is depicted writing, with the Grindelwald Glacier behind him. This setting isn't merely topographic — it encodes a moral and national symbolism. In *Die Alpen* (1732), von Haller contrasts the purity and virtue of mountain dwellers with the decadence of urban life, portraying the Alps as a moral landscape. Later engravings reused this imagery to reinforce the association between glacial landscapes and Swiss identity, scientific inquiry, and Enlightenment ideals. This article concludes by contrasting this historical framing — where glaciers were dynamic, awe-inspiring agents of natural transformation — with today's discourse, which often portrays them as passive victims of climate change. It is argued for reactivating the notion of glaciers as forces with agency, capable of reshaping both landscapes and cultural imaginaries — an approach that might also enrich contemporary environmental thought.

Eine menschliche Figur in der Landschaft – das ist alles andere als überraschend. Seit den Anfängen der Landschaftsmalerei haben Künstler*innen Figuren in ihre Bilder integriert, sei es in säkularen, mythologischen oder religiösen Szenen. Abgesehen von wenigen Ausnahmen – etwa den Aquarellen Dürers, die als private Studien nicht für eine breitere Öffentlichkeit bestimmt waren – gibt es lange Zeit kaum Landschaftsdarstellungen ohne menschliche Figuren. Dies gilt ebenso für Werke mit alpinen Szenen: Von Beginn an ist die menschliche Präsenz integraler Bestandteil dieser Bildwelt. Dieser Artikel befasst sich mit alpinen Darstellungen, in denen sowohl menschliche Figuren als auch Gletscher eine zentrale Rolle spielen, und geht der Frage nach, welche Beziehungen zwischen beiden geknüpft werden. Unser Fokus liegt auf dem 18. Jahrhundert – nicht, weil die Alpen in dieser Zeit „entdeckt" wurden, wie es noch immer oft behauptet wird[1], sondern, weil Künstler*innen damals begannen, Gletscher verstärkt ins Bild zu setzen, auch wenn es frühere Ausnahmen gibt. Anhand ausgewählter Beispiele, insbesondere mit Blick auf Albrecht von Haller, soll gezeigt werden, wie der Gletscher sich vom bloßen Hintergrundmotiv zu einem eigenständigen Bildgegenstand entwickelt. Dabei zeigt sich, dass Gletscher schon früh eine idealisierte Vorstellung der Alpen verdichten und prägen.

Als markantes und einzigartiges geologisches Phänomen des Hochgebirges zieht der Gletscher seit jeher die Aufmerksamkeit von Künstlern, Literaten und Wissenschaftlern auf sich. Besonders der Untere Grindelwaldgletscher nimmt in diesem Zusammenhang eine herausragende Stellung ein. Grindelwald liegt unweit von Bern, das im 17. Jahrhundert ein bedeutendes kulturelles Zentrum war, und der Gletscher reichte damals bis auf den Talgrund hinab. Dadurch war er besonders leicht zugänglich. Es ist daher kaum verwunderlich, dass der Untere Grindelwaldgletscher zu den ersten Gletschern zählt, die naturgetreu dargestellt wurden, dank einer Illustration von Joseph Plepp (1595–1642), die 1642 in Matthäus Merians *Topographia Helvetiae, Rhaetiae et Valesiae* erschien[2] (Abb. 1). Der Blickwinkel ist bewusst weit gewählt, sodass der Gletscher in seine natürliche Umgebung eingebettet scheint – mit Bergen, Wäldern sowie Gebäuden und Figuren, die die menschliche Präsenz verdeutlichen. Im Vordergrund links sind mehrere Personen dargestellt: ein Reiter, vermutlich ein Reisender, sowie zwei Wanderer, von denen einer seinem Begleiter die Landschaft zeigt. Ähnliche Szenen mit Reitern und bewundernden Figuren finden sich auf mehreren Tafeln der *Topographia*, die auch als eine Art Reiseführer konzipiert ist. In dieser Darstellung aber gilt das ungeteilte Interesse zweier Figuren eindeutig dem Gletscher – und mehr noch seiner Aktivität. Dies wird durch die Legende der Gravur unterstrichen, die das Vorrücken des Eises und dessen Auswirkungen auf die Umgebung

1 Der Mythos der Entdeckung der Alpen im 18. Jahrhundert hält sich hartnäckig, trotz zahlreicher Publikationen, die das Gegenteil belegen. Die Leser*innen können sich insbesondere auf die Veröffentlichungen der folgenden Forscher*innen beziehen: William M. Barton, Jon Mathieu, Thomas Maissen, Claude Reichler, Aurélie Luther, Martin Korenjak, Étienne Bourdon oder auch Paul P. Bernard. Siehe auch Jon Mathieu: Alpenwahrnehmung. Probleme der historischen Periodisierung, in: Jon Mathieu u. Simona Boscani Leoni (Hrsg.): *Die Alpen! Zur europäischen Wahrnehmungsgeschichte seit der Renaissance / Les Alpes! Pour une Histoire de la Perception Européenne depuis la Renaissance*, Bern 2005, S. 53–72 (Studies on Alpine History, 2).

2 Claude Reichler: *Les Alpes et leurs Imagiers. Voyage et Histoire du Regards*, Lausanne 2013, S. 30 (Collection „Le savoir suisse", 95).

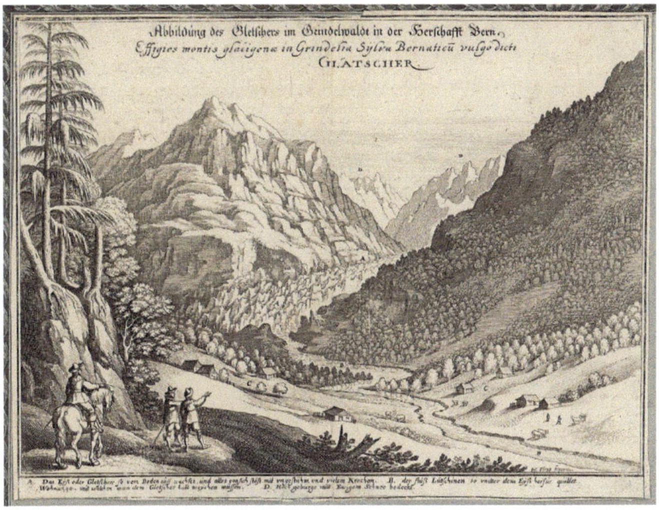

1 Joseph Plepp: *Abbildung des Gletschers im Grindelwaldt in der Herschafft Bern*, 1642, Radierung, 19,2 × 26,5 cm (Bild), Zentralbibliothek Zürich

beschreibt: „Das Eÿß oder Gletscher so vom Boden auff wachset und alles von sich stöst mit ungestühm und vielem Krachen.“ Die Figuren in der Darstellung lenken die Aufmerksamkeit der Rezipient*innen damit nicht nur auf den Gletscher als Naturerscheinung, sondern vor allem auf die Verwüstungen, die sein Vorstoß mit sich bringt. Auch greift Merian dieses Thema im Begleittext auf und schildert eindrücklich den Verlust von Feldern, die Zerstörung einer der Heiligen Pétronilla geweihten Kapelle sowie die Notwendigkeit, Bauernhäuser und Hütten zu versetzen. Umso bemerkenswerter ist es, dass der Gletscher in der Komposition nicht noch dominanter ins Bild gesetzt wurde. Auffällig ist zudem, dass die Darstellung keine direkten Hinweise auf die Zerstörungen durch das Eis enthält. Die einzige Anspielung auf diese Naturgewalt sind die im Vordergrund gefällten Bäume.

Diese Gravur erfreute sich einer gewissen Popularität und wurde in mehreren Werken der Zeit reproduziert, zuletzt 1730 in *L'État et les Délices de la Suisse* von Abraham Ruchat. Besonders interessant ist jedoch ihre Verwendung durch Johann Jakob Scheuchzer (1672–1733), ein Schweizer Arzt und Naturforscher, der sie in seinem *Itinera Alpina* einsetzte, um seine Ausführungen über die Bewegung der Gletscher zu veranschaulichen. Scheuchzer greift den verbreiteten Volksglauben auf, dass ein Gletscher über einen Zeitraum von sieben Jahren vorrücke, bevor er sich in derselben Zeitspanne wieder zurückziehe. Diese Vorstellung widerlegt er, indem er erklärt, dass die Vorwärtsbewegung des Gletschers durch das Gewicht des oberhalb liegenden Eises verursacht wird. Zudem weist er darauf hin, dass das Eis während seines Fortschreitens zunehmend gereinigt wird. Zur Untermauerung seiner Argumentation beruft sich Scheuchzer auf die Beobachtungen des Malers Felix Meyer – auf den wir noch zurück-kommen werden. Er berichtet, dass Meyer wiederholt ins Hochgebirge reiste, um Gletscher direkt vor Ort nach der Natur zu malen.[3]

Einige Jahre später, im Jahr 1669, erscheinen die beiden Grindelwaldgletscher in einem Aquarell von Albrecht Kauw (1616–1681).[4] Die Komposition rückt das Dorf Grindelwald ins Zentrum, doch ebenso – und vor allem – die imposante Berglandschaft mit Wetterhorn, Mettenberg und Eiger von links nach rechts sowie die beiden Gletscher.

Besonders bemerkenswert ist die Selbstinszenierung des Künstlers: Er stellt sich mit dem Rücken zum Betrachter dar, während er die Landschaft zeichnet – ein bewusstes Mittel, um die Authentizität der Darstellung zu unterstreichen. Diese Idee wird durch die Anwesenheit einer Bäuerin an seiner Seite verstärkt, die als Zeugin des künstlerischen Schaffensprozesses fungiert.[5] Ihre Kleidung lässt erkennen, dass sie wohl eine einheimische Bäuerin ist. Doch mehr als eine individuelle Figur verkörpert sie einen archetypischen Landarbeitertypus, was insbesondere durch den Rechen in ihrer rechten Hand unterstrichen wird.

Allerdings bleibt den Gletschern in diesem weitwinkligen Panorama nur wenig Raum. Hinzu kommt, dass das Aquarell im Auftrag der Familie von Erlach entstand, die Ansichten ihrer Ländereien anfertigen ließ. Ebenso wie die etwa achtzig Ansichten, die im Rahmen dieses Auftrags erstellt wurden, hauptsächlich aus dem Kanton Bern, verfolgt es daher in erster Linie eine topographische Dokumentationsabsicht und weniger eine phänomenologische oder ästhetische Annäherung an die Landschaft.[6] Dass das Aquarell als Vorlage für ein repräsentatives Gemälde gedacht war, belegt ein zeitgenössisches Dokument:

> Im Sommer dieses Jahrs [1668] befand sich im Pfundhaus ein fremder Herr, der malte mit Wasserfarben die Berge Eiger, Mettenberg und Wetterhorn und auch Bilder von

3 Johann Jakob Scheuchzer: *Ouresiphoitès Helveticus, sive Itinera per Helvetiae Alpinas Regiones facta Annis MDCCII. MDCCIII. MDCCIV. MDCCV. MDCCVI, MDCCVII, MDCCIX, MDCCX, MDCCXI,* Lugduni Batavorum, Typis ac Sumptibus Petri vander Aa, S. 288. *Confirmant hanc meam opinionem observationes factae a Domino Meyero Vitodurano, Pictore Topiario (Landschafften Mahler communiter hoc Pictorum Genus ad aliorum differentiam vocamus) praecellenti, qui plus semel curiositatis gratia Montes Glaciales adivit, ut ad vivum eos delinearet.* (Ebd., S. 288).

4 Albrecht Kauw: *Panorama von Grindelwald,* 1669, Aquarell, 27,5 × 79,8 cm, Bern, Bernisches Historisches Museum.

5 Georges Herzog: *Albrecht Kauw (1616-1681). Der Berner Maler aus Straßburg,* Bern 1999, S. 170 (Schriften der Berner Burgerbibliothek).

6 Matthias Oberli: Von „Wunder-Bergen“ und „Colossalischen Schreckensäulen“. Die Entdeckung der Gletscher in der Schweizer Kunst des 17. und 18. Jahrhunderts, in: Roger Fayet, Regula Krähenbühl u. Bernhard von Waldkirch (Hrsg.): *Wissenschaft, Sentiment und Geschäftssinn. Landschaft um 1800,* Zurich 2017, S. 32–55, S. 36 (Outlines. Schweizerisches Institut für Kunstwissenschaft, 10).

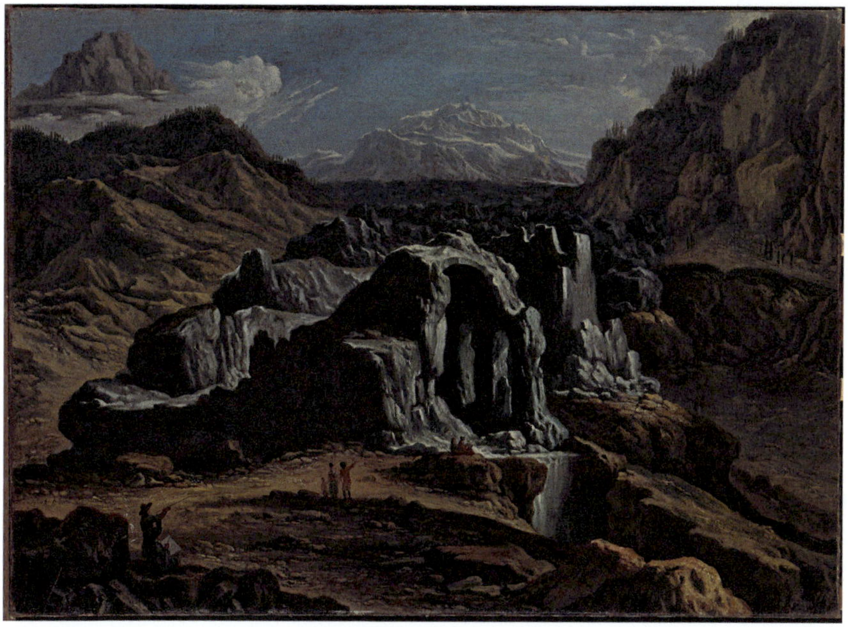

2 Felix Meyer: *Der untere Grindelwaldgletscher und der Mettenberg*, um 1699–1703, Öl auf Leinwand, 56 × 76 cm, Winterthur, Kunst Museum, Dauerleihgabe der Kunstsammlung der Stadt Winterthur, 2017

der Kirche mit den dabeistehenden Häusern. Predikant Erb sagte, er werde dann im Auftrag des Herrn von Erlach auf Schloss Spiez eine grosse Abbildung des Tals Grindelwald anfertigen, er sei ein Maler und heisse Albrecht Kauw.[7]

Erst an der Wende zum 18. Jahrhundert erhält der Grindelwaldgletscher durch Felix Meyer (1653–1713) eine bedeutendere Stellung in der künstlerischen Darstellung. Sein Gemälde gilt als das erste bekannte Ölgemälde eines Gletschers[8] (Abb. 2). Meyer malte es zwischen 1699 und 1703 während seines Aufenthalts in Bern. Es gehört zu einer Serie von zweiunddreißig Ansichten natürlicher Phänomene in der Schweiz, darunter der Rheinfall, verschiedene Wasserfälle, Gletscher und Gebirgsmassive.[9] Eine dieser

7 Herzog 1999 (wie Anm. 5), Dokument 18, S. 362.

8 Peter Wegmann u. Felix Meyer, Caspar Wolf. Anfänge der malerischen Entdeckung der Alpen, in: *Gesnerus. Swiss Journal of the History of Medicine and Sciences* 49 (1992), S. 323–340, S. 324.

9 Adolf Reinle u. Luigi Ferdinando Marsigli, Nachtrag zu „Ein Fund barocker Kirchen- und Klosterpläne", in: *Zeitschrift für Schweizerische Archäologie und Kunstgeschichte* 13 (1952), S. 170–181, S. 174. Die Mehrheit dieser zweiunddreißig Ansichten ist heute verschollen, doch mehrere sind durch Kupferstiche bekannt, die die *Itinera* von Scheuchzer illustrieren, ein Werk, das 1723 erschien. Einige dieser Ansichten wurden von Adrian Zingg übernommen und finden sich in den *Eisgebirgen des Schweizerlandes* von Gruner, das 1760 veröffentlicht wurde.

Darstellungen zeigt Grindelwald und die umliegenden Berge, wobei die Komposition jener von Kauw, die wir zuvor besprochen haben, ähnelt. Der Auftraggeber war Luigi Ferdinando Marsigli (1658–1730), ein italienischer Offizier und Naturforscher, der in engem Kontakt mit Scheuchzer stand.[10]

Das Gemälde bietet eine frontale Ansicht der Gletschermasse, die das Zentrum der Komposition einnimmt – wesentlich näher an der Zunge des Gletschers als in Plepps Darstellung. Das „V", das von den Hängen des Mettenbergs und des Eigers links bzw. rechts in der Komposition gebildet wird, hebt die Gletschermasse im Mittelgrund eindrucksvoll hervor. Durch die graue Farbgebung erhält der Gletscher fast eine steinerne Anmutung, wobei das Ende der Gletscherzunge an eine durchbrochene Galerie erinnert. Der hintere Teil des Gletschers wiederum ähnelt einer verfallenen Mauer, worauf sich die architektonische Metaphorik gründet, die bei der Beschreibung solcher außergewöhnlichen Naturphänomene häufig verwendet wird – wie Alain Guyot gezeigt hat.[11] Diese Elemente tauchen einige Jahre später auch in einer Radierung von Johann Ludwig Aberli auf, wobei Aberli einen anderen Blickwinkel wählt: Er positioniert sich tiefer und seitlicher im Vergleich zu Meyer.[12] Ein weiteres markantes Merkmal von Meyers Werk ist die karge, fast lebensfeindliche Atmosphäre. Abgesehen von etwas Gras und wenigen verstreuten Bäumen scheint die Landschaft nahezu ausschließlich aus mineralischen Elementen zu bestehen. Dies wird durch das Licht, das von rechts in die Szene fällt und auf den späten Tag hindeutet, weiter verstärkt. Meyer hebt damit die wilde, ungezähmte Natur des Gletschers und seiner Umgebung hervor. Der Kontrast zu Plepps Darstellung ist dabei besonders auffällig.

Vier verschiedene Gruppen von Figuren nehmen in der Komposition Platz und spiegeln unterschiedliche Haltungen gegenüber diesem Naturschauspiel wider. Wie angedeutet stellt sich Meyer vermutlich im Vordergrund links dar, während er das Gemälde malt, das wir hier betrachten. Der Mann, der sich links von ihm befindet, weist mit einem Stock auf den Gletscher, den er in der rechten Hand hält, und gibt Meyer wahrscheinlich Hinweise. Diese Szene findet ihre Entsprechung in einer weiteren Gruppe von zwei sitzenden Figuren nahe dem Gletscher: Der eine zeichnet oder schreibt, während der andere entweder in die Ferne blickt oder beobachtet, was sein Begleiter tut. Beide Gruppen haben also eine aktive Beziehung zur Landschaft: Sie wird nicht nur wahrgenommen, sondern auch künstlerisch oder literarisch bearbeitet und dokumentiert. Die beiden anderen Gruppen, ein Paar mit einem Kind und zwei Männer

Marie Kraitrová stellt die Liste der Gemälde in ihrer Doktorarbeit zusammen: Marie Kraitrová: *Felix Meyer (1653-1713). Zur Interpretation seiner Rolle als „Haupt und Stammvater aller schweizerischen Landschaftsmaler"*, S. 128 f. (Diss. Universität Bern 1987).

10 Wegmann 1992 (wie Anm. 8), S. 324.

11 Alain Guyot, La Ville dans la Montagne, la Montagne comme une Ville. Analogies Architecturales et Urbaines dans la Représentation des Alpes chez les Écrivains Voyageurs aux XVIIIe et XIXe Siècles, in: *Revue de Géographie Alpine* 1/87 (1999), S. 51–60, S. 57.

12 Johann Ludwig Aberli: *Unterer Grindelwaldgletscher*, ca. 1766, Feder und Aquarell, 40,8 × 27,6 cm, Bern, Schweizerische Nationalbibliothek.

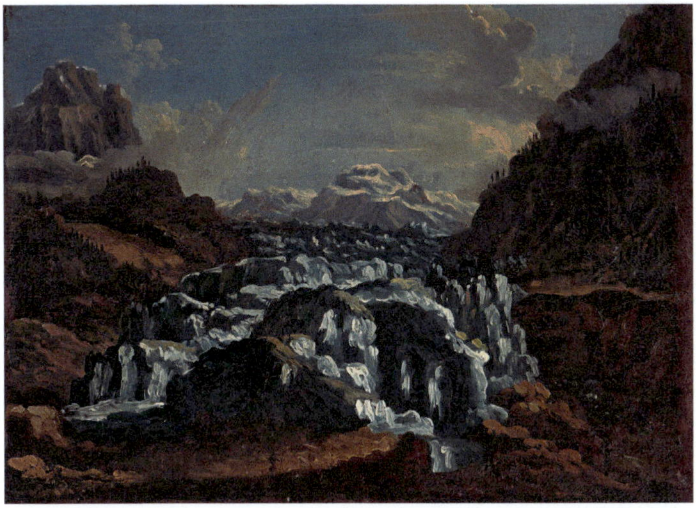

3 Johann Rudolf Huber: *Der untere Grindelwaldgletscher*, um 1700, Öl auf Leinwand, 18,4 × 24,4 cm, Basel, Kunstmuseum

weiter entfernt im Schatten, begnügen sich damit, den Gletscher zu bewundern. Abgesehen von den unterschiedlichen Haltungen gegenüber der Landschaft lässt sich, unserer Ansicht nach, noch eine weitere Differenz feststellen. Die Gruppe, bestehend aus dem Mann, der Frau und dem Kind, stellt, im Gegensatz zu den anderen Figuren, wahrscheinlich Einheimische dar, wie die Kleidung belegt. Das Bild spiegelt somit das zeitgenössische Interesse an der hohen Bergwelt und insbesondere an den Gletschern wider.

Indem sich Meyer auf dem Motiv darstellt, während er das Gemälde malt und damit das Werk schafft, das wir vor uns sehen, greift er auf eine bereits etablierte Ikonographie zurück. Indem er zeigt, dass er tatsächlich vor Ort war, um die Landschaft direkt zu malen – wie auch Scheuchzer bestätigt –, stellt der Maler die Authentizität der Darstellung sicher. Dieses Bedürfnis war besonders bedeutend zu einer Zeit, in der die Gletscher, wie wir gesehen haben, noch nicht als gut erschlossene geologische Phänomene galten. Scheuchzer erwähnt ausdrücklich, dass Meyer mehrfach vor Ort war, um die Gletscher nach der Natur darzustellen. Auch wenn es nicht ausdrücklich gesagt wird, kann dies als ein Beleg für die Wahrhaftigkeit von Meyers Darstellungen gelten.

Der deutsche Maler Johann Rudolf Huber (1668–1748) hat ebenfalls den Gletscher von Grindelwald dargestellt (Abb. 3). Der Bildausschnitt ist derselbe – der Mettenberg links und die Hänge des Eigers rechts rahmen den Gletscher ein –, und nur wenige Details im Landschaftsbild unterscheiden sich. Auch Huber zeigt die Gletscherzunge frontal, mit dem Schmelzwasser, das nach rechts abfließt. Die schnellen Pinselstriche deuten darauf hin, dass es sich allerdings um eine Studie handelt, die möglicherweise direkt vor Ort entstanden ist. Auffällig ist, wie die Weißtöne dem Gletscher Tiefe und eine fast plastische Präsenz verleihen. Diese kompositorischen Ähnlichkeiten

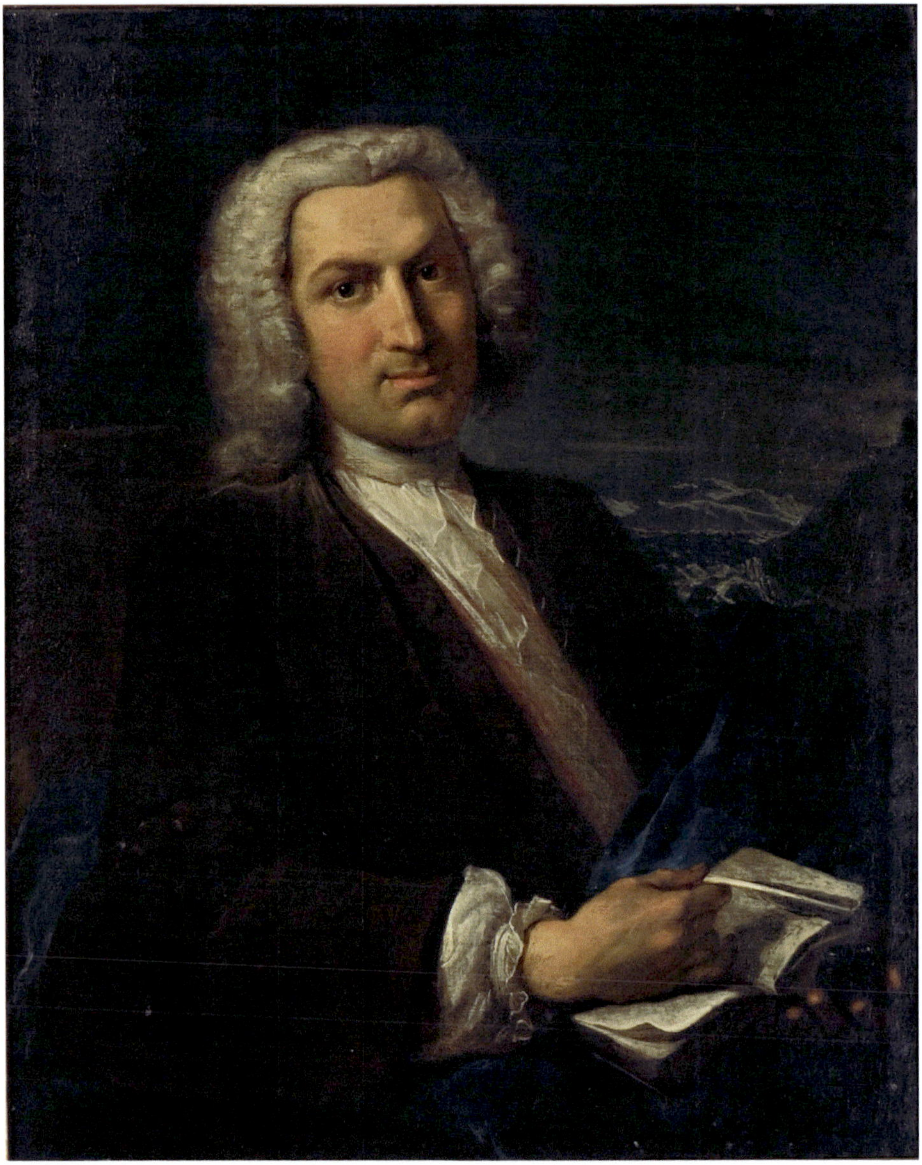

4 Johann Rudolf Huber: *Albrecht von Haller*, 1736, Öl auf Leinwand, 70 × 60 cm, Privatbesitz, Foto: Burgerbibliothek Bern, Porträtdok. 2762, Foto: Jürg Bernhardt [https://ark.burgerbib.ch/ark:36599/q8p7bx6b62d]

legen nahe, dass Meyer und Huber, die sich kannten, den Gletscher gemeinsam besucht haben, wie Yvonne Boerlin-Brodbeck vermutet.[13] Der wesentliche Unterschied, der hier von Interesse ist, liegt in den abgebildeten Figuren. Während Meyer mehrere Personen in seinem Gemälde platziert, hat Huber nur eine einzige Figur in seine Studie eingefügt. Es handelt sich um einen Wanderer, der mit einem Stock ausgestattet im Vordergrund steht. Obwohl er sich durch seine Platzierung in einem Lichtbereich vom Hintergrund abhebt, bleibt er dennoch relativ unauffällig und fügt sich fast unmerklich in die Szenerie ein.

Obwohl es sich nur um eine Studie handelt, führte Hubers Gemälde zu Druckgraphiken, die wir ebenfalls untersuchen werden. Doch bevor wir uns diesen zuwenden, wollen wir uns einem Porträt widmen – und zwar einem ganz besonderen, da die dargestellte Person niemand anderes als Albrecht von Haller (1708–1777) ist, Arzt, Wissenschaftler, Naturforscher und Literat aus der Schweiz (Abb. 4). Von Haller wird sitzend, im Dreiviertelprofil und mit dem Blick zum Betrachter gezeigt, während er in ein Buch schreibt: In der linken Hand hält er ein Tintenfass, mit der rechten Hand eine Feder. Das Porträt wurde 1736 von Johann Rudolf Huber angefertigt, im Jahr, als von Haller eine Professur an der Universität Göttingen annahm. Mit seinem Gedicht *Die Alpen*, das 1732 veröffentlicht wurde, zählt er zu den einflussreichsten Figuren des „Berggeschmacks" im 18. Jahrhundert. Dieses Gedicht entstand im Zuge einer Reise durch die Schweiz, die von Haller im August und September 1728 gemeinsam mit Johannes Gessner (1709–1790), einem Verwandten des berühmten Conrad und Schüler von Scheuchzer, unternahm. Gessner, der zu dieser Zeit ein Herbarium mit fast dreitausend Pflanzen besaß[14], begleitete ihn auf der Reise, die von Basel über Bienne, Neuenburg, Yverdon, Lausanne und Genf bis zum Salève führte, einem kleinen Berg von 1375 Metern, der über die Stadt hinausragt. Von dort aus gingen die beiden weiter nach Vevey, Sion, Leukerbad, Kandersteg, über die Gemmi, Spiez und Meiringen, bis sie schließlich nach Luzern und Zürich gelangten.

Die Alpen erlebte sofort einen überwältigenden Erfolg und wurde immer wieder neu aufgelegt. Von Haller selbst berichtete, dass sein Gedicht bereits vor der Veröffentlichung große Beachtung fand. Obwohl er es im Herbst 1728, kurz nach seiner Rückkehr, begann, angeregt durch die Eindrücke seiner Reise, und es im März 1729 vollendete, erschien das Gedicht erst 1732. Während dieser drei Jahre nahm er viele

13 Yvonne Boerlin-Brodbeck: Die „Entdeckung" der Alpen in der Landschaftsmalerei des 18. Jahrhunderts, in: Heinke Wunderlich (Hrsg.): *„Landschaft" und Landschaften im achtzehnten Jahrhundert*, Heidelberg 1995, S. 253–270, S. 259 (Beiträge zur Geschichte der Literatur und Kunst des 18. Jahrhunderts, 13). Es lässt sich vermuten, dass die beiden Künstler in Meyers Gemälde niemand anderes als Meyer selbst und Huber sind.

14 Es ist bemerkenswert, dass die ersten Erkundungen der Alpen seit dem 16. Jahrhundert eng mit botanischen Forschungen verbunden sind. Siehe z. B.: Martin Korenjak, Das Wasserschloss Europas. Glarean über die Schweizer Alpen, in: *Schweizerische Zeitschrift für Geschichte* 3/62 (2012), S. 390–404.

Änderungen vor, doch bereits 1730 kursierten Auszüge, wie er in einem Brief an Johannes Gessner im Frühjahr 1730 schrieb.[15]

Als Huber 1736 das Porträt von Hallers malte, hatte dieser bereits durch *Die Alpen* große Bekanntheit erlangt. Was jedoch sofort ins Auge fällt, sind das Gebirgspanorama und der Gletscher im Hintergrund – und die Tatsache, dass die Landschaft unvollständig dargestellt ist. Der Raum wird nicht klar definiert, und der Gletscher sowie das Gebirge scheinen in der Komposition zu schweben. Der Betrachter erkennt den Gletscher von Grindelwald und die Fiescherhörner, deren imposante vertikale Wand den Gletscher überragt. Huber zitiert hier also sein zuvor besprochenes Ölbild. Es ist jedoch auffällig, dass Huber nur den Gletscher und die Fiescherhörner darstellt und, abgesehen von den Hängen des Eigers, den Rest der Landschaft überhaupt nicht berücksichtigt. Für uns bedeutet dies, dass es sich bei der Darstellung weniger um die reale Landschaft oder die Ölstudie handelt, die hinter von Haller hängen würde, sondern vielmehr um symbolische Darstellungen der hohen Berge, die von Haller als Persönlichkeit charakterisieren sollen – eine Praxis, die zu dieser Zeit weit verbreitet war. Es war nicht das erste Mal, dass Huber eine Person in eine bekannte und identifizierbare Landschaft setzte. So fügte er z. B. 1705 Susanna Margaretha Frisching-Stürler in eine Landschaft des Thunersees ein, mit Blick auf die Blümlisalp und den Niesen, wie sie von Rümligen aus zu sehen sind, dem Heimatort von Frisching-Stürler.[16]

Das Porträt zeigt jedoch nicht nur einen Schriftsteller, der durch ein Gedicht über die Alpen Bekanntheit erlangt hat. In *Die Alpen* stellt von Haller die alpenländischen Bevölkerungen als tugendhaft dar, im Gegensatz zu den korrupten und dekadenten Gesellschaften der Talregionen gewissermaßen.[17] In dieser Hinsicht reiht er sich in eine lange Tradition ein, die u. a. auf den Humanisten und Universalgelehrten Heinrich Loris (1488–1563), besser bekannt unter dem Namen Glarean, zurückführt. Dieser stellte die Alpen als das zentrale Element der Schweizer Landschaft dar, betrachtete sie aber auch vor allem als ein irdisches Paradies, ähnlich dem biblischen Eden, aus dem vier der mächtigsten Flüsse der Erde entspringen.[18] Daraus folgerte er, dass die Schweizer ein besonders tugendhaftes Volk sein müssten. Die Vorstellung, dass die Berge

15 Albrecht von Haller: *Albrecht von Hallers Briefe an Johannes Gessner (1728-1777)*, Henry E. Sigerist (Hrsg.), Berlin 1923, S. 22 f. (Abhandlungen der Gesellschaft der Wissenschaften zu Göttingen. Mathematisch-Physikalische Klasse Neue Folge, 11/2). *Poema de Alpibus et alia ita discurrunt ut idem fere sit futurum si publica reddiderint. Uregent bibliopola, sed strenuse renitor. Multa in dies tollo, corrigo, addo nihil, de more.* (Ebd., S. 22 f.).

16 Manuel Kehrli: *„Sein Geist ist zu allem fähig". Der Maler, Sammler und Kunstkenner Johann Rudolf Huber 1668-1748*, Basel 2010, S. 126 f. (zugl. Diss. Universität Bern 2010). Johann Rudolf Huber: *Susanna Margaretha Frisching-Stürler*, 1705, Öl auf Leinwand, 145,5 × 189,5 cm, Privatbesitz.

17 Bertrand Lévy, Des Humanistes Européens au Cœur de la Montagne. Perception et Représentation Précoces de la Montagne de Conrad Gesner (1516–1565) à Rousseau, in: *Le Globe* 141 (2001), S. 89–100, S. 99.

18 Korenjak 2012 (wie Anm. 14), insbesondere S. 396.

einen positiven Einfluss auf den Charakter und die Moral der Menschen haben, und, dass die Bewohner der Schweiz in gewisser Weise vor den Verderbtheiten der Gesellschaft geschützt sind, findet sich bereits in einem früheren Reisebericht von von Haller, in dem er schreibt: „Les montagnes qui séparent ce peuple du reste des hommes semblent avoir distingué jusqu'à leurs caractères et leur manière de penser et d'agir".[19]

Es erfolgte jedoch erst im Laufe der späteren Ausgaben, dass von Haller versuchte zu belegen, dass die in *Die Alpen* dargestellte Opposition zwischen einem unverdorbenen Schweizer Volk und den anderen Nationen nicht nur ein literarisches Konstrukt war, sondern eine wirkliche Realität. Besonders ab der vierten Ausgabe von 1748 setzte er diesen Gedanken konsequent um.[20] In diesem Kontext steht das von Huber gemalte Porträt von Hallers an einem Wendepunkt, wie uns der Gletscher von Grindelwald verdeutlicht. Es erscheint zunächst überraschend, dass von Haller vor diesem Gletscher dargestellt wird. Dies lässt sich jedoch nicht einfach damit erklären, dass Huber denselben Gletscher einige Jahre zuvor gemalt hatte und er ihm somit ein naheliegendes Motiv bot. Vielmehr war dies wohl ein Wunsch von Hallers, für den Grindelwald eine besondere Bedeutung hatte. So stellte er bereits bei seiner dritten Alpenreise 1732 fest, als er Grindelwald besuchte, dass die Luft in der Umgebung der Gletscher immer kalt sei und dass die Menschen dieser Region eine außergewöhnliche Gesundheit sowie eine überlegene Kraft und Vitalität besäßen, die sie von anderen Nationen abhob.[21] Von Haller schrieb sogar, dass die Region Grindelwald möglicherweise einzigartig auf der Welt sei.

Es ist daher nicht verwunderlich, dass die Verbindung zwischen von Haller und dem Gletscher von Grindelwald noch weitere Jahre nach dem Porträt von Huber fortbesteht. So veröffentlichte von Haller 1742 sein botanisches Werk *Enumeratio Methodica Stirpium Helvetiae Indigenarum*, dem er einen Kupferstich voranstellte, der die Komposition von Hubers Gletscherbild aufgriff (Abb. 5). Dieser Kupferstich stammt vom deutschen Maler und Kupferstecher Georg Daniel Heumann (1691–1759). Einige Jahre später, 1768, diente derselbe Kupferstich auch als Frontispiz für von Hallers weiteres botanisches Werk *Historia Stirpium Indigenarum Helvetiae*. Unter dem Kupferstich befinden sich drei lateinische Verse, die die Faszination von Hallers für den Glet-

19 Albrecht von Haller: *Premier Voyage dans les Alpes et autres Textes, 1728-1732*, Aurélie Luther u. Claire Jaquier (Hrsg.), Genf/Paris 2008, S. 55 (Travaux sur la Suisse des Lumières, 2).
20 Ute Heidmann Vischer, Idéal, Image Mythifiée et Tableau „peint d'après la vie". Muralt, Virgile, Scheuchzer et les trois Temps de la Représentation dans *Les Alpes* d'Albert Haller, in: *Colloquium Helveticum* 14 (1991), S. 5–28, S. 43 f. Urs Boschung: Haller Botaniste et Poète – À la Découverte des Alpes, in: Jean-Claude Pont u. Jan Lacki (Hrsg.): *Une Cordée Originale. Histoire des Relations entre Science et Montagne*, Chêne-Bourg 2000, S. 96–119, S. 104 ff.
21 „Mais dès que le soleil est couché, et le matin avant qu'il soit levé, on sent un air très froid vif et comme glacé, qui ne laisse pas que d'être fort sain à cause de sa grande légèreté et pureté. Ce que l'on voit évidemment aux habitants du pays qui jouissent tous d'une santé très stable, et d'une force et vigueur qui surpassent celle de toute autre nation." (Haller 2008 (wie Anm. 19), Troisième Relation d'un Voyage Fait sur les Alpes, S. 141).

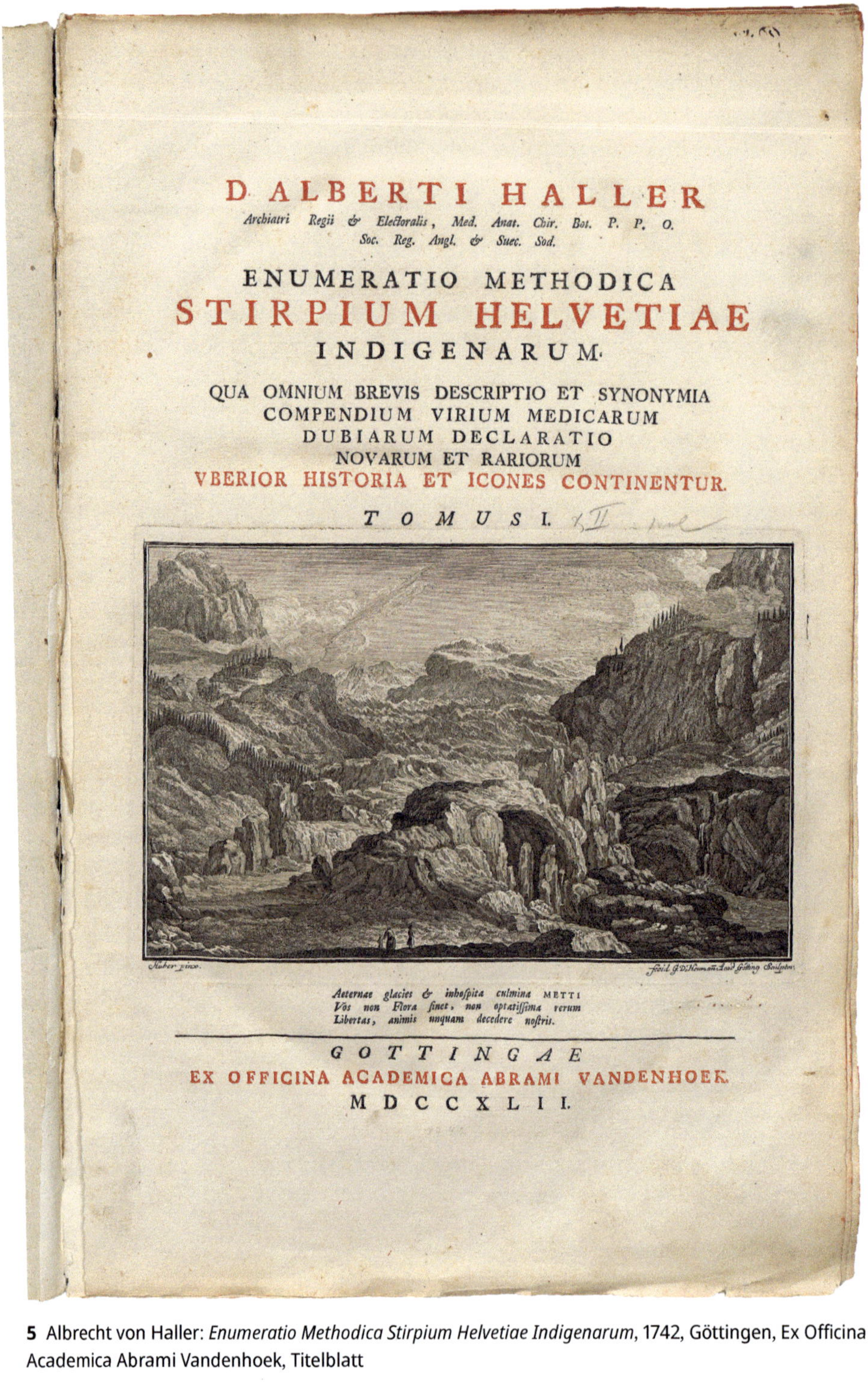
D. ALBERTI HALLER
Archiatri Regii & Electoralis, Med. Anat. Chir. Bot. P. P. O. Soc. Reg. Angl. & Suec. Sod.

ENUMERATIO METHODICA
STIRPIUM HELVETIAE
INDIGENARUM.

QUA OMNIUM BREVIS DESCRIPTIO ET SYNONYMIA
COMPENDIUM VIRIUM MEDICARUM
DUBIARUM DECLARATIO
NOVARUM ET RARIORUM
VBERIOR HISTORIA ET ICONES CONTINENTUR.

TOMUS I.

Aeternae glacies & inhospita culmina METTI
Vos non Flora sinet, non optatissima rerum
Libertas, animis unquam decedere nostris.

GOTTINGAE
EX OFFICINA ACADEMICA ABRAMI VANDENHOEK.
MDCCXLII.

5 Albrecht von Haller: *Enumeratio Methodica Stirpium Helvetiae Indigenarum*, 1742, Göttingen, Ex Officina Academica Abrami Vandenhoek, Titelblatt scher von Grindelwald und seine symbolische Bedeutung für ihn noch einmal verdeutlichen:

Aeternae glacies & inhospita culmina METTI / Vos non Flora sinet, non optatissima rerum / Libertas, animis unquam decedere nostris[22].

(Ewige Gletscher und unzugängliche Gipfel des METTI / Weder Flora noch die Freiheit, das Begehrteste aller Dinge, / Werden euch jemals erlauben, unsere Seelen zu verlassen.[23])

So richtet sich der Schriftsteller direkt an den Grindelwaldgletscher[24] und macht ihn zum Archetyp des alpinen Gletschers sowie der Alpen im Allgemeinen. Die Kombination aus diesen Versen und der Gravur verdeutlicht, dass von Haller im Laufe der Zeit tatsächlich zu der Überzeugung gelangte, dass die Alpen die Grundlage für die moralische Überlegenheit der Schweizer sind.

Im Hinblick auf Hubers Porträt lässt sich sagen, dass es nicht nur einen Intellektuellen zeigt, dessen Bekanntheit maßgeblich durch die Berge und die Alpen geprägt wurde, sondern, dass es gleichzeitig ein Bildnis mit einer tiefgreifenden moralischen Botschaft ist. Hierbei erfolgt eine Übertragung von Natur und Landschaft zugeschriebenen Werten auf von Haller. Der Gletscher, der im Hintergrund platziert ist, stellt somit – trotz seiner Position im hinteren Teil des Gemäldes – eine zentrale *Figur* dar, da er dem Werk seine wahre Bedeutung verleiht. In gewisser Weise war alles für einen großen Erfolg des Gemäldes gegeben, dennoch hatte es nur eine begrenzte Rezeption und blieb seit dem 18. Jahrhundert stets in Privatbesitz.[25]

Im Fall der Gravur ist es bemerkenswert, einige Veränderungen in der Komposition zu erkennen, die sich sehr wahrscheinlich aus dem unterschiedlichen Gebrauch und der Funktion des Bildes erklären lassen. Im Vergleich zu Hubers Landschaftsbild ersetzt Heumann den einsamen Wanderer im Vordergrund durch eine Gruppe von drei Figuren: eine Frau, die die Hand eines Kindes hält, leicht zu ihm geneigt, sowie ein Mann mit Hut, der etwas abseits steht. Diese Gruppe könnte als Symbol für Entdeckung und Wissenstransfer gedeutet werden, was besonders im Kontext eines wissenschaftlichen Werkes von Bedeutung ist. Sie verweist sowohl auf das Erleben der Alpen vor Ort als auch auf die Verbreitung dieses Wissens durch das Bild und das Buch. Auf der rechten Seite der Komposition, vor dem Wasserfall, positioniert Heumann zwei weitere männliche Figuren. Der Mann ganz rechts streckt seinen rechten Arm horizontal aus, vermutlich um zu signalisieren, dass er mit seinem Begleiter über die Wunder der

22 Es handelt sich um die Verse, die in der *Enumeratio Methodica Stirpium Helvetiae Indigenarum* erscheinen. Die Verse in der *Historia Stirpium Indigenarum Helvetiae Inchoata* sind leicht unterschiedlich, doch die grundlegende Idee bleibt dieselbe: *Æternae glaciei moles, atque aspera METTI / Culmina, non vos Flora sinet, non optima rerum / Libertas, animis unquam decedere nostris.*

23 Übersetzung des Autors.

24 „Metti“ entspricht wahrscheinlich dem Mettenberg in einer latinisierenden und abgekürzten Form.

25 Boerlin-Brodbeck 1995 (wie Anm. 13), S. 262.

Natur spricht. Schließlich befindet sich am äußersten linken Rand der Komposition eine letzte Figur, die ein Fernrohr hält und den Gletscher beobachtet, was die wissenschaftliche Auseinandersetzung mit dem Berg symbolisiert. Abgesehen von dieser letzten Figur entstammen alle anderen Figuren in der Gravur ursprünglich Meyers Gemälde und nicht Hubers Werk, wie es fälschlicherweise unter der Darstellungsebene mit „Huber pinx." vermerkt ist. Die in Meyers Gemälde sitzenden Künstler wurden hingegen entfernt, da der dringende Bedarf, die Authentizität der Darstellung zu betonen, nicht mehr so stark ausgeprägt ist. Man könnte sich also fragen, ob das Ölbild, das der Gravur zugrunde liegt, Meyers Gemälde und nicht das von Huber ist. Eine genaue Untersuchung zeigt jedoch, dass dies nicht der Fall ist: Die Formen des Gletschers und die Anordnung der Bäume entsprechen eindeutig Hubers Gemälde und nicht Meyers.

Schließlich sei darauf hingewiesen, dass dieses Bild erneut in einem anderen Werk des 18. Jahrhunderts Verwendung fand, nämlich in *Eisgebirge des Schweizerlandes* von Gruner, das 1760 unter der Herausgeberschaft des Berner Verlegers Abraham Wagner (1734–1782) veröffentlicht wurde. Wie der Titel bereits andeutet, handelt es sich um ein Buch, das sich ausschließlich mit den Gletschern der Schweizer Alpen beschäftigt. Der Graveur dieser Ausgabe war der schweizerische Künstler Adrien Zingg (1734–1816) (Abb. 6). Die Veränderungen in der Landschaftskomposition sind signifikant: Zingg verändert die Formen der Fiescherhörner vollständig, übernimmt nicht die Baumreihen aus Hubers Gemälde und übertreibt die Höhe des Gletscherbogens. Interessant ist auch, dass die architektonischen Elemente hier fehlen. Was die Figuren betrifft, fügt Zingg zwei neue Gruppen hinzu: Die erste Gruppe links in der Komposition zeigt zwei Männer mit einem Hund, von denen einer auf den Gletscher deutet, während der andere einem Kind die Hand reicht und ebenfalls auf den Gletscher hinweist. Diese Geste der „Hinweisung" funktioniert sowohl für die Figur im Bild, die angesprochen wird, als auch für den Betrachter. Indem Zingg die Figur des Kindes aufgreift, übernimmt er auch das Thema der Weitergabe von Wissen. Es ist jedoch bemerkenswert, dass Zingg die Künstler aus seinem Werk entfernt hat, obwohl Huber das Gemälde direkt vor Ort gemalt hatte und die *Eisgebirge* ein deutliches Bestreben zeigen, die Authentizität der Darstellung zu belegen. Dies wird durch die Bezeichnungen *Gezeichnet nach der Natur* oder *ad naturam delineavit* unter den Gravuren links angezeigt. Und dies trifft auch auf die Druckgraphik zu, die aus Hubers Ölstudie stammt. Jedenfalls zeigt der Rückgriff auf diese Komposition im Jahr 1760 – vierzig bis sechzig Jahre nach der Entstehung des ursprünglichen Bildes[26] – die langanhaltende Bedeutung dieser Darstellungen. Gruner rechtfertigt sich in seinem Werk und erklärt, dass der Gletscher zu jener Zeit seine größte Ausdehnung erreicht hatte: „Damals ware

26 Die Inschrift unter der Gravur gibt tatsächlich an, dass das Gemälde von Huber 1720 gemalt worden ist. Die Datierung des Gemäldes von Huber ist jedoch nicht gesichert. Zumbühl datiert es um 1732 (Heinz J. Zumbühl, „Der Berge wachsend Eis ..." Die Entdeckung der Alpen und ihrer Gletscher durch Albrecht von Haller und Caspar Wolf, in: *Mitteilungen der Naturforschenden Gesellschaft in Bern* 66 (2009), S. 105–132, S. 108).

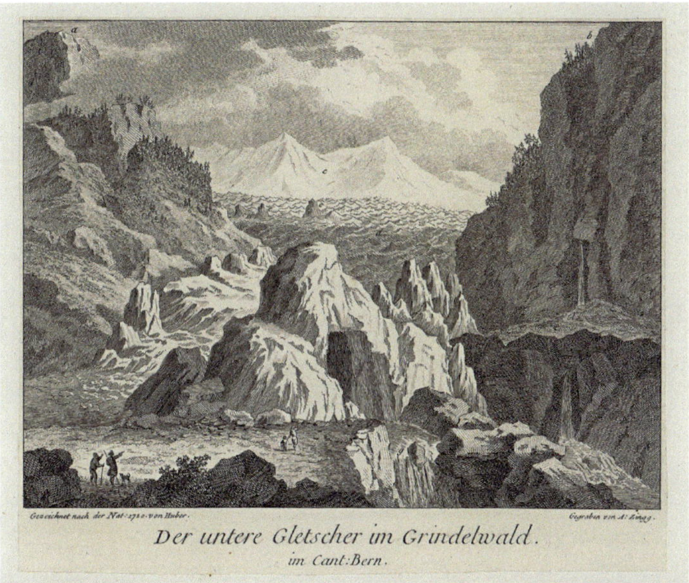

6 Adrian Zingg nach Johann Rudolf Huber: *Der untere Gletscher im Grindelwald: im Cant. Bern*, Radierung, 12,3 × 15,9 cm (Bild), Zentralbibliothek Zürich. Erschienen in: Gottlieb Sigmund Gruner: *Die Eisgebirge des Schweizerlandes*, Bern 1760, 1. Teil, nach S. 88

derselbe am grössten, und ist weder seither noch vorher, so viel man weiß, niemal so groß gewesen; auch hat er an seinem Ende niemal so ungeheure Gewölber ausgeworfen, wie damals.“[27]

Abschließen wollen wir die Untersuchung mit Caspar Wolf (1735–1783) und den *Merkwürdigen Prospekten aus den Schweizer-Gebürgen*, einem Werk, das 1777[28] von Abraham Wagner (1734–1782) – dem gleichen Herausgeber, der bereits 1760 die *Eisgebirge* von Gruner veröffentlicht hatte – unter der Obhut von Hallers herausgegeben wurde. Wolf bereiste die Alpen zwischen 1774 und 1778, möglicherweise auch 1779, um Gemälde zu schaffen, die als Grundlage für die Gravuren in den *Merkwürdigen Prospekten* dienten. Im Rahmen dieser Arbeit soll Wolf etwa zweihundert Alpenbilder gemalt haben, was ihn zu einem der bedeutendsten Maler dieses Genres im 18. Jahrhundert in der Schweiz macht und die größte erhaltene Serie von Alpenbildern darstellt.[29] Die *Merkwürdigen Prospekte* hatten zum Ziel, die schönsten und bemerkenswertesten Naturwunder der Schweizer Alpen zu dokumentieren.

27 Gottlieb Sigmund Gruner: *Die Eisgebirge des Schweizerlandes*, Bern 1760, S. 90.

28 Obwohl 1776 datiert.

29 Willi Raeber: *Caspar Wolf, 1735–1783. Sein Leben und sein Werk. Ein Beitrag zur Geschichte der Schweizer Malerei des 18. Jahrhunderts*, Aarau/München 1979, S. 65 (Œuvrekataloge Schweizer Künstler, 7).

Die Gletscher nehmen einen wichtigen Platz in Wolfs Werk ein, und er malte mehrere, darunter den Rosenlauigletscher, den Rhonegletscher, den Geltengletscher und viele andere. Selbstverständlich malte er auch mehrfach die Gletscher von Grindelwald: Es gibt mehrere Ansichten der unteren Zunge des unteren Grindelwaldgletschers, aber er wagte sich auch bis nach Bänisegg, um drei Ansichten der Berge und des Gletschers zu malen.[30] Darüber hinaus malte er die Finsteraar- und Lauteraargletscher, die sich auf über 2300 Metern Höhe befinden und eine weitgehende Erkundung des Gletschers erforderten. Diese Qualität war es, die Wolf zu seiner Zeit auszeichnete:

> [Wolf] ist tiefer in das Eis und den Schnee der Alpen und Eisberge eingedrungen, als je ein Liebhaber oder Künstler vor ihm; weder Beschwerde noch Gefahr haben ihn abgehalten, die erhabene und grausenvolle Natur bis in ihre verborgensten Winkel zu verfolgen; selbst im Winter hat er die Alpen besucht und verschiedene Scenen gezeichnet.[31]

Obwohl der Vertrag zwischen Wagner und Wolf nicht erhalten ist, wissen wir, dass der Herausgeber von Wolf sowohl topographisch genaue als auch freiere, künstlerische Ansichten verlangte.[32] Dies spiegelt sich in allen seinen Gemälden wider, insbesondere in den Darstellungen der Gletscher, was sich z. B. durch einen Vergleich mit den bereits erwähnten Gravuren in den *Eisgebirgen* von Gruner belegen ließe. In den betreffenden Gemälden sind die Gletscher tatsächlich das zentrale Darstellungsthema. Wolfs Zugang zur Alpenwelt ist auch insofern bemerkenswert, als er zeigt, unter welchen Bedingungen die ersten wissenschaftlichen Erkundungen und Untersuchungen der Gletscher, wie z. B. des *Lauteraargletschers*, durchgeführt wurden. Im entsprechenden Gemälde stellt er Männer dar, die eine Gletscherpyramide untersuchen.

Das Frontispiz der *Merkwürdigen Prospekte* zeigt die verschiedenen Protagonisten dieses Werkes: Wolf natürlich, Wagner und den Pastor Jakob Samuel Wyttenbach (1748–1830), der die Alpen gut kannte, da er mehrfach dort gereist und für die Beschreibung der Ansichten von Wolf verantwortlich war (Abb. 7). Der letzte Protagonist der *Merkwürdigen Prospekte*, von Haller, ist in einem Medaillon im Profil abgebildet, das die

30 Siehe Zumbühl 2009 (wie Anm. 26), S. 116 ff.
31 Carl Gottlob Küttner: *Briefe eines Sachsen aus der Schweiz an seinen Freund in Leipzig*, Leipzig 1785, 3 Bde., Bd. 3 (29. August 1785), S. 179, zitiert n. Raeber 1979 (wie Anm. 29), S. 100.
32 Beat Wismer: Die Revision der Malerei aus dem Geist der Geologie. Zur Bergmalerei von Caspar Wolf, in: Caspar Wolf – Gipfelstürmer zwischen Aufklärung und Romantik, hrsg. v. Beat Wismer u. Stephan Kunz, Ausstellungskatalog, Düsseldorf, Museum Kunst Palast, Düsseldorf 2009, S. 9–20, S. 12. Es ist daher nicht verwunderlich, dass Wolf sich wiederholt beim Malen vor Ort darstellt, in dem bereits erwähnten Bestreben, die Wahrhaftigkeit der Darstellung zu bezeugen.

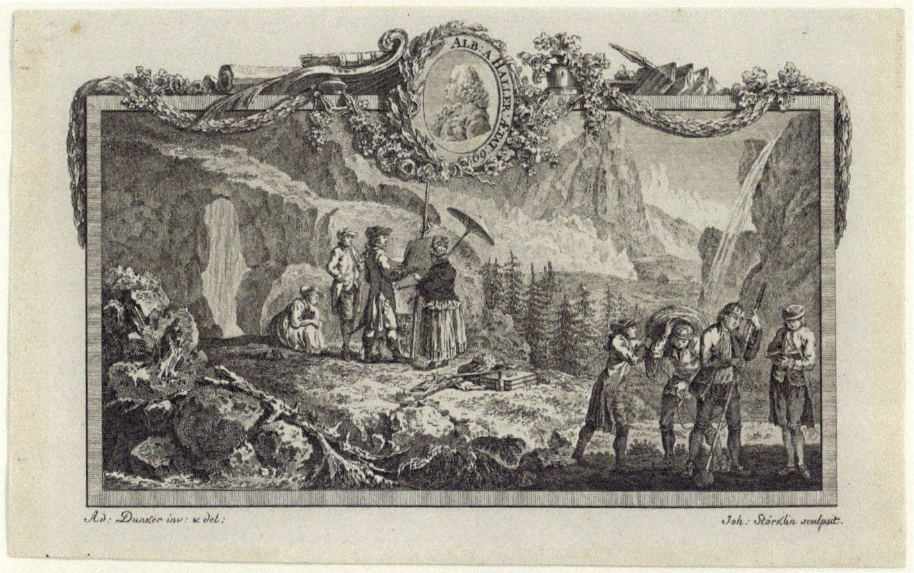

7 Johann Joseph Störklin nach Balthasar Anton Dunker: Frontispiz der *Merkwürdigen Prospekte*, 1777–1785, Radierung, 11,4 × 20,8 cm, Bern, Schweizerische Nationalbibliothek

Szene überragt. Der Stecher macht damit deutlich, dass das Projekt unter der Obhut des Dichters steht, der die wissenschaftliche Richtigkeit und Objektivität garantiert.[33]

Wolf, seine Leinwand auf einem Malpult, ist dabei, die Landschaft und den Wasserfall zu malen, die er vor Augen hat. Er wird von drei Figuren umgeben, von denen eine Wagner ist. Es ist auffällig, dass alle Figuren um Wolf die gemalte Leinwand betrachten und nicht die Landschaft selbst: Sie interessieren sich für die künstlerische Arbeit, die sie miterleben, während es dem Betrachter der Gravur unmöglich ist, zu erkennen, was Wolf gerade malt. Wyttenbach wird im unteren rechten Eck dargestellt, wie er in ein Notizbuch schreibt: Er notiert die Höhe des Wasserfalls unter der Aufmerksamkeit des Mannes, der rechts von ihm steht und sich auf einen Stock stützt. Dieser ist mit einem langen, schweren Seil verbunden, das ein Bauer hält, der unter der Last gebeugt ist. Der Berner Gelehrte war nicht zufrieden mit der marginalen Position, die ihm in dieser Gravur zugeschrieben wurde, und beschwerte sich, dass er als *schreibend erbärmlich vorgestellt* wurde.[34]

33 Claude Reichler, Science et Sublime dans la Découverte des Alpes, in: *Revue de Géographie Alpine* 82 (1994), S. 11–29, S. 15.

34 Das Manuskript ist in der Burgerbibliothek in Bern aufbewahrt. „An der andern Ecke der Vignette bringen die Bergleute von Lauterbrunn die Stricke, mit welchen ich die Höhe des Staubbaches gemessen hatte, und ich werde daneben als schreibend erbärmlich vorgestellt." (Zitiert n. Raeber 1979 (wie Anm. 29), S. 67).

Die Sache wird noch interessanter, wenn man sich die Landschaft genauer ansieht. Tatsächlich spielt die Szene in einer kompositorischen Landschaft, einer Zusammenstellung von Elementen aus verschiedenen Landschaften, die von Wolf gemalt wurden, wie dem Staubbachfall im rechten Bereich des Bildraums. Diese Ansicht als Frontispiz der *Merkwürdigen Prospekte*, die von Balthasar Anton Dunker (1746–1807) stammt, ist eigentlich ein Ausschnitt eines Gemäldes von Wolf, das unter dem Titel *Grand Théâtre des Alpes et Glaciers* in eine Gravur umgesetzt wurde. Darin erkennt man auch die Höhle von Saint-Béat, aus der ein mächtiger Bach fließt, die Teufelsbrücke, vor der Wolf sich befindet, aber auch den unteren Grindelwaldgletscher und die Wasserfälle, die unter dem Geltengletscher herabstürzen. Die Komposition ist also nicht nur ein *Capriccio*, sondern auch vor allem eine Zusammenfassung der *Merkwürdigen Prospekte* insgesamt, sowohl der Ansichten als auch der Verschmelzung von Wissenschaft, Poesie und Kunst.

Im 18. Jahrhundert nahmen die Gletscher sowohl in den Schriften über die Alpen als auch in den künstlerischen Darstellungen eine prominente Stellung ein. Die Analyse der in diesem Artikel untersuchten Werke hebt zahlreiche Aspekte hervor, die die historische Wahrnehmung der Gletscher und die Entstehung ihres Bildes besonders interessant machen, insbesondere im Hinblick auf die aktuellen Debatten über den Klimawandel und die Umweltveränderungen. Der Übergang der Gletscher von bloßem Hintergrund zum eigenständigen Motiv – zur *Figur* – in den Darstellungen jener Zeit spiegelt das zunehmende Bewusstsein für ihre signifikante Rolle im Verständnis und in der Darstellung der Alpenlandschaft wider.

Im Gegensatz zur heutigen Vorstellung, die die Gletscher aufgrund ihrer fortschreitenden Schmelze als statische, unveränderliche Entitäten sehen möchte, wurden sie bereits bei ihrer ersten Wahl zum darstellungswürdigen Objekt als dynamische Masse wahrgenommen, die von Phasen der Expansion und des Rückzugs geprägt war. Wie wir gesehen haben, verhinderte dies nicht, dass die Gletscher zum herausragenden (materiellen) *Zeichen* einer idealisierten Schweiz wurden. Während ihre Veränderungen heute vor allem im Zusammenhang mit menschlichem Einfluss auf die Umwelt interpretiert werden, was das Bild des Gletschers als passive Materie verstärkt – geformt statt formend – lag der Fokus in der Vergangenheit auf ihrer transformierenden Kraft, die oft als bedrohlich und zerstörerisch angesehen wurde. Diese Perspektive verlieh den Gletschern eine wahre „Agency", indem sie als aktive Kräfte anerkannt wurden, die das Land verändern konnten. Fast wie lebendige Organismen wahrgenommen, besaßen die Gletscher eine Vitalität, die heute häufig durch eine Rhetorik überlagert wird, die die alpine Natur als am Rande des Verfalls darstellt und ihr jede Fähigkeit abspricht, in die Geschichte einzugreifen. Diese „Agency" wiederzubeleben, könnte dazu beitragen, das Verhältnis zwischen Mensch und Umwelt neu zu denken und neue Perspektiven für die Zukunft zu eröffnen. Dies würde auch unsere idealisierte Vorstellung der Alpen infrage stellen, die sich zu einer Zeit bildete, als die Gletscher noch in großem Maßstab die alpinen Landschaften prägten.

Alina Wolf

Vom selbstreferenziellen zum relationalen Objekt

Das *Auge* in Zeichenlehrbüchern des 18. Jahrhunderts

Abstract: Repetitive content is often observed in different drawing textbooks. In most cases, the subjects of previous lessons are taken up again, rearranged, and, if available, their explanations are slightly modified or supplemented. Only when viewed comparatively does the change in arrangement and thus the reading of the composition become apparent, in addition to the didactic modification or reduction (omission of auxiliary lines and/or descriptions). In addition to their mimetic character, some arrangements also suggest a communicative, almost empathic component that seems to address the student's situation. Specifically, this article analyzes the subject of the eye, which highlights the transition from a self-referential to a relational object. For this purpose, the illustration plates from Johann Daniel Preißler's (1666–1737) *Die durch Theorie erfundene Practic* [...], published in Nuremberg in 1721, and Georg Heinrich Werner's (1722–1788) *Nöthige Anweisung in der Zeichenkunst* [...], published in Erfurt in 1768, are referenced. The individual object to be learned does not only serve as a template to be traced and acquired through repeated practical drawing exercises, but it can also represent a mediator between itself, the other objects, the viewer, and also the artist as a teacher. The intention underlying the compositions can be viewed from several perspectives and explored in terms of the teaching aspect.

Dass verschiedene Zeichenlehrwerke Inhalte Vorangegangener aufgreifen oder gar kopieren, Gegenstände neu anordnen und Beschreibungen, falls solche vorliegen, modifizieren, ist häufig zu beobachten.[1] Vergleichende Analysen aufgenommener Vermittlungsgegenstände erlauben Rückschlüsse über die ggf. veränderte Absicht der je-

1 Für eine erste Zusammenstellung von Zeichenlehrwerken mit Verweis auf aufgreifende Inhalte siehe: Nützliche Anweisung zur Zeichenkunst, hrsg. v. Gerlind Werner, Ausstellungskatalog, Nürnberg, Germanisches Nationalmuseum, Nürnberg 1980.
Die Aufnahme von Darstellungsgegenständen im Zeichenbuch von Paulus Fürst wird detaillierter ausgeführt von Ulrich Pfisterer (Hrsg.): *Paul Fürst. „Theoria Artis Pictoriae, Das ist: Reiß-Buch / Bestehend in kunstrichtiger / leichter und der Naturgemässer Anweisung zu der*

weiligen Lehren und davon ausgehend, auf der Metaebene, über die Entwicklung der Zeichenlehre zu ziehen. Dazu tragen die Auswahl der Gegenstände, deren Anordnung und die damit verbundene (mögliche) Rekontextualisierung, unterstützt von verbalen Anteilen – sofern solche vorliegen –, wesentlich bei. Diese Aspekte erlauben die Intention des Künstlers, der zugleich die Rolle des Lehrers bedient, greifbar zu machen.

An die Bildtafeln der Lehren werden demnach mehrere Aufgaben herangetragen: Die Komposition sollte die Erschließung der einzelnen Gegenstände begünstigen, indem eine klare Abfolge, in der sich diesen zu widmen ist, ersichtlich wird. Die Positionierung der einzelnen Gegenstände zueinander sollte den anleitenden Aspekt aufgreifen (Abfolge, Ausrichtung, Gesten). Die dadurch begünstigte Auseinandersetzung sollte eine Rückführung zum Gesamtgefüge ermöglichen, indem die miteinander korrespondierenden Ansichten zum Verstehen der Weiteren beitragen sowie die Präsentation dieser legitimieren.[2] Der Lehrer bzw. Künstler[3] kann, sofern ausschließlich vom Visuellen ausgegangen wird, nur durch Auswahl und Position der Ansichten anleiten, sodass diesen Komponenten und ihrem Verhältnis zueinander mehr Bedeutung zugesprochen werden muss.

Wenn einzelne darzustellende Gegenstände aus anderen Lehren entnommen wurden, geht damit meist eine Reduktion der Ansichten des jeweiligen Ausgangswerks einher, woraus eine Neuanordnung dieser (sowie eine Zusammenführung mit weiteren Darstellungsgegenständen) und zwangsläufig eine abweichende Rezeption folgen kann. Damit werden verschiedene zu untersuchende Aspekte impliziert. Diesen nachzugehen und die daraus gewonnenen Erkenntnisse ermöglichen nicht nur eine Ein-

Mahlerey …", Nürnberg 1656 [Universitätsbibliothek Heidelberg 2009] (Fontes. Quellen und Dokumente zur Kunst 1350–1750, 36).

2 Die Tafeln könnten als *Gebrauchsbilder* verstanden werden, da ihnen eine Funktion oder auch ein Verwendungsrahmen zugesprochen werden kann. Entsprechend lassen sie (die *Gebrauchsbilder*) sich „in erster Annäherung als flächige und zumeist klar begrenzte physische Objekte charakterisieren, die in der Regel innerhalb eines kommunikativen Aktes zur anschaulichen Darstellung realer, fiktiver oder abstrakter Gegenstände bzw. Sachverhalte dienen." Mit dieser Zuweisung würden sich die Tafeln als *externe Bilder* verstehen lassen und dem Begriff der *mentalen Bilder* entziehen, der „im Wesentlichen [eine] anschauliche Vorstellung [meint]" (Klaus Sachs-Hombach: *Das Bild als kommunikatives Medium. Elemente einer allgemeinen Bildwissenschaft*, Köln 2003, S. 15 f. (zugl. Habil. Universität Magdeburg 2003)). Mit einer solchen einseitigen Zuschreibung könnte hingegen die Absicht der zu vermittelnden Gegenstände fehl laufen. Denn die einzelnen Darstellungen befinden sich, wie in diesem Beitrag gezeigt wird, im Austausch mit den Weiteren und erlauben, von einem *doppelten Zeigen* zu sprechen. Siehe Gottfried Boehm: *Wie Bilder Sinn erzeugen. Die Macht des Zeigens*, 5. Aufl., Berlin 2017, S. 19. Für das Wahrnehmen dieser Austauschbeziehung erscheint jedoch die „anschauliche Vorstellung" unabdingbar, und so ist eine pauschalisierende Zuweisung der Bildtafeln von Zeichenlehrbüchern nicht möglich.

3 In diesem Beitrag wird das generische Maskulinum verwendet, womit alle Geschlechter inkludiert werden.

ordnung des aufgreifenden Werkes, sondern tragen auch durch die Wechselwirkung mit dem Ausgangswerk zu einer vertiefenden Erschließung dessen bei.

Dieser Beitrag versucht die Erkenntnismöglichkeiten einer solchen wechselseitigen Betrachtung zweier Lehrwerke exemplarisch am Gegenstand *Auge* herauszustellen sowie den materiellen Aspekt hinsichtlich ihrer Wirkungs- bzw. Vermittlungsweise als Rückführung zum Thema des Workshops zu reflektieren.

Bei dem Ausgangswerk handelt es sich um den ersten Teil der Lehre Johann Daniel Preißlers (1666–1737). Seine *Die durch Theorie erfundene Practic, Oder Gründlich-verfasste Reguln deren man sich als einer Anleitung zu berühmter Künstlere Zeichen-Wercken bestens bedienen kan* ist 1721 in Nürnberg erschienen, darauf folgten 1722 der zweite und 1725 der dritte Teil. Preißler stellt in seiner Lehre die Grundlagen zur Darstellung des Menschen vor, der zunächst in seinen Einzelteilen präsentiert, dann zusammengefügt und im Ganzen bewegt sowie schließlich ausschattiert gezeichnet werden soll. Seinen Vermittlungsversuch adressiert er an die Schüler der 1716 gegründeten Zeichenschule in Nürnberg, die Preißler seit der Gründung und bis zu seinem Tode leitete.[4]

An dem Lehrwerk Preißlers bediente sich Georg Heinrich Werner (1722–1788), um seine *Nöthige Anweisung in der Zeichenkunst wie die Theile des Menschen durch Geometrische Regeln und nach dem vollkomnesten Ebenmass ganz leicht zu Zeichnen zusammen zusetzen um die schönste Gestalt eines Gantzen vorzustellen* zu konzipieren, die 1768 in Erfurt erschienen und als 6. seiner insgesamt neun Bände umfassenden Lehre zur Zeichenkunst anzusehen ist.[5] Werner bediente sich für die Erstellung der

4 Zu Johann Daniel Preißler und Berichten zu seiner Lehre, der Akademie sowie zur Zeichenschule, siehe auch Andreas Tacke (Hrsg.): *„Der Mahler Ordnung und Gebräuch in Nürmberg". Die Nürnberger Maler(zunft)bücher ergänzt durch weitere Quellen, Genealogien und Viten des 16., 17. und 18. Jahrhunderts*, München/Berlin 2001, S. 540; Susanne Müller-Bechtel: Johann Daniel Preißler, in: Punkt, Punkt, Komma, Strich. Zeichenbücher in Europa ca. 1525–1925, hrsg. v. Maria Heilmann, Nino Nanobashvili u. Ulrich Pfisterer et al., Ausstellungskatalog, Zentralinstitut für Kunstgeschichte München u. Universitätsbibliothek Heidelberg, Passau 2014, S. 99–102; Manfred H. Grieb (Hrsg.): *Nürnberger Künstlerlexikon* [...], München 2007, 4 Bde., Bd. 3, S. 1172 f.; Ulrich Thieme u. Felix Becker: *Allgemeines Lexikon der Bildenden Künstler von der Antike bis zur Gegenwart*, Leipzig 1999, 37 Bde., Bd. 27, S. 373 f. Weitere Kurzbiographien zu Preißler mitunter Berichten zur Akademie, zum Zeichenunterricht an der Zeichenschule und zur Lehre Preißlers – siehe Ludwig Sichelstiel: Die Künstlerfamilie Preißler, in: 1662–1806. Die Frühzeit der Nürnberger Kunstakademie, hrsg. v. Matthias Henkel u. Ursula Kubach-Reutter, Ausstellungskatalog, Nürnberg, Stadtmuseum Fembohaus, Nürnberg 2012, S. 71–81; Edith Luther: Die Künstlerfamilie Preißler und der Zeichenunterricht an Akademie und Zeichenschule in Nürnberg 1704–1771, in: Akademie der Bildenden Künste in Nürnberg (Hrsg.): *350 – Akademie der Bildenden Künste in Nürnberg*, Nürnberg 2012, S. 46–55.

5 Der in Erfurt tätige Kupferstecher, Medailleur und Zeichner hat neben diesem acht weitere Lehrwerke publiziert. Da Werner selbst nicht als Zeichenlehrer tätig war (im Gegensatz zu Preißler), liegt es nahe, dass er andere Lehren herangezogen hat und lediglich an den jeweiligen Gegenständen Veränderungen vornahm – Ergänzungen sind allerdings weniger zu erwarten. Auch aus Füsslis *Allgemeinem Künstlerlexikon* geht hervor, dass Werner seine Bücher

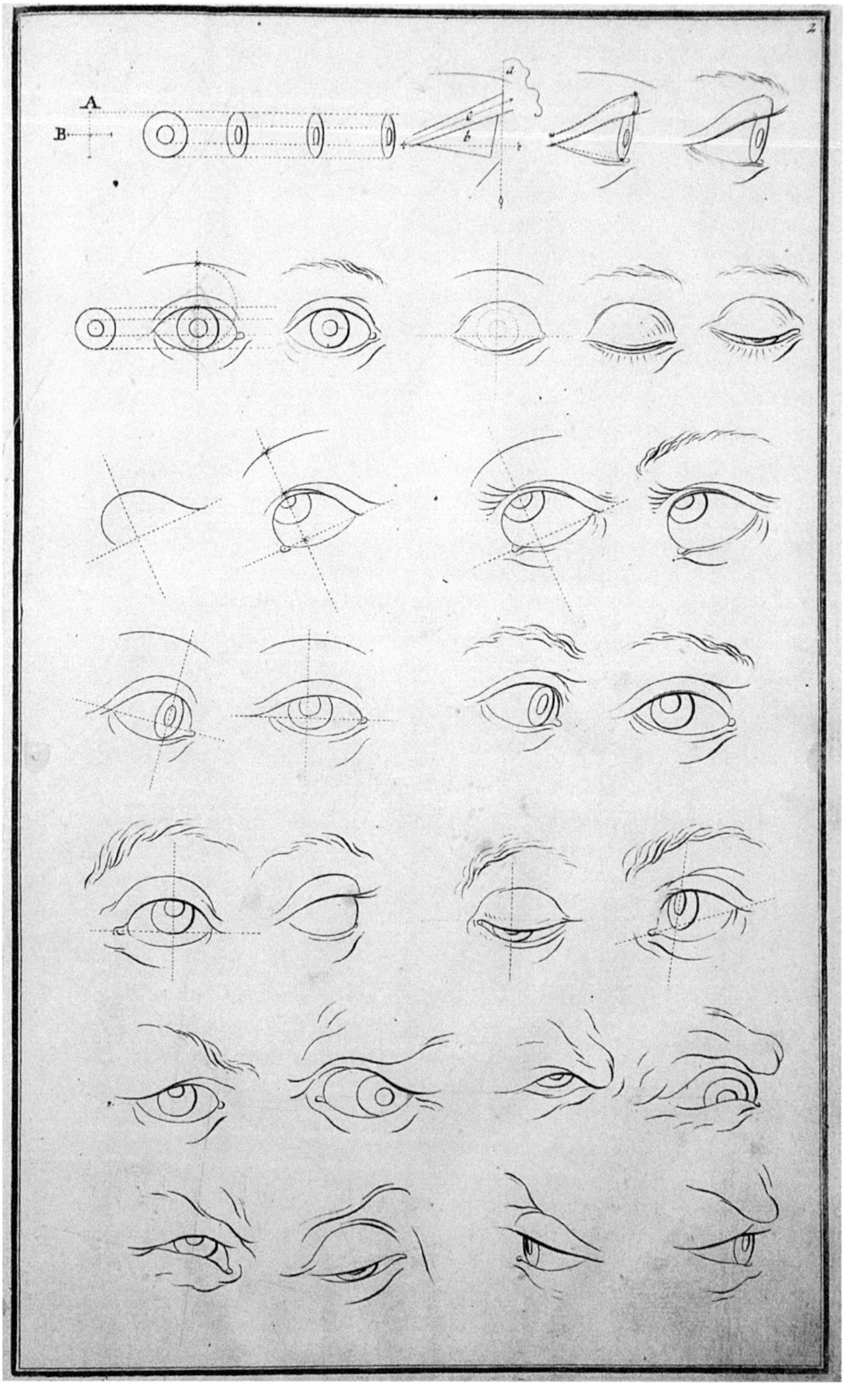

1 Johann Daniel Preißler: *Augenblatt, pagina 2*, Kupferstich, ca. 19,4 × 32,5 cm, in: Ders.: *Die durch Theorie erfundene Practic* […], Nürnberg 1721, Privatbesitz acht Abbildungstafeln seiner *Anweisung* überwiegend an Darstellungsgegenständen des ersten und zweiten Teils der Lehre Preißlers.[6] Der geringere Umfang der Tafeln lässt auf eine reduzierte Auswahl, eine Neuanordnung der Gegenstände und darüber hinaus durch das Heranziehen des ersten und zweiten Teils Preißlers auf eine abweichende Gliederung des Werkes Werners schließen.

Die dadurch bedingten Auswirkungen auf die Rezeption der jeweiligen Blätter (und damit zugleich der darauf präsentierten Ansichten) werden in der vergleichenden Betrachtung deutlich.

Preißler gliederte sein *Augenblatt* (Abb. 1) in sieben Reihen und erlaubt durch den klaren Aufbau, sich den einzelnen Ansichten zuzuwenden. Die ersten beiden und die letzten beiden Reihen sind als durchgehende anzusehen. Die mittleren drei Reihen sind hingegen paarweise zusammengestellt worden, sodass zwischen diesen eine Lücke entsteht, die als senkrechte Leerstelle im Zentrum des Blattes angesehen werden kann. Dieser Ruhepunkt erlaubt dem Betrachter an der Ordnung festzuhalten und sich nicht vorzeitig den im Mittelpunkt befindlichen Darstellungen zuzuwenden oder sich von diesen ablenken zu lassen.

Die ersten beiden Reihen widmen sich der schrittweisen Anleitung, der gemäß der Leserichtung, von links nach rechts, zu folgen ist. Die dritte Reihe erweitert die Schritte der vorangegangenen beiden um eine erste geschwungene Linie, die die Form des außergewöhnlichen Blickwinkels auf den Augapfel vorstellt und eine Verschiebung des Ausgangsgegenstandes (zuvor Iris und Pupille) vorführt. Nach und nach werden auf dem Blatt die anleitenden Ansichten reduziert, sodass in der sechsten und siebten Reihe lediglich einzelne verzerrte, emotionale Augen ohne Hilfestellungen zu studieren sind, deren Übertragung zu Beginn noch unmöglich erscheint.

Die beschriebene Abfolge verdeutlicht bereits, dass mit dem weiteren Fortschreiten von einer Reihe zur nächsten die Komplexität, die Anforderungen, zugleich aber auch die Stärke des Ausdrucks gesteigert werden. So erhalten die wutverzerrten und innerlich zerrissenen Augen ihre Bühne, doch verlieren sie aufgrund ihrer untergeordneten Platzierung nach den neutralen und gefassten sowie der starren Anordnung zugleich an Ausdruck und Stärke. Auf diese Weise erlaubt das Blatt dem Rezipienten, bei einzelnen Ansichten zu verweilen und den Schmerz, die Wut, die innere

größtenteils aus den Lehren anderer zusammengestellt habe, und lässt die Übereinstimmungen Werners Werke mit denen anderer nicht zufällig erscheinen, siehe Johann Rudolf Füssli: *Allgemeines Künstlerlexikon* […], Zürich 1820, Bd. 2, S. 5048 f.

6 Die jeweiligen Teile der Lehre Preißlers enthalten 18 Abbildungstafeln. Werner nahm Gegenstände der *pagina* 2–7, 9, 10, 12–14, 16 und 18 des ersten sowie der *pagina* 2, 3, 9 des zweiten Teils auf.

Die weiteren Ansichten entnahm er wohl den Lehren Gérard de Lairesse' (Gérard de Lairesse: *Grondlegginge Ter Teekenkonst,* […], Amsterdam 1701, Bd. 1, Ansicht A; Ders.: *Des Herrn Gerhard De Lairesse, Welt-belobten Kunst-Mahlers, Grosses Mahler-Buch* […], Nürnberg 1728, *pagina* 23, 27, 32, 34, 37).

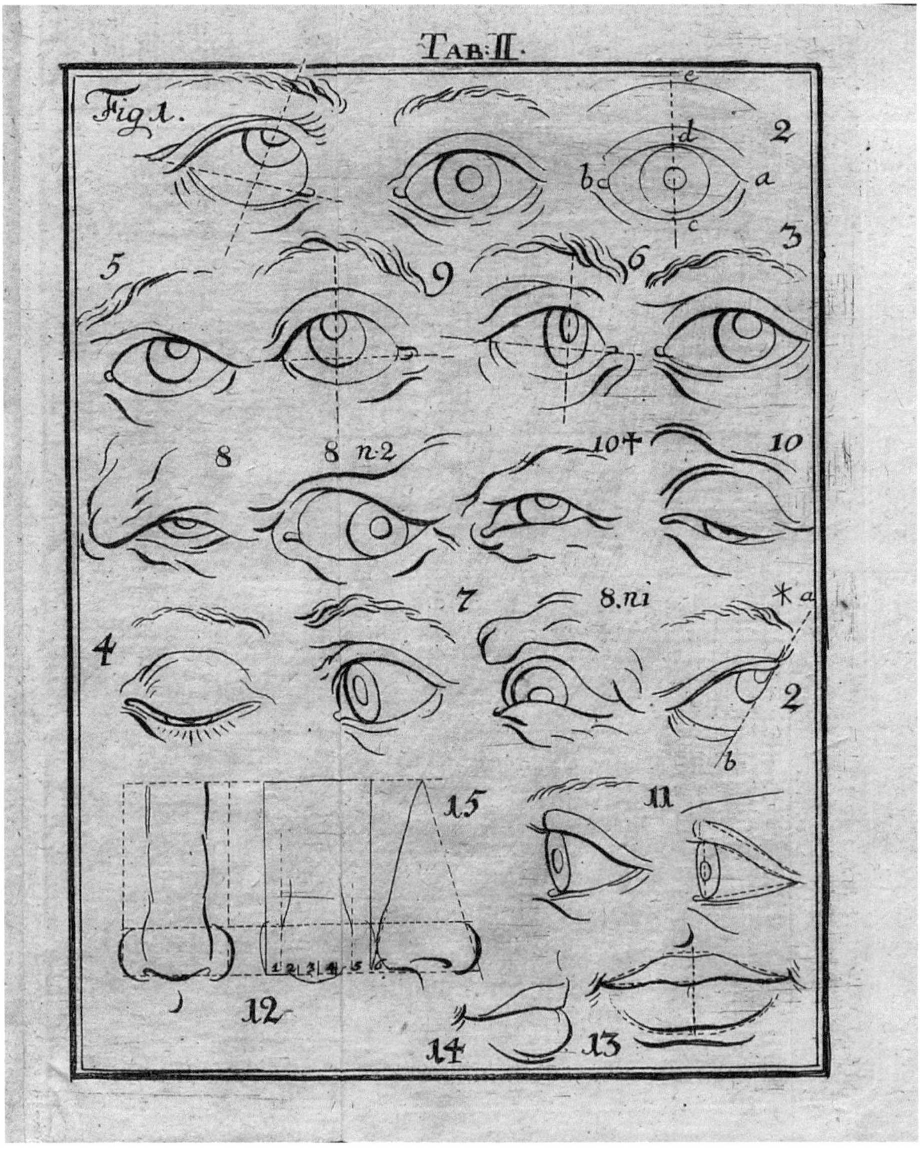

2 Georg Heinrich Werner: *Augenblatt, tabula 2,* Kupferstich, ca. 11,4 × 15,3 cm, in: Ders.: *Nöthige Anweisung* […], Erfurt 1768, Zentralinstitut für Kunstgeschichte München

Zerrissenheit mit Ruhe zu genießen. Der beschriebene Aufbau gemäß der Leserichtung steigert diese Ruhe erneut, sofern dies denn möglich ist.

Das *Augenblatt* Werners (Abb. 2) zeigt einige Ansichten Preißlers, deren abweichende Abfolge hingegen überrascht. Obwohl die Annahme voraus gestellt wurde, dass mit der Aufnahme einzelner Ansichten eine andere Anordnung der jeweiligen einher-gehen kann, so ist eine solche Positionierung bei den einführenden Anleitungen nicht zu erwarten gewesen. Diese Ansichten wurden am rechten Bildrand in der oberen und unteren Bildhälfte platziert und präsentieren zunächst die ausgeführte (links), dann die anleitende Ansicht (rechts). Zudem sind weitere Gegenstände auf der Tafel vorzufinden, sodass nicht den Augen allein die Aufmerksamkeit gilt. So befinden sich am unteren Rand Nasen- und Mundansichten (ebenfalls von Preißler übernommen), welche die vermeintliche Ordnung aufheben.

Die dichte Anordnung der Augen führt zu einer erschwerten Differenzierung der jeweiligen. Das Auf und Ab der umgebenden Linien, welche die Falten unter und über den Augen oder aber die Augenbrauen veranschaulichen, erzeugen eine gewisse Unruhe und zugleich einen Rhythmus. Der Strich der Linien, der in seiner Dicke variiert und einen Duktus erahnen lässt, dessen Wucht durch die Hebungen und Senkungen spürbar wird, verstärkt diesen Eindruck. Dieser Bewegungsfluss wird allerdings durch die unteren Ansichten (Nase und Mund) unterbrochen. Diese führen zu einer gewissen Hektik, da der zu fokussierende Gegenstand nicht isoliert, sondern nur unter formalem Druck mit Blick auf den nächsten betrachtet werden kann. Wäre mehr Raum zwischen diesen, wäre der Eindruck sicherlich geringer.

Neben der Fülle wird zusätzlich durch den Rahmen eine räumliche Enge erzeugt, der manche Ansichten aneinander zu drängen scheint oder auch von manchen überragt wird. Die wütenden, traurigen und missgelaunten Augen im Zentrum scheinen keinen Gefallen an dem Aufbau zu finden und geben ihre Gefühle an den Rezipienten weiter, der diese angesichts der visuellen Überforderung vielleicht übernimmt oder bereits teilt. Denn die einzelnen Ansichten sind als solche nicht unbedingt wahrzunehmen aufgrund der weiten Linien, die in den Raum der benachbarten ragen, oder auch der Blicke, welche sich manche Augen gegenseitig zuwerfen, und auf diese Weise miteinander verbunden bzw. sich visuell nicht voneinander zu lösen scheinen.

Zwei sich teils gegenseitig bedingende Aspekte werden deutlich, die in der wechselseitigen Betrachtung mit Preißlers Blatt verglichen werden sollten: das Format und die Übernahme der emotionalen Ausdrücke.

Auffällig ist das kleinere Format der Lehre Werners. Abbildung 3 verdeutlicht, dass die Maße des fingierten Rahmens wesentlich geringer sind als die bei Preißler (Abb. 3). Aufgrund der vielen Ansichten, die Werner von Preißler übernommen hat und seiner Bemühung, die Maße der einzelnen Augen beizubehalten, war ein Aneinanderdrängen dieser unvermeidbar.[7] Dies hat zur Folge, dass die Augen als miteinander agierende auftreten und weniger ihrem Vermittlungszweck nachkommen können. Dieser Eindruck wird mit der Reduktion der anleitenden Ansichten und deren widersprüchlichen Abfolge gestützt und auf gestalterischer Ebene mit den dominant wirken-

7 Die Maße des fingierten Rahmens von Preißler betragen ca. 19,4 × 32,5 cm (Außenmaße), ca. 18,95 × 31,8 cm (Innenmaße). Der gedruckte Rahmen Werners misst ca. 11,4 × 15,3 cm.

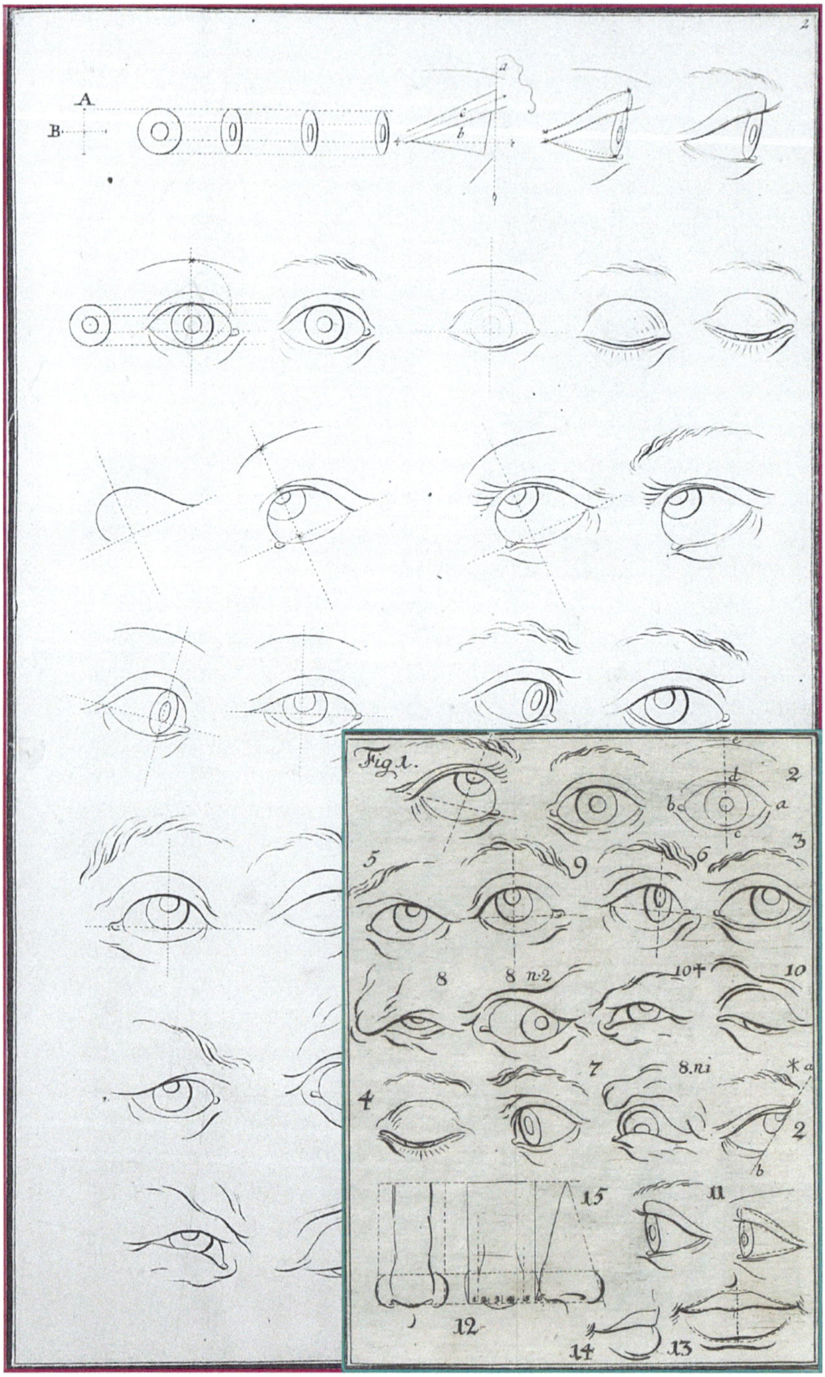

3 Visualisierung des Größenverhältnisses der Tafeln Preißlers (rot) und Werners (türkis), (eigene Darstellung)

den Linien, die weit ausholen und Verbindungen mit den benachbarten einzugehen scheinen, forciert.

Unmittelbar damit ist auch der stärkere Ausdruck der jeweiligen Augen bei Werner verbunden: Das Miteinander der verschiedenen aneinandergedrängten Augen scheint einer Erzählung, einem emotionalen Auf und Ab gleichzukommen, das den Rezipienten mitnimmt, erstaunt, entsetzt, erschauern lässt, ermüdet und letztendlich auf den nächsten Gegenstand (Nase) nach vorne bzw. durch die Ausrichtung zurückblicken lässt.

Die Anordnung Werners bewirkt, dass die in der Mitte befindlichen Augen immer wieder die Aufmerksamkeit des Betrachters auf sich ziehen und ihm keine Ruhe geben. Konträr zum Blatt Preißlers: Durch die senkrechte Leerstelle im Zentrum des Blattes wird der Blick des Betrachters nicht von einer Ansicht eingenommen. Die im Vergleich stärkeren Ausdrücke treten bei Preißler in den Hintergrund, scheinen durch den regelmäßigen Abstand weniger mit den weiteren Ansichten zu interagieren und wirken dadurch geringer auf den Betrachter ein.

Dennoch blicken sie einander an oder weisen auf verschiedene Ansichten oder Richtungen hin:

Die 3. Reihe blickt (geschlossen) nach links oben, als würde sie auf die anfänglichen Schritte zurückweisen wollen, falls die nachfolgenden zu überfordernd erscheinen. Das erste Auge der 4. Reihe ist leicht geneigt und blickt nach rechts, womöglich, um dem Rezipienten die Abgrenzung zwischen den vorangegangenen und den nun kommenden Ansichten zu verdeutlichen. Die anleitenden Ansichten sind vorüber und nun muss der Zeichenschüler auf Basis der erworbenen Kenntnisse die weiteren erschließen. Die 4. und 5. Reihe schließen jeweils mit einem nach oben gerichteten und damit zugleich zurückleitenden Blick. Hier scheint das Zurückblicken auf das bereits erworbene Wissen intendiert worden zu sein und weist wohl erneut auf das Beachten der damit verbundenen Kenntnisse im Weiteren hin. Die letzten drei Reihen weisen keine mehrschrittigen Anleitungen auf und so können die jeweils ersten Ansichten, die ebenfalls nach oben blicken, als Zurückerinnern oder aber auch als Möglichkeit gelesen werden, wieder an den Anfang zurückzukehren, wenn die Anforderungen nun zu hoch sind.

Die letzten beiden Reihen bei Preißler scheinen nicht nur jeweils einen gefühlsgeladenen Ausdruck in Momentaufnahme zu präsentieren, sondern auch in ihrer Abfolge einen emotionalen Verlauf zu veranschaulichen, welcher den Empfindungen des Anfängers gleichkommen könnte: Der leicht zweifelnde Blick nach oben, der argwöhnische Blick zur Seite, die aufkommende Wut und der Zorn, welcher in seiner Entschlossenheit keinen Blick zurück wagt (6. Reihe); die Frustration, die doch hinaufblickt, erschlagen von der Wucht und Fülle; die Resignation, welche von der Müdigkeit übermannt in den anschließenden erschöpften Rückblick übergeht. Dieser reflektiert in der zurückschauenden Betrachtung, was nun erreicht wurde und kontrastiert den Blick nach vorne, der auf das nächste Blatt gerichtet ist (7. Reihe).

Die Komposition des Blattes in seinem zurückgenommenen Aufbau gibt den jeweiligen Gegenständen den nötigen Wirkungsraum. Die zuletzt beschriebenen Ansichten der 6. und 7. Reihe verdeutlichen, dass die aufgreifenden und fortführenden Blicke dennoch zu verstehen sind.[8]

Die Abfolge Preißlers scheint seine Erfahrungen als Lehrer zu verbildlichen, indem er die verschiedenen Stufen aufgreift, die der Schüler in der Gestaltung – sowohl technisch als auch emotional – durchläuft, und somit sein Verständnis für die jeweilige Situation verdeutlicht. Er weiß um die Komplexität, die damit einhergehenden Ängste und Zweifel und versucht, diese durch die Veranschaulichung zu nehmen. Unterstützt wird dies durch seine Äußerung, erst fortzufahren, wenn die Gegenstände vollständig erschlossen wurden.[9] Er warnt den Schüler, sich voreilig weiteren Schritten zuzuwenden, denen er noch nicht gewachsen ist. Diese Aufforderung des Hinterfragens der eigenen, erworbenen Kenntnisse verweilt nicht auf der verbalen Ebene. Vielmehr fragt er mit den zurückführenden Blicken in der Anschauung, ob sich der Schüler sicher ist, die vorherigen Schritte verstanden zu haben – theoretisch und praktisch –, um mit den weiteren Ansichten ohne Hilfestellungen fortfahren oder auch zum nächsten Gegenstand übergehen zu können.[10] Diese reflexive Abfolge hebt nicht nur die Intention der Lehre Preißlers hervor, sondern verdeutlicht auch den intendierten Umgang mit seiner Lehre. Dieses Zusammenspiel unterstreicht sein Können als Zeichner und auch als Lehrer.

Dieser empathische, geradezu kommunikative Verlauf ist bei Werner nicht festzustellen. Eine Abfolge wird anhand der Blicke nicht ersichtlich – vielmehr erzeugen diese ein Durcheinander, das von den übergreifenden Linien aber auch der beigefügten Bezifferung unterstützt wird: Anstatt sich den Ansichten nach und nach entsprechend der Leserichtung anzunehmen, wird der Rezipient dazu aufgefordert, die anschließende Ziffer zu suchen – so suggeriert es zumindest die Darstellung. Mit der ersten Reihe scheint Werner die Leserichtung befolgen zu wollen, da die Ansicht oben links mit *Fig. 1.* bezeichnet wird. Darauf folgt die Umrisszeichnung des nach vorne blickenden Auges, dessen mit Hilfslinien versehene Darstellung rechts daneben zu finden ist und mit *2* beziffert wurde. Ein Überspringen der mittleren Ansicht erscheint naheliegend, um sich zunächst dem anleitenden Erstellungsschritt zuzuwenden, doch

8 Es stellt sich die Frage, ob dieser Verlauf ohne das Blatt Werners ersichtlich geworden wäre, da dort die Austauschbeziehungen der einzelnen Augen offensichtlich, geradezu aufdrängend hervortreten. Dieses emotionale Verhältnis kann jedoch nur wirksam werden, wenn der Rezipient eine Vorstellung von den vorgeführten Gefühlslagen hat und diese als solche im Kontext der gezeigten Begegnungen begreift (*mentales Bild*, siehe Anm. 2).

9 „Schlüßlichen solt ihr niemal ein Blat umwenden, es sey dann daß ihr das vorige gehöriger Massen verstehet. Dieser Fehler findet sich bey denen meisten, die da nur immer etwas neues anzufangen begierig sind, und doch zuletzt aus keinem keinen Nutzen schöpfen werden." (Johann Daniel Preißler: *Die durch Theorie erfundene Practic*, […] Erster Theil, Nürnberg 1721, [S. 2 r b]).

10 Die Komposition greift die allgemeingültige Verfahrensweise im Umgang mit den Blättern, wie Preißler diese fordert, visuell auf und nutzt dazu die etablierte zu lesende Abfolge. Siehe Carsten-Peter Warncke: *Sprechende Bilder-Sichtbare Worte. Das Bildverständnis in der frühen Neuzeit*, Wiesbaden 1987, S. 111 ff. (Wolfenbütteler Forschungen, 33).

wird mit einem weiteren Auge, das ebenfalls die Ziffer *2* aufweist (rechte Ansicht der vierten Reihe), erste Irritation erzeugt. Gesteigert wird diese mit der Suche nach den darauffolgenden Augen *3, 4,* … und überhöht mit den zusätzlichen Markierungen der Ansichten *8 n.2* und *ni.*

Die Erklärungen zu der Tafel geben wenig Aufschluss über die Anordnung und Bezifferung der jeweiligen. Die vermeintliche Befolgung der Leserichtung angesichts der Nummerierung *Fig. 1.* und *2* der ersten Zeile (siehe o.) entspricht nicht der beschriebenen Abfolge. Tatsächlich beginnt Werner mit dem vorwärts blickenden Auge (*2*) und beschreibt im Anschluss erneut *Fig. 2,* wobei es sich um einen Fehler in der Nummerierung handelt, da er sich auf die Darstellung der *Fig. 1.* bezieht.[11] Die verbale Ausführung der ersten Reihe erfolgt von rechts nach links; diese Abfolge wird auch in der zweiten Reihe wiederholt.[12] Darauf folgt jedoch ein sprunghafter Verlauf: Manche Ansichten werden mehrfach beschrieben und auch die Anleitung, wie das nach vorne blickende Auge zu erstellen ist, wurde im Prozess unterbrochen und erst nach zehn weiteren Beschreibungen abgeschlossen. Doch auch inhaltlich weichen die Äußerungen voneinander ab: Neben Anweisungen zur Erstellung werden manche Augen ausschließlich zur Vorstellung verschiedener *Gemüthsbewegungen* oder *Leidenschaften* präsentiert.[13]

Preißler hingegen erklärt den Aufbau des zur Seite blickenden und frontal ausgerichteten Auges. „Die übrigen, von unterschiedlichen *Affect*en, sind, um sich in de-

11 Dieser Fehler ist nicht nur in der Erstausgabe zu finden, siehe Georg Heinrich Werner: *Nöthige Anweisung* […], Erfurt 1768, S. 46, sondern auch in den weiteren Ausgaben von 1775 (S. 47), 1783 (S. 47) und 1795 (S. 47). Eine Prüfung der aufeinander bezogenen Inhalte und eine Korrektur der Angabe haben demnach nicht stattgefunden.

12 Ausgehend von den Beschreibungen der ersten beiden Reihen ist eine spiegelverkehrte Ausführung denkbar. Dafür würde auch die Abfolge der erklärenden Ansichten sprechen – siehe Werner 1768 (wie Anm. 11), S. 45 ff. Ob die Spiegelung im Druck nicht bedacht wurde – eine Zeichnung nach Preißlers Lehre zur Herstellung der Druckplatte verwendet wurde –, kann nicht beantwortet werden. Die Ansicht *8 n.2* wurde hingegen so übertragen, dass diese im Druck der Ausrichtung Preißlers Ansichten entspricht, sodass weitere Fragen zur Konzeption aufkommen.

13 Werner lenkt auf diese Weise die Aufmerksamkeit weg von der Erstellung hin zur Differenzierung der Ausdrucksmöglichkeiten. Damit scheint er sich auf den Maler Charles Le Brun zu beziehen, der die verschiedenen Gemütsbewegungen differenzierte. Seine Ausführungen wurden 1698 unter dem Titel *Conférence sur léxpression* publiziert. Zu den Veröffentlichungen und den Auswirkungen dieser auf die Kunst des 17. und 18. Jahrhunderts siehe Jennifer Montagu: *The Expression of the Passions* […], New Haven 1994.
Eine stark in ihrem Umfang reduzierte, deutsche Ausführung liegt mit dem Werk *Expressions des Passions de l'Ame. Representées en Plusieura Testes Gravées d'apres les Desseins de feu Monsieur Le Brun Premier Peintre du Roy* […] [sic!], Augsburg 1732 von Martin Engelbrecht vor. Dieses sei als Beispiel zu nennen, das Werner herangezogen haben könnte. Die abweichende Zuordnung von Beschreibung und Gestalt bei Werner erlaubt lediglich von einer Orientierung an den Ausführungen Le Bruns zu sprechen. Ob er eine eigene Interpretation der Leidenschaften und deren entsprechende gestalterische Ausführung zu etablieren versuchte, kann nicht beantwortet werden.

nenselben zu üben, beygesetzet worden."[14] Damit werden die Unterschiede in der Vermittlung offensichtlich: Preißler begrenzt seine Ausführung auf Angaben, die den Aufbau des neutralen Auges wiedergeben und zum Verstehen sowie Umsetzen verhelfen. Die weiteren Ansichten dienen dem selbst geleiteten Studium. Durch das Übergehen der leidenschaftlichen Ausdrücke in der Erklärung kann diesen anstelle einer gestalterisch-anleitenden vielmehr eine emotional-aufgreifende und erzählende Aufgabe zugesprochen werden.[15] Die vermittelnde Aufgabe tritt hingegen bei Werner deutlich zurück. Dies geht aus den übernommenen, anleitenden Schritten, die stark komprimiert wurden und teils nicht mehr als solche wahrzunehmen sind, hervor. Er „reduziert" die Augen auf ihre Empfindungen und das Darstellerisch-Vermittelnde rückt in den Hintergrund. Die aneinandergedrängten Ansichten und der begleitende Text, der die Empfindungen ausführlicher beschreibt und die Anleitungsschritte unterbricht, steigern das visuelle (Gefühls-)Chaos und führen zu einem ambivalenten Umgang mit diesen.

Durch die wechselseitige Betrachtung der *Augenblätter* Preißlers und Werners trat erst die erzählerische Struktur des Ausgangswerkes hervor. Die Nähe der einzelnen Augen und ihre gegenseitige Bezugnahme sowie Wirkkraft bei Werner ließen darauf schließen, dass trotz der Distanz und Ordnung der jeweiligen Ansichten bei Preißler ein narrativer Verlauf intendiert ist. Auch die anleitende Struktur, wie sie in der ersten Reihe von Preißler vorgestellt wird und scheinbar keiner Erklärung bedarf, hat eine gewisse Vorbildfunktion für weitere Lehren – ein Abweichen von dieser Struktur und die dadurch bedingten Auswirkungen auf das Erkenntnispotenzial wurden in der vergleichenden Betrachtung mit Werners Blatt ersichtlich.

Die Gegenüberstellung der beiden Blätter verdeutlichte, wie unterschiedlich die Rezeption derselben Gegenstände in Abhängigkeit ihrer Platzierung, Ausrichtung, Gestaltung und, teils damit verbunden, deren Komprimierung erfolgen kann.

Die Absicht der jeweiligen Autoren ist dabei zu berücksichtigen: Werners *Nöthige Anweisung* ... lässt ausgehend von der Wahl des Titels eine Begrenzung auf notwendige Ansichten vermuten, womit die Reduktion der anleitenden Schritte zu erklären ist, hingegen nicht deren Abfolge. Es ist möglich, dass das Blatt andersherum konzipiert wurde und bei der Übertragung der Zeichnung auf die Platte nicht die Spiegelung bedacht wurde, sodass die anleitenden Schritte von rechts nach links zu lesen sind.[16]

14 Preißler 1721 (wie Anm. 9), [S. 2 v a].

15 Preißler vermag es trotz der zurückgenommenen Präsentation der jeweiligen Augen dem Rezipienten Gefühle zu vermitteln, sich diesen anzunehmen oder sie auch zu übernehmen. Die angeleitete Abfolge (ausgehend von Text und Erstellungsschritten) entsprechend der Leserichtung erlaubt, sich den Gefühlszuständen nacheinander und dennoch aufeinander aufbauend wahrnehmend, zeichnerisch umsetzend und aufgreifend anzunehmen.
Die laut Warncke wichtigste Darstellungskonvention der Bildkunst (die Seelenregung) scheint hier Berücksichtigung zu finden (Warncke 1987 (wie Anm. 10), S. 52 f.).

16 Siehe Anm. 12.

Zahlreiche Fragen in Bezug auf Werners Blatt, dessen Lehre und Konzeption, bleiben weiterhin offen. Ob sein Werk nun als Kritik an der Lehre Preißlers zu verstehen ist, oder aber Werner lediglich weitere Angaben liefern wollte, worauf der umfangreichere Textanteil schließen lässt, oder in Verbindung mit seinen weiteren Publikationen eine Zusammenführung der wichtigsten Lehren anstrebte, kann nicht geklärt werden.

Die Selbstreferenzialität des zu zeichnenden Objekts *Auge* in der Lehre Preißlers wurde durch die wechselseitige Betrachtung mit der Lehre Werners zusätzlich um die relationale Komponente erweitert, die bei letztgenanntem vordergründig zu sein scheint.[17] Die Absicht der Relationalität hinsichtlich der Erschließung des einen mit Blick auf den vorherigen Schritt erscheint naheliegend, doch die hier gemeinte und vorgestellte emotionale, kommunikative oder gar empathische Verflechtung der einzelnen Augen untereinander und auch deren Einbeziehung des Rezipienten scheint von Preißler beabsichtigt. Das *Auge* als anleitendes – selbstreferenzielles – Objekt tritt zurück und das *Auge* als empfindendes, reagierendes tritt in der Wahrnehmung des Rezipienten zunehmend hervor; leitet, führt, lenkt oder beherrscht geradezu das Blatt, wozu schließlich auch Augen in Darstellungen dienen.[18]

Eine solche inhaltlich-intentionale Verschiebung wird bei Werner weniger deutlich und kann ihm daher auch nicht zugesprochen werden.

Neben dem beschriebenen emotionalen Ergreifen, das von beiden Blättern (oder auch im erweiterten Sinne vom Lehrer) ausgeht, kann diesen zugleich eine Bezugnahme auf den realen (Betrachter-)Raum des Rezipienten zugesprochen werden. Solche Bezugnahmen erfolgen bei den vorliegenden *Augenblättern* nicht mittels einer realitätsgetreuen Wiedergabe der präsentierten Gegenstände. Vielmehr ist bei Werner ein Überragen der selbst gestalteten Grenze – des fingierten Rahmens – zu beobachten. Die Ansichten scheinen von diesem begrenzt, beengt, regelrecht eingefangen zu sein, doch wird dieser von der Augenbraue und der Hilfslinie der *Fig. 1.* durchbrochen und es öffnet sich eine Lücke. Ein Überspringen der Empfindungen wird nun nicht mehr durch den Rahmen aufgehalten. Das Gezeigte wirkt nahbar und eine Übernahme wahrscheinlicher.[19]

17 Die oszillierende Austauschbeziehung, die Boehm zwischen dem *zeigenden Verweisen*, dem *Etwas-zeigen* und dem *Sich-zeigen* beschreibt, scheint hier zu greifen (Boehm 2017 (wie Anm. 2), S. 25). Die auf sich bezogene und selbst erschließende Präsentation des selbstreferenziellen Objekts zeigt nicht nur eine Anleitung zur Erstellung, nicht nur den Gegenstand als solchen, sondern auch sein relationales Verhältnis zu den weiteren Augen des Blattes hinsichtlich der Erstellung sowie in der visuellen Differenzierung des jeweiligen Gemütszustandes.
18 Siehe Warncke 1987 (wie Anm. 10), S. 52, S. 56; siehe Montagu 1994 (wie Anm. 13), S. 58 ff.
19 Die visuelle Distanz wird verringert, wodurch die bewusste Abgrenzung zwischen Betrachter- und Bildraum (hier vielmehr von Bildfeld zu sprechen) verschwimmt. Siehe Vera Beyer: *Rahmenbestimmungen. Funktionen von Rahmen bei Goya, Velázquez, van Eyck und Degas*, München 2008, S. 12 f. (zugl. Diss. Universität Hamburg 2005).
Bedingt durch die Drucktechnik ist neben dem vom Künstler gezogenen Rahmen auch ein solcher von der Druckplatte gegeben, der eine zusätzliche Abgrenzung (auch haptisch) vor-

Das Blatt Preißlers hingegen scheint Teil des Betrachterraums zu werden, indem das Vorliegende dem Produkt des Schülers, das aus dem Verstehen und Zeichnen nach der Vorlage resultiert, gleichkommt. Der Zeichenlehrer stellt mit dem zu studierenden Blatt zugleich vor, was der Schüler idealerweise hervorbringt. Der auszulösende Zeichenprozess kann als ein Überspringen in den Realraum verstanden werden. Denn das vorliegende Werk und die enthaltenen Blätter rufen durch das, *was* es ist und welchem Zweck es dient, zu einer gewissen Handhabung auf. Der Lehrer (Preißler) versucht, seinen Schüler in der Zeichnung zu unterweisen. Das Gestaltete muss vor diesem Hintergrund erschlossen werden, womit die Hinterfragung der wechselseitigen Bedingung der Gegenstände, deren Gestalt und Materialität, einhergeht, um zu einem Verstehen des Vorliegenden und zum Zeichnen nach diesem übergehen zu können. Das hier vorgestellte Blatt kann als Versuch eines mimetischen Lernprozesses angesehen werden, der materiell verankert ist.[20]

Bedingt durch die Gestaltung und deren Rezeption verschiebt sich zwangsläufig die Auffassung des Einwirkens in den Realraum. Trotz der herausgestellten emotionalen, empathischen Anteilnahme tritt bei Preißler verstärkt der vermittelnde Aspekt hervor. Dieser wird von den verbalen Ausführungen unterstützt, die sich auf die anleitenden Schritte begrenzen. Damit obliegt die inhaltliche Erschließung der weiteren Ansichten dem Schüler. Werner hingegen provoziert durch die Enge der gefühlsgeladenen Augen Unbehagen beim Betrachter. Die ausschweifenden Äußerungen zu den präsentierten *Gemüthsbewegungen* erlauben diesen nicht auf einer konstruierenden, sachlichen Ebene zu begegnen, sondern verstärken den ohnehin überwältigenden Eindruck.

In der wechselseitigen Betrachtung wurden die Unterschiede, die die teils übereinstimmenden *Augen* der Lehre Preißlers und Werners aufweisen, ersichtlich. Der gestalterische Gehalt dominiert teils den inhaltlich-anleitenden Aspekt – *wie* das *Auge* zu zeichnen ist –, der angesichts der Vermittlungsabsicht vorherrschend sein sollte. Der Text Preißlers lenkt zurück auf die Vermittlung, während Werner dem Ausdruck mehr Raum bietet. Die Anschauung bzw. ein Vorführen scheint bei letztgenanntem vorrangig; Preißler fordert hingegen das praktische Tun und so eine aktive Auseinandersetzung mit dem Gestalteten. Die emotional ergriffenen Ansichten bleiben so vorerst verborgen und erschließen sich erst in der unmittelbaren Begegnung mit diesen.

nimmt. Aufgrund der abweichenden Platzierung der Druckplatten, die teils über den Rand des Papiers hinausragen, weisen nur manche einen solchen geprägten Rahmen auf. Dem gestalteten Rahmen und dem Umgang mit diesem wird entsprechend mehr Gewicht zugesprochen – auch hinsichtlich der weiteren Tafeln.

20 Zum Verhältnis der verschiedenen Akteure siehe Wolfgang Christian Schneider: Gestalten, Sehen und Verstehen als relationales Ereignis, in: Jochen Krautz (Hrsg.): *Beziehungsweisen und Bezogenheiten. Relationalität in Pädagogik, Kunst und Kunstpädagogik*, München 2017, S. 285–289 (Imago. Kunst. Pädagogik. Didaktik, 4). Zum Mimesis-Begriff siehe Jochen Krautz u. Hubert Sowa, Mimesis. Zur kunstpädagogischen Aktualität des alten Prinzips, in: *Imago. Zeitschrift für Kunstpädagogik* 4 (2017), S. 4–13.

Ulrich Heinen

Rubens' Figurbildung

Abstract: Peter Paul Rubens adhered to the ancient concept of "figura", etymologically linked to *fingere* — the act of plastic shaping. He understood natural bodies and their artistic representation as outcomes of plastic figure-forming processes, reconstructing biblical and antique actors with vivid, convincing corporeality. This is evident in his early drawing after Stimmer's woodcut *Samson with the Gates of Gaza*, which deliberately recovers the Old Testament hero's plastic corporeality.

In his *Prometheus*, Rubens updates the literary ekphrasis of Euanthes' depiction by referencing the physiology of the antique *Laocoön Group*. He deconstructs its stony materiality into corporeal-physiological figure formation and reconstructs, using physico-pictorial techniques of presence, a mortally suffering figure in fleshy vividness. Rubens stages the anatomically precise representation of the liver as a sober hepatectomy, paralleling bodily and pictorial figure-forming physiology. In doing so, he draws on an ancient rhetorical exercise in Seneca Rhetor, discussing the aesthetic and ethical limits of art through the painter Parrhasius, who allegedly tortured a slave to heighten realism in his painting of Prometheus. Rubens surpasses this ethically and aesthetically by employing the most advanced anatomical presentation methods of his time. The attribution of the *écorché* used for Prometheus to the Paduan anatomist Hieronymus Fabricius ab Aquapendente confirms the work's medical-scientific context. The eagle's attack on the liver, pubic area, and eyes demonstrates the bodily foundations of affective-psychological processes between perception, instincts, and reflection. Prometheus' resistant gaze towards the divine eagle models stoic premeditation against the pre-affects staged as the eagle's *morsus*. The figure-formation technique thus engages the viewer's mental work, making the painting an exercise in stoic constancy. Samson, as a type of Christ rising, and Prometheus become paradigmatic models for viewers' psychic figuration, as well as expressions of Rubens' self-conception as a master figure-former.

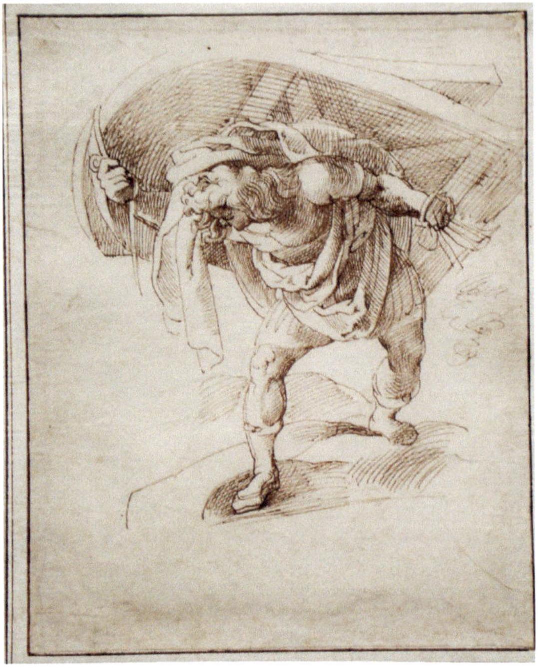

1 Peter Paul Rubens nach Tobias Stimmer: *Samson trägt die Tore von Gaza*, um 1595, Feder und braune Tinte, 15,7 × 12,3 cm, Antwerpen, Privatsammlung

Künstliche Figuren

Wenn der etwa achtzehnjährige Peter Paul Rubens um 1595 die Figur Samsons (Abb. 1),[1] der aus dem Kerker in Gaza ausgebrochen ist, die Tore der Stadt auf einen Berg schleppen lässt (Ri 16,1–3), gibt er das oberflächliche Gefüge der opaken Konturen und Strichlagen seiner graphischen Vorlage, eines Holzschnitts aus den *Neuen Künstlichen Figuren Biblischer Historien* des Tobias Stimmer von 1576 (Abb. 2),[2] signifikanterweise gerade nicht möglichst getreu Strich für Strich wieder.[3] Vielmehr modifiziert er den Oberkörper, den Samson unter der gewaltigen Last weit vorbeugt, mit gebogenen

1 Kristin Lohse Belkin: *Rubens. Copies and Adaptations from Renaissance and Later Artists. German and Netherlandish Artists*, London/Turnhout 2009, 2 Bde., Nr. 67, Bd. 1, S. 160 f.; Bd. 2, Fig. 169 (Corpus Rubenianum Ludwig Burchard, 26/1); Anne-Marie Logan, in Zusammenarbeit mit Kristin Lohse Belkin: *The Drawings of Peter Paul Rubens. A Critical Catalogue*, bisher 2 Bde. in 4 Teilen, Turnhout 2021–2022, Bd. 1: 1590–1608, 2 Teile, Nr. 7, Text, S. 45, Plates, S. 23, Fig. 50 (Pictura Nova, 22).
Maximilian Geiger danke ich sehr für den wichtigen Impuls, den er mit der von ihm konzipierten Tagung gesetzt hat, zahlreiche Hinweise, die gründliche Lektorierung und Redaktion des Artikels sowie besonders für seine Geduld mit meiner dilatorischen Manuskripterstellung.
2 Tobias Stimmer: *Neue Künstliche Figuren Biblischer Historien*, Basel: Thoma Gwarin 1576, s. p. [S. 83]; Lohse Belkin 2009 (wie Anm. 1), Bd. 1, S. 155, S. 161; Bd. 2, Fig. 170.
3 So aber zum folgenden Beispiel ebd., Bd. 1, S. 161.

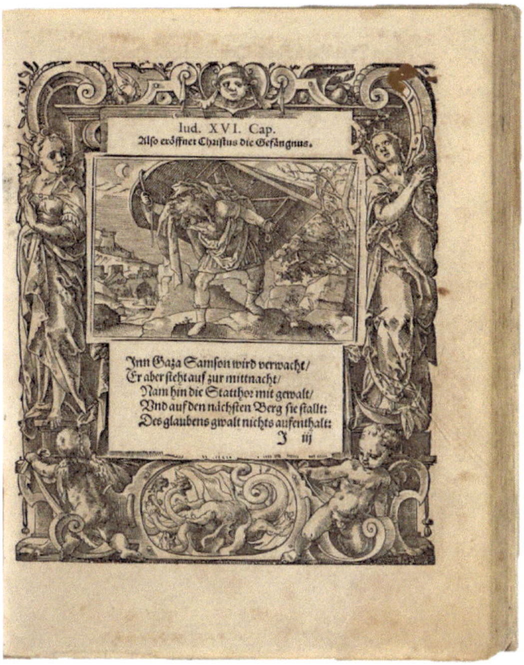

2 Tobias Stimmer: *Samson trägt die Tore von Gaza*, Holzschnitt, in: Tobias Stimmer: *Neue Künstliche Figuren Biblischer Historien*, Basel: Thoma Gwarin 1576, zu Iud. XVI

Formstrichen ansichtigkeitskonform. Das stützend nach vorne gestellte Knie Samsons korrigiert er und formt es anatomisch glaubhaft neu durch. Körperbildend unterbricht in Rubens’ Zeichnung die Kontur der Körperteile den Umriss der weiter entfernten Glieder. Die ledernen *Pteruges* des Waffenrocks schmiegen sich jetzt an die Wölbung des nach vorn gestellten Oberschenkels an und akzentuieren dessen plastische Gestalt neu. Die kurzen Schraffuren der Schlagschatten graben schließlich Tritte in das Blatt ein, in denen der weitausschreitende Held die riesigen Tore mit standsicherem Schritt den Berg hinaufwuchten kann.

In den handwerklichen Operationen des Zeichnens gestaltet Rubens vor dem gedruckten Figurenschema aus Stimmers Holzschnitt die dort dargestellte Figur vom Ganzen bis ins Detail plastizierend neu durch. In den mentalen Operationen des Zeichnens rekonstruiert er so zugleich den einstigen Heros Samson als plastisch vor Augen tretenden Leib. Mit jedem Strich gewinnt dieser an Greifbarkeit, Deutlichkeit und Präsenz. Vor seinen äußeren und inneren Augen lässt Rubens den alttestamentlichen Kämpfer in einer geradezu haptischen Seherfahrung als neuen Bilderleib auf dem Blatt auftreten. Aus Stimmers *Künstlicher Figur* ruft er so im Akt des Zeichnens die körperlich präsente Vorstellung des alttestamentlichen Helden als einstiger *Figur Biblischer Historien* aus der Ferne der Vergangenheit neu ins Leben zurück.

Théorie de la Figure Humaine

Die Figurbildung fokussiert Rubens auch in seinem nur in Fragmenten überlieferten *Studienbuch*,[4] aus dem 1708 die Abhandlung *De Imitatione Statuarum*[5] und 1773 ein

4 Anonym nach Peter Paul Rubens: Ms. Chatsworth; Michael Jaffé: *Van Dyck's Antwerp Sketchbook*, London 1966, 2 Bde., Bd. 2. Anonym (Werkstatt des Peter Paul Rubens) nach Peter Paul Rubens: Studienbuch (Ms. Bordes), 17. Jh., Feder und braune Tinte, Einband 20,5 × 16,5 cm, Madrid, Museo Nacional del Prado, https://www.museodelprado.es/coleccion/obra-de-arte/manuscrito-de-principios-artisticos-de-rubens/f2d0a359-62a7-4be7-bc14-e14ec9d3f679. Anonym nach Peter Paul Rubens: Studienbuch (Ms. Johnson), Mitte 18. Jh., Kreide, Feder und Tinte, laviert, 19,9 × 15,7 cm, London, The Courtauld Institute of Art (The Courtauld Gallery Collection Online: https://gallerycollections.courtauld.ac.uk/object-ms-1978-pg-1). Anonym nach Peter Paul Rubens: Studienbuch (Ms de Ganay), 1651–1692, Feder, braune Tinte, schwarze und rote Kreide, 45,5 × 28,5 cm, Antwerpen, Rubenshuis (Cultural Heritage!, 2022, https://deganay album.heritage-kbf.be/en-notitieboek.html).

5 Peter Paul Rubens: *De Imitatione Statuarum*, in: Roger de Piles: *Cours de Peinture par Principes*, Paris: Jacques Estienne 1708, S. 139–148. Zu dem Traktat Ulrich Heinen: *Rubens zwischen Predigt und Kunst. Der Hochaltar für die Walburgenkirche in Antwerpen*, Weimar 1996 (Zugl. Diss. Universität zu Köln 1994), S. 21, S. 81, S. 105, S. 107 f., S. 132, S. 144–149; S. 193–198, Anm. 99–112 (mit der älteren Literatur). Zuletzt zudem Ders.: Komponieren im Affekt. Vergil – Monteverdi – Rubens, in: Klaus Herding u. Antje Krause-Wahl (Hrsg.): *Wie sich Gefühle Ausdruck verschaffen. Emotionen in Nahsicht*, Taunusstein 2007, S. 161–188, S. 187, Anm. 57 (Edition Wissenschaft); Ders.: Stoisch Sterben lernen. Rubens' Memorialbild auf Justus Lipsius und Philip Rubens, in: Katlijne van der Stighelen, Hannelore Magnus u. Bert Watteeuw (Hrsg.): *Pokerfaced. Flemish and Dutch Baroque Faces Unveiled*, Turnhout 2010, S. 25–68, S. 44 (Museums at the Crossroads, 19); Andreas Thielemann: Rubens' Traktat ‚De Imitatione Statuarum', in: Ursula Rombach u. Peter Seiler (Hrsg.): *Imitatio als Transformation. Theorie und Praxis der Antikennachahmung in der Frühen Neuzeit*, Petersberg 2012, S. 95–150; Ders.: Stone to Flesh. Rubens' Treatise ‚De Imitatione Statuarum', in: Cordula van Wyhe (Hrsg.): *Rubens and the Human Body*, Turnhout 2018, S. 41–101 (The Body in Art, 3); Ulrich Heinen: Heroische Re-Formation. Sichtbarkeit als Heldentat in Rubens',Auferstehung Christi', in: Achim Aurnhammer u. Johann Anselm Steiger (Hrsg.): *Christus als Held und seine heroische Nachfolge. Zur imitatio Christi in der Frühen Neuzeit*, Berlin 2020, S. 563–597 (Frühe Neuzeit, 235); Catherine H. Lusheck: Laboring Bodies, Laboring Artist. Rubens and the Virtues of Intellectual and Painterly Works, in: Raffaella Morselli u. Cecilia Paolini (Hrsg.): *Rubens e la Cultura Italiana, 1600–1608*, Rom 2020, S. 245–271, S. 250, S. 253 (I Libri di Viella Arte). Zu der in diesen Beiträgen angeführten Literatur sind zu ergänzen Nadeije Laneyrie-Dagen: Préface, in: Pierre Paul Rubens: *Théorie de la Figure Humaine*, hrsg. v. Nadeije Laneyrie-Dagen, Paris 2003, S. 9–45; Anastasia Dittmann, ‚Imitation is the means, not the end, of art' – Peter Paul Rubens und Sir Joshua Reynolds über die Grammatik antiker Skulptur, in: *Kunstgeschichte. Open Peer Reviewed Journal* 2 (2010), https://www.kunstgeschichte-ejournal.net/archiv/2010/dittmann/; Steven J. Cody, Rubens and the ‚Smell of Stone'. The Translation of the Antique and the Emulation of Michelangelo, in: *Arion. A Journal of Humanities and the Classics* 20/3 (2013), S. 39–55; Andreas Thielemann: Peter Paul Rubens (1577–1640). De Imitatione Statuarum, in: Abgekupfert. Roms Antiken in den Reproduktionsmedien der Frühen Neuzeit, hrsg. v. Manfred Luchterhandt, Lisa Roemer, Daniel Graepler u. Johannes Bergemann, Ausstellungskatalog, Kunstsammlung der Gipsabgüsse, Universität Göttingen, Petersberg 2013, S. 319–321; Shawon umfangreiches Exzerpt unter dem Titel *Théorie de la Figure Humaine* ediert wurden.[6] Er sucht dort nach Naturprinzipien, auf denen die gemeinsame äußere Erscheinung von lebenden Körpern und deren Darstellung in Skulptur und Malerei beruhen können. „Figur" nennt Rubens dabei zunächst die „menschliche Figur" im Allgemeinen, die man auf „Prinzipien oder Elemente […] zurückführen kann".[7] Bei ihm heißen dann

Kinew, Sedlmayr's Mother-of-Pearl. Further Notes on Rubens and Flesh Color, in: *Selva. A Journal of the History of Art* 2 (2020), S. 88–96; Michael W. Kwakkelstein: *Rubens. Study Heads and Anatomical Studies*, London/Turnhout 2021, Bd. 1: *Anatomical Studies*, S. 35 ff. (Corpus Rubenianum Ludwig Burchard, 20/1).

6 Pierre Paul Rubens: *Théorie de la Figure Humaine*, Paris: Charles Antoine Jombert 1773. Zu dem Studienbuch zuletzt Teresa Esposito, Black Ethiopians and the Origin of ‚materia prima' in Rubens' Images of Creation, in: *Oud-Holland* 133.1 (2020), S. 10–31, S. 10 ff., S. 20, S. 26; Dies.: Rubens's Encounter with Natural Philosophy and the ‚Occult Sciences' in 17th-century Italy, in: Morselli/Paolini 2020 (wie Anm. 5), S. 233–246, S. 233 ff.; Lusheck 2020 (wie Anm. 5), S. 251 ff.; Arnout Balis: Ein Blatt aus Rubens' theoretischem Studienbuch, in: Peter Paul Rubens. Becoming Famous, Ausstellungskatalog, Stuttgart, Staatsgalerie, Dresden 2021, S. 157–165; Logan/Lohse Belkin 2021–2022 (wie Anm. 1), Bd. 1, Nr. 21, 68, 87, 146, Text, S. 56–59, S. 105 f., S. 128 ff., S. 180, S. 199; Plates, Fig. 64, 113, 134 f., 198; Teresa Esposito, Rubens' Study of the ‚Borghese Gladiator' and Antiquarianism in the Lincean Academy, in: *Kunstgeschichte. Open Peer Reviewed Journal* (2022), S. 9 ff., S. 13, S. 15 [urn:nbn:de:bvb:355-kuge-593–7]; Dies.: *Rubens and Modern Science. Mastering Natural Philosophy in 17th Century Europe*, s. l., 2024, S. 2, Anm. 5 (Diss. Universiteit Ghent 2018), https://zenodo.org/records/12798601. Zu der dort angeführten Literatur zu ergänzen sind Alessandro Vezzosi: The Poussin and Rubens Manuscripts, in: La Raccolta Leonardesca della Contessa de Béhague, Ausstellungskatalog, Castello dei Conti Guidi, Vinci 1980, S. 38–69, S. 55–69; Jaap Bolten: *Method and Practice. Dutch and Flemish Drawing Books. 1600–1750*, Landau in der Pfalz 1985, S. 107–116, S. 238 f., S. 268–271; Justus Müller Hofstede, Neue Beiträge zum Oeuvre Anton van Dycks, in: *Wallraf-Richartz-Jahrbuch* 48/49 (1987/1988), S. 123–186, S. 125–131, S. 179, Anm. 8; Heinen 1994/1996 (wie Anm. 5), S. 76, S. 82, S. 105, S. 107; S. 187, Anm. 72; S. 190, Anm. 94; S. 244, Anm. 101; S. 246, Anm. 104; S. 284, Anm. 82; S. 300, Anm. 43; S. 302, Anm. 68; S. 331, Anm. 396; Valeska von Rosen, Die Enargeia des Gemäldes. Zu einem vergessenen Inhalt des Ut-pictura-poesis und seiner Relevanz für das cinquecenteske Bildkonzept, in: *Marburger Jahrbuch für Kunstwissenschaft* 27 (2000), S. 171–208, S. 195; Peter Paul Rubens. The Drawings, Ausstellungskatalog, New York, Metropolitan Museum of Art, 2005, Yale University Press, Nr. 10, S. 83 ff. (Katalogeintrag Ann Marie Logan); Eveliina Juntunen: *Peter Paul Rubens' bildimplizite Kunsttheorie in ausgewählten mythologischen Historien (1611–1618)*, Petersberg 2005, S. 11–19, S. 21 (Studien zur internationalen Architektur- und Kunstgeschichte, 39); Juan Bordes Caballero: Principios de Dibujo, in: Velázquez. Esculturas para el Alcázar, Ausstellungskatalog, Madrid, Real Academia de Bellas Artes de San Fernando, Madrid 2007, Nr. 96, S. 522 ff. (Katalogeintrag Juan de Bordes Caballero); Heinen 2007 (wie Anm. 5), S. 167–173, S. 178; Ders.: Text- und Bild-Formen neostoischen Wissens von den Leidenschaften, in: Werner Oechslin (Hrsg.): *Wissensformen*, Zürich 2008, S. 194–219, S. 200–208, S. 217, Anm. 55 (Studien und Texte zur Geschichte der Architekturtheorie).

7 „On peut réduire les élémens ou principes de la figure humaine, au cube, au cercle, et au triangle." (Rubens 1773 (wie Anm. 6), S. 1) [alle Übersetzungen in diesem Beitrag von U. H.].

aber auch die planimetrischen Formen dieser Elemente, Quadrat, Kreis und Dreieck,[8] sowie die auf diese zurückführbaren stereometrischen Körper wie der Würfel „Figur".[9] Im Weiteren bezeichnet Rubens als „Figur" sowohl einzelne Skulpturen[10] als auch

8 „[…] la plus simple de ces figures est le triangle". – „Die einfachste dieser Figuren ist das Dreieck". (Ebd, S. 2). „La figure du cercle". – „Die Figuren des Kreises". „Le triangle est donc l'élément des figures dans les surfaces planes, comme la pyramide dans les solides." – „Das Dreieck ist also das grundlegende Element der ebenen Figuren, so wie die Pyramide es bei den festen Körpern ist." „On donne le nom de base à la partie inférieure de cette figure, d'où s'éleve peu à peu la grandeur de la pyramide". – „Der untere Teil dieser Figur, von dem sich allmählich die Höhe der Pyramide erhebt, wird Basis genannt." (Ebd., S. 7). „Le triangle donne aux épaules cette étendue par le haut du corps, formant une pareille figure, dont la pointe about it au nombril." – „Das Dreieck verleiht den Schultern diese Weite im oberen Teil des Körpers und bildet eine ähnliche Figur, deren Spitze zum Nabel hinzeigt." (Ebd. S. 8). Zu den planimetrischen und stereometrischen Figuren als Elementen des Aufbaus menschlicher Figuren bei Rubens vgl. Heinen 1994/1996 (wie Anm. 5), S. 87 f., S. 131, S. 322 f., Anm. 316–321; Laneyrie-Dagen 2003 (Préface) (wie Anm. 5), S. 38 f.; Tine Meganck: Rubens over de Menselijke Figuur. Theorie, Praktijk en Metafysica, in: Joost Vander Auwera u. Sabine van Sprang (Hrsg.): Rubens. Een Genie aan het Werk, Ausstellungskatalog, Koninklijke Musea voor Schone Kunsten van België, Brüssel/Tielt 2007, S. 52–64, S. 54–57; Esposito 2018/2024 (wie Anm. 6), S. 54 ff.

9 *Ex cubo, sive figura ab omni latere quadrata, sit omne masculum, aut virile, et quidquid grave, forte, robustum, compactum, et athleticum est: et quidquid forma quadrati detraxeris, amplitudini quoque peribit. Quintil. Lib. I, cap. X.* (Rubens 1773, (wie Anm. 6), S. 2.) – „Aus dem Würfel, oder einer Figur [figura], die von allen Seiten quadratisch ist, sei alles männlich oder viril, und alles, was schwer, stark, robust und athletisch ist; und alles, was du von der Form [forma] des Quadrats wegnimmst, wird auch an Erhabenheit verlorengehen." Vgl. Nadeije Laneyrie-Dagen: Notes de la ‚Théorie de la Figure Humaine', in: Rubens 2003 (figure humaine) (wie Anm. 5), S. 150, Anm. 11; Esposito 2022 (wie Anm. 6), S. 23, Anm. 93. Der erste Satz ist bei Quintilian nicht nachweisbar. Der zweite Satz findet sich in Quint. *Inst.* 1, 10, 44: *Ita quidquid formae quadrati detraxeris, amplitudini quoque peribit.* Zählung und Zitat nach Quintilian: *The Orator's Education*, hrsg. v. Donald A. Russell, Cambridge, MA 2002, vol. 1: Books 1–2, S. 234 (Loeb Classical Library, 124). Für Rubens war der Text zugänglich bei Marcus Fabius Quintilianus: *Institutionum Oratoriarum Libri XII*, Paris: Robertus Stephanus 1542, lib. I, cap. XVIII, S. 63. Ein Exemplar dieser Ausgabe befand sich in der Bibliothek des Albert Rubens, die auf die Bibliothek seines Vaters Peter Paul Rubens zurückgeht; vgl. Prosper Arents: *De Bibliotheek van Pieter Pauwel Rubens. Een Reconstructie*, Antwerpen 2000–2001, S. 356, p. 18, col. 1 (De Gulden Passer, 78–79). Durch die Neukontextualisierung des Satzes hat Rubens die von Quintilian im Kontext einer Erläuterung von Prinzipien der Geometrie ursprünglich gemeinte Bedeutung von *amplitudo* als „Flächeninhalt" zu „Größe" und „Erhabenheit" verschoben. Weitere Beispiele für diesen Wortgebrauch in Rubens' Text: „La pyramide est une figure solide." – „Die Pyramide ist eine feste Figur" (Rubens 1773 (wie Anm. 6), S. 7). „Cette figure [la pyramide] domine sur toutes les parties de la figure humaine." – „Diese Figur [die Pyramide] herrscht über alle Teile der menschlichen Figur." (Ebd., S. 8).

10 „Toutes les extrêmités des membres de cette figure". – „alle Extremitäten dieser Figur"; „cette même figure" – „selbige Figur" (ebd., S. 3 f.). Gemeint ist eine Herkulesstatue in Rom, der Beschreibung und den Tafeln nach, auf die der Text verweist, wahrscheinlich die damals in der Vigna Carpi befindliche und heute zur Villa Borghese gehörende Skulptur; Zu dieser Statue siehe Phyllis Pray Bober u. Ruth Rubinstein: *Renaissance Artists and Antique Sculpture. A* deren Erscheinungsform,[11] lebendige Körper[12] und deren Erscheinungsform,[13] das vollkommene Ideal der artspezifischen allgemeinen Körperform des Menschen[14] sowie schließlich die Erscheinungsform einer Person, die eine andere Person darstellerisch einnehmen kann.[15]

Rubens' Begriffsgebrauch reicht also von der *Figura* als figurbildendem Element über die bildhauerisch hergestellte Figur und deren Erscheinungsform sowie über die Körperform eines Menschen bis zur *Figura* als Bedeutungsträger. Dabei konnte sich Rubens in seinem Studienbuch wie in der Praxis des virtuellen Plastizierens von Bildfiguren, das etwa in seiner Zeichnung des Samson sichtbar wird, durch das geläufige handfeste Verständnis des Begriffs *Figura* in antiken, mittelalterlichen und neuen Enzyklopädien und Wörterbüchern bestätigt und motiviert finden, die ihm und seiner Umgebung vertraut waren. *Figura* wird dort regelmäßig von *fingere* hergeleitet, was – zunächst in der Keramik – meint, eine Figur zu bilden. Plastische Figurbildungsprozesse werden somit schon im Begriffsverständnis als Voraussetzung für die Zeichenfunktion von Figuren erkannt.

Im Sinne der von Maximilian Geiger für die Tagung fokussierten semiotisch-epistemischen und materiell-bildnerischen Doppelbestimmung der Bildfigur, die immer auch ihr Gemacht-Sein dokumentiert,[16] heißt es so etwa bei dem hierzu oft zitierten Varro:

Handbook of Sources, Oxford 1986, Nr. 130, S. 165. Ein weiteres Beispiel für diesen Wortgebrauch in Rubens' Text: „un exemple parfait dans la figure du Nil" – „ein perfektes Beispiel dafür in der Figur des Nil" (Rubens 1773 (wie Anm. 6), S. 4).

11 „Cette figure surnaturelle". – „diese übernatürliche Figur" (ebd., S. 3). Gemeint ist die Erscheinungsform des Halbgottes in der Skulptur des *Herkules Farnese*.

12 „Une autre sorte de figure qui ne paroît pas si convenable [...] pour les travaux qui demandent de la force". – „eine andere Art von Figur, die für Arbeiten, die Kraft erfordern, nicht so passend erscheint" (ebd., S. 5). Gemeint sind Menschen mit der beschriebenen Eigenschaft. „Différentes figures dans des attitudes très-variées". – „verschiedene Figuren in sehr unterschiedlichen Haltungen" (ebd., S. 13). „la maniere dont tous les membres d'une figure doivent être disposés, pour qu'en fléchissant le corps, l'homme puisse retourner la tête en arriere et regarder les talons." – „die Art und Weise, wie alle Glieder einer Figur angeordnet sein müssen, damit ein Mensch, wenn er seinen Körper beugt, den Kopf nach hinten drehen und die Fersen betrachten kann." (Ebd., S. 17).

13 „La figure est plus charnue". – „die Figur ist fleischiger" (ebd., S. 4). Gemeint ist die kräftige Gestalt eines menschlichen Körpers.

14 „idée de la beauté et de la perfection de cette nature particuliere d'après la figure humaine". – „Idee der Schönheit und Vollkommenheit dieser besonderen Natur der menschlichen Figur" (ebd., S. 5).

15 „dans celle [figure] de l'Empereur Commode représenté sous la figure d'Hercule" – „in dieser [Figur] des Kaisers Commodus, dargestellt unter der Figur des Herkules" (ebd., S. 4).

16 S. o. Maximilian Geiger: Einführung. Zwischen Zeichen und Material. Die Figur in den Bildkünsten der Frühen Neuzeit, S. 7–20, unter Hinweis auf Erich Auerbach, Figura, in: *Archivum Romanicum* 22 (1938), S. 436–489, S. 436 ff. Zum griechischen Begriff *σχῆμα* als Grundlage des lateinischen Begriffs *Figura* sowie zu den Bedeutungsverschiebungen in der

> Wörtlich genommen, wird ‚Machen' [facere] nach dem Gemachten [facies – Gesicht, Antlitz, Gestalt, Form] genannt, weil es der Sache [res], die man macht [facere], ein Gemachtes [facies] aufsetzt. So wie der ‚Bildner' [fictor], wenn man ‚ich bilde' [fingere] sagt, ein Gebilde [figura] aufdrückt; wenn man ‚ich bringe in Form' [informo] sagt, eine Form [forma]; so wie er [der Bildner], wenn man ‚ich mache' [facio] sagt, ein Gemachtes [facies] aufdrückt; an diesem Gemachten [facies] wird unterschieden, dass man sagen kann, das eine [das durch ‚facere' Entstandene] sei eine Hülle [vestimentum – Bekleidung], das andere [das durch ‚fingere' Entstandene] ein Gefäß [vas]. (Varro: *De Lingua Latina* VI, 78).[17]

Ein weitverbreitetes Sammelwerk, das *Auctores Latinae Linguae* [...] *Corpus* des Denis Godefroy, das diesen und zahlreiche weitere Texte zur lateinischen Sprache enthält, befand sich – wie nahezu die gesamte in diesem Beitrag zitierte ältere Literatur – in der Bibliothek von Rubens' Sohn Albert, die auf die Bibliothek seines Vaters zurückging.[18]

In derselben Anthologie findet sich auch eine Erläuterung aus der *Etymologie* des Isidor von Sevilla zur Bedeutungsherkunft von ‚fingere' aus dem plastischen Formen von Ton:

> ‚Geformtes' [fictilia] wird etwas genannt, weil es aus Erde gebildet wird. Bilden [fingere] nämlich ist Machen [facere], Formen [formare] und Plastizieren [plasmare]. Weshalb man auch von ‚Formern' [figuli – Töpfern] spricht. Und ein ‚Gefäß' [vas] wird ‚bildbar' [fictile] genannt, nicht Geformtes [fictum – Erfundenes], was Lüge [mendacium] bedeutet, sondern das, was geformt wird [formatur], damit es sei [esse] und eine bestimmte forma [Form] habe. (Isidor, Etym. 20, 4, 2).[19]

Frühen Neuzeit vgl. Nadia J. Koch: *Techne und Erfindung in der klassischen Malerei. Eine terminologische Untersuchung*, München 2000, S. 59 ff., S. 101 ff., S. 133, S. 217 f. (Studien zur antiken Malerei und Farbgebung, 6); Nadia J. Koch: *Paradeigma. Die antike Kunstschriftstellerei als Grundlage der frühneuzeitlichen Kunsttheorie*, Wiesbaden, 2013, S. 75–80, S. 9 f., S. 227–238 (Gratia. Tübinger Schriften zur Renaissanceforschung und Kulturwissenschaft, 50); Nadia J. Koch, ΣΧΗΜΑ. Zur Interferenz technischer Begriffe in Rhetorik und Kunstschriftstellerei, in: *International Journal of the Classical Tradition*, 6/4 (2000), S. 503–515.

17 *Proprio nomine dicitur' Facere' a facie, quod rei, quam facit, imponit faciem. ut ‚fictor' cum dicit Fingo, figuram imponit: cum dicit Informo, formam: sic cum dicit ‚Facio', faciem imponit; a qua facie discernitur, ut dici possit aliud esse vestimentum, aliud vas.* (Marcus Terentius Varro: *De Lingua Latina*, in: Denis Godefroy (Hrsg.): *Auctores Latinae Linguae in Unum Redacti Corpus*, Genf: Guillielmus Leimarius 1585, col. 1–108, lib. V, § 8, col. 42). Vgl. Auerbach 1938 (wie Anm. 16), S. 437. Derselbe Text auch in einer Ausgabe Gaspar Schoppes, der zu Rubens' römischem Freundeskreis gehörte, Marcus Terentius Varro: *De Lingua Latina Noua Editio*, hrsg. v. Gaspar Schoppe, Straßburg: Adam Sartorius 1605, p. 99 f.

18 Zu einem Exemplar in dieser oder einer anderen Ausgabe in der Bibliothek des Albert Rubens vgl. Arents 2000–2001 (wie Anm. 9), S. 357, p. 19, col. 2.

19 *‚Fictilia' dicta, quod fiant et fingantur ex terra. Fingere enim est facere et formare et plasmare; unde et ‚figuli' dicuntur. Et ‚vas fictile' dicitur, non fictum illud quod mendacium est. Sed quod*

An anderer Stelle benennt Isidor auch einen direkten Zusammenhang zwischen dem Begriff *Figura* und der keramisch-plastischen Figurbildung:

> Zwischen Ähnlichkeit und Figur. Eine Ähnlichkeit [similitudo] liegt vor, wenn ein Bild [imago] nach einer gesehenen Gestalt [species] gemalt oder geformt wird. Eine Figur [figura] liegt vor, wenn durch den Abdruck einer Form [forma] ein Bild [imago] von jemandem / etwas abgedrückt wird, wenn man beispielsweise das Bild [effigies] eines Ringes in Wachs abnimmt, oder wenn ein Töpfer [figulus] eine Hand und ein Gesicht in Ton eindrückt und im Bilden [fingendo] eine Figur [figura] schafft. (Isidor, diff. I, 528).[20]

Das bei Albert Rubens in einer nicht näher bestimmbaren Ausgabe ebenfalls nachgewiesene *Dictionarium* des Ambrosius Calepinus[21] erweitert einen Hinweis auf die Herkunft des Begriffs „figura“ von „fingere“ um die Erklärung, dass die naturgemäße Gestalt des menschlichen Körpers und insbesondere dessen Gestik und Mimik als Figur bezeichnet wird:

> ‚Figura‘, von ‚fingo‘, wird die Form [forma], das Aussehen [aspectus], die Gestalt [species], die Beschaffenheit [qualitas] genannt (Schattenriss [σχήμα – Schema], Abdruck [τύπος – Typus], Gesehenes [ἰδία] – Idee) [...]. Die Figur [figura] ist die Form [forma] und Statur [statura] unseres Körpers, die der Natur entsprechend angepasst ist (Cic. Fin. 5,35). Asconius sagt: Figur [figura] betrifft die Haltung [gestus] und Lage [situs] der Glieder; Status [status] betrifft den Schmuck [ornatus] und die Bekleidungsweise [habitus vestis] (Asc. ad Cic. Verr. 2, 1, 57).[22]

formatur ut sit, et habeat aliquam formam (Isidor von Sevilla: *Originum sive Etymologiarum Libri Viginti*, in: Godefroy 1585 (wie Anm. 17), col. 811–1326, lib. XX, cap. IV, col. 1317).

20 *Inter Similitudinem et figuram. Similitudo est cum secundum aliquam speciem visam imago vel pingitur, vel formatur. Figura est cum impressione formae alicuius imago exprimitur, veluti si in cera ex annulo effigiem sumat, aut si figulus in argillam manum vultumque aliquem imprimat, et fingendo figuram faciat* (Isidor von Sevilla: *Differentiarum, sive de Proprietate Sermorum Libri Duo*, in: Ders.: *Opera Omnia*, Paris 1850, col. 9–130, col. 63 (*Patrologiae Cursus Completus*, hrsg. v. Jacques-Paul Migne [Series Latina], 83)). Vgl. Auerbach 1938 (wie Anm. 16), S. 439 f. Vgl. auch die im Vorwort erstmals von Geiger in diesen Zusammenhang eingebrachte Definition Gabriele Paleottis zur *Figura*; „La onde diciamo che per Imagine noi pigliamo ogni figura materiale prodotta dall’arte, chiamata il dissegno, & dedotta da un’altra forma per assomigliarla.“ – „Daher sagen wir, dass wir unter einem Bild [imago] jede materielle Figur [figura materiale] verstehen, die durch die Kunst hervorgebracht wird, die man Zeichnung [disegno] nennt und die von einer anderen Form [forma] abgeleitet ist, um ihr zu ähneln.“ (Gabriele Paleotti: *Discorso intorno alle Imagini Sacre e Profane*, Bologna: Alessandro Benacci 1582, lib. 1, cap. 2, fol. 8^{v}).

21 Vgl. Arents 2000–2001 (wie Anm. 9), S. 358, p. 20, col. 2.

22 *Figura* [...] *a fingo, dicitur forma, aspectus, species, qualitas, (σχήμα, τύπος, ἰδία) ... Cice. 5 de Finibus Figura est forma et statura corporis nostri ad natura apta. Figura (inquit Asconius) est circa gestum, situmque membrorum: status, circa ornatum et habitum vestis.* (Ambrosius Calepinus: *Dictionarium*, Venedig: Johannes Gryphius 1550, fol. 191^{r}).

Den Nachschlagewerken der lateinischen Sprache nach enthält der Begriff „Figur“ ein Bewusstsein dafür, dass alle Figuren – die naturgemäß gebildeten Figuren des Leibes in ihrer jeweiligen Form, Statur, Haltung und Bewegung ebenso wie die Bildfiguren, die zu deren Darstellung gebildet werden – Ergebnis und Dokument plastischer Figurbildungsprozesse sind. Diesem begriffsgeschichtlich begründeten Figurenverständnis folgte nicht nur der Wortgebrauch in Rubens' *Studienbuch*. Rubens konnte diese Etymologie auch als eingängige Bestätigung dafür nehmen, seine Bildfiguren in der Figurbildungspraxis immer von neuem aus seinem Vertrautsein mit der plastischen Figurbildung und insbesondere mit der natürlichen Figurgenese des Leibes heraus bildnerisch zu rekonstruieren, um sie geradezu haptisch greifbar und lebendig vor Augen zu stellen.

Bildträger

In der *Samsonzeichnung* erfährt, erprobt und demonstriert Rubens schon in jungen Jahren die geradezu bildmagischen Wirkungspotenziale der leibhaftigen Erscheinung plastischer Figurbildungen. Unter seinen zahlreichen Zeichnungen nach Stimmers *Neuen Künstlichen Figuren Biblischer Historien* hat er nur hier eine Einzelfigur aus dem Erzählkontext herausgegriffen, auf einem Blatt isoliert und in voller Leiblichkeit monumental werden lassen.

Wegen dieser Sonderstellung liegt es nahe, das Blatt auch als frühe Annäherung an die Formulierung eines programmatischen bildkünstlerischen Anspruchs zu betrachten. Aus Stimmers Holzschnitt eliminiert Rubens den Hintergrund mit der Stadt Gaza, aus der Samson ausgebrochen ist, sowie das karge Gestrüpp und die steinigen Felsen, zwischen denen Samson im Vordergrund die aus den Angeln gerissenen Stadttore emporträgt. Ohne die topographische Verortung zwischen Gaza und dem Berg und ohne den Kontext der Bilderbibel verliert die ikonographische Identifizierung der Figur als Samson aber wichtige Anhaltspunkte. Isoliert und entkontextualisiert kann sie leicht nur noch als irgendjemand erscheinen, der Holztafeln von einem Ort zum anderen trägt. Losgelöst von der Identifizierung der biblischen Historie können diese Platten dabei leicht auch für die Rückseiten großer Altartafeln gehalten werden, wie sie Ende des 16. Jahrhunderts auf Altären der vom Bildersturm heimgesuchten Antwerpener Kirchen aufgestellt wurden.[23] Dass die Figur sich ihre Last so auf den Rücken gepackt hat, wie man damals solche Bildtafeln praktischerweise transportierte,[24] bekräftigt diese Assoziation.

23 Vgl. Van Quinten Metsijs tot Peter Paul Rubens. Meesterwerken uit het Koninklijk Museum terug in de kathedraal, hrsg. v. Ria Fabri u. Nico van Hout, Ausstellungskatalog, Onze-Lieve-Vrouwekathedraal, Antwerpen 2009.

24 Eine Darstellung eines solchen Transports bei François Bunel d. J. (?): *Die Beschlagnahmung des Inhalts einer Kunsthändler-Galerie*, um 1590, Öl auf Holz, 28,1 × 47 cm, Den Haag, Mauritshus.

Zusammen mit der plastizierenden Figurbildung lässt die Isolierung des Tafelträgers das Blatt so als frühe metapikturale Selbstvergewisserung über die Präsenzwirkungspotenziale der eigenen Bilder erscheinen. Etwa in seinen Darstellungen des *Sterbenden Seneca* und der (vermeintlichen) *Porträtbüste Senecas* sowie in seinem *Memorialbild für Justus Lipsius* und im Herausgeberporträt der *Seneca*-Ausgabe von 1615 wird Rubens einen solchen programmatischen Anspruch später bildnerisch weiter ausformulieren.[25] In seinem Traktat *De Imitatione Statuarum* hat er ihn zudem auch schriftlich erklärt und begründet.[26]

Für Rubens' künstlerischen Selbstanspruch, als Figurbildner die überlieferten Bilder vergangener Zeiten in die eigene Gegenwart zu tragen und die darin einst dargestellten Menschen in neuer Leiblichkeit wiedererstehen zu lassen, könnte man sich kaum eine treffendere Imprese denken als diese heroische Figur, die Bildtafeln einen Berg hinaufschleppt. Ein solches Bildverständnis entspricht sowohl der allgemeinen Offenheit, mit der Rubens auch sonst Figuren aus älteren Werken der bildenden Künste isoliert und neu kontextualisiert,[27] als auch der in Rubens' Umgebung und von ihm selbst gepflegten arguten Konversationskultur.[28] Konkrete Vorbilder für solche figürlichen Selbstvergewisserungen boten etwa die zahlreichen Medaillen, die auf dem Verso von Künstlerportraits in einer Imprese den Kunstanspruch des auf dem Recto dargestellten Malers, Bildhauers oder Architekten metaphorisch reflektierten.[29] Vorgeformt war dies seinerseits etwa in einem antiken Selbstporträt, in dem sich der griechische Bildhauer Phidias in der *Amazonomachie* auf dem *Schild der Athena Parthenos* auf der Akropolis von Athen in Gestalt eines Steinewerfers dargestellt hatte, was wiederum etwa Michelangelo in der Darstellung eines Steinewerfers als sein eigenes Rollenmodell als Bildhauer in seinem *Kentaurenrelief* zitiert.[30]

25 Vgl. etwa Heinen 2010, Stoisch (wie Anm. 5); Thielemann 2012 (wie Anm. 5); Ders. 2013 (wie Anm. 5); Ulrich Heinen: ‚Velum est Timantis imago'. Das Bild des Gelehrten als Offenbarung der Person, in: Matei Chihaia u. Georg Eckert (Hrsg.): *Kolossale Miniaturen. Festschrift für Gerrit Walther*, Münster 2019, S. 315–324; Ders. 2020 (wie Anm. 5).

26 S. o. Anm. 5.

27 Vgl. Justus Müller Hofstede: Rubens in Italien, in: Peter Paul Rubens. 1577–1640, Ausstellungskatalog, Wallraf-Richartz-Museum, Köln 1977, 2 Bde., Bd. 1, S. 13–354, S. 50–67; Heinen 1994/1996 (wie Anm. 5), S. 100–118.

28 Vgl. für Rubens Ders.: Der Stil des Politischen. Das zivile Leben als sein Grund, sein Merkmal und seine Norm um 1600, in: Dietrich Erben u. Christine Tauber (Hrsg.): *Politikstile und die Sichtbarkeit des Politischen in der Frühen Neuzeit*, Passau 2016, S. 129–156, S. 143–149 (Veröffentlichungen des Zentralinstituts für Kunstgeschichte in München, 39).

29 Beispiele und weiterführende Literatur bei Emily A. Fenichel, Penance and Proselytizing in Michelangelo's Portrait Medal, in: *Artibus et Historiae* 37/73 (2016), S. 125–138.

30 Die antiken Quellen – Cicero, Valerius, Maximus, (Pseudo-)Aristoteles, Apuleius, Ampelius, Dion Chrysostomos und Plutarch – und ihre mittelalterliche und frühneuzeitliche Rezeption – Francesco Petrarca, Lorenzo Valle und Filarete – bei Andreas Thielemann: *Phidias im Quattrocento*, S. 218 f. (Diss. Universität zu Köln 1992). Zu dem Topos vgl. ebd., S. 59–66, S. 172–182; Ders.: Schlachten erschauen – Kentauren gebären. Zu Michelangelos Relief der Ken-

Geht man den Weg weiter, in Rubens' *Samson* eine metapikturale Selbstvergewisserung des eigenen Anspruchs als Figurbildner zu sehen, der Bilder von Menschen aus alten Zeiten in die Gegenwart trägt und den Dargestellten in seinen Bildfiguren neue lebendige Leiblichkeit und Präsenz verleiht, kommt auch der Titel über dem Holzschnitt aus Stimmers *Neue Künstliche Figuren Biblischer Historien* und damit die Herkunftsikonographie der dargestellten Figur wieder in den Blick. Im gegenseitigen Erläuterungsbezug von Bild und Text wird Samson bei Stimmer durch die topographische Situierung im Bild (*pictura*) und explizit durch den Verweis auf Ri 16,1–3 („Iud. XVI. Cap."), der im *titulus superior* erscheint, sowie in der *subscriptio* als derjenige identifiziert, der aus der Gefangenschaft in Gaza ausgebrochen ist und die Tore der Stadt auf einen Berg schleppt. Im *titulus inferior* wird er dann direkt über dem Bild ausdrücklich als Typus des auferstandenen Christus bezeichnet: „Also eröffnet Christus die Gefängnus." So rufen Bild und Text die tradierte Auslegung auf, dass „Samson, der mitten in der Nacht die Tore von Gaza trägt, Christus darstellt, der nach Mitternacht aus dem Grab aufersteht, den Grabstein wegrollt, darüber hinaus die Tore des Todes und der Hölle hinwegträgt und von dort die Patriarchen, Propheten und alle Heiligen im Triumph herausführt."[31]

Wenn man in Rubens' Figur des Bilderträgers mit Stimmers Blatt dann doch wieder Samson erkennt, der mitten in der Nacht aus dem Gefängnis von Gaza ausgebrochen ist und die Stadttore aufgebrochen hat, muss man in ihr somit auch Christus figuriert sehen, der in der Auferstehung sich selbst, den toten Leichnam, durch die Kraft des Heiligen Geistes zu dem lebendigen Herrn verherrlicht hat, in dem der unsichtbare Gott

taurenschlacht, in: Michael Rohlmann u. Andreas Thielemann (Hrsg.): *Michelangelo. Neue Beiträge. Akten des Michelangelo-Kolloquiums veranstaltet vom Kunsthistorischen Institut der Universität zu Köln im Italienischen Kulturinstitut Köln 7.–8. November 1996*, München/Berlin 2000, S. 17–92, S. 37. Der literarische Topos kann Rubens etwa über seinen Vater schon früh bekannt gewesen sein. Zu Rubens' – späterer – Vertrautheit mit Michelangelos Relief vgl. Jeremy Wood: *Rubens. Copies and Adaptations from Renaissance and Later Artists.* 2: *Italian Artists.* 3: *Artists working in Central Italy and France*, London/Turnhout 2011, 2 Bde., Bd. 1, zu Nr. 198, S. 216 ff. (Corpus Rubenianum Ludwig Burchard, 26/2/3).

31 *Allegor[ice dictum] Samson media nocte tollens portas Gazae repraesentat Christum, post mediam noctem e sepulchro resurgentem, ac lapidem sepulchri amoventem, insuper portas mortis et gehennae auferentem, indeque patriarchas et prophetas sanctosque omnes cum triumpho educentem.* (Cornelius a Lapide S. J.: *Commentarius in Iosue, Iudicium, Ruth, IV. Libros Regum, et II. Paralipomenon*, Antwerpen: Jacobus Meursius 1664, Bd. 1: Iudicium, Ruth, et I. Regum, S. 173). Der erste Band der Bibelkommentare des Lapides erschien 1616 mit einem Titelkupfer von Rubens; vgl. Arents 2000–2001 (wie Anm. 9), Nr. D 11, S. 112. De Lapide paraphrasiert hier Augustinus (?): Sermo 364: *De Samsone*, in: Ders.: *Opera Omnia*, Tomus V, Paris 1841, col. 1639–1643, hier col. 1642 (Patrologiae Cursus Completus, hrsg. v. Jacques-Paul Migne [Series Latina], 39). Dort auch eine Zusammenstellung weiterer älterer Auslegungen. Ähnlich auch etwa *Bibliorum Sacrorum cum Glossa Ordinaria* [...] *Tomus Secundus*, hrsg. v. Jacques de Cuilly, François Feuardent u. Jean Dadré, Paris 1590 [Lyon: Jean-Baptiste Regnauld für die Compagnie de la Grand Navire], col. 255–258.

sein vollkommenes Bild offenbart hat. Herausgestellt werden dabei die Handlungsparallelen zwischen dem Ausbruch Samsons aus der Gefangenschaft in Gaza und Christi Ausbrechen aus der Grabeskammer, Samsons Aufbrechen der Stadttore von Gaza und Christi Aufbrechen der Pforten der Hölle sowie Samsons Aufstieg auf den Berg und Christi Auffahren zum Himmel. So nimmt Rubens, wenn er durch die figurbildende Arbeit an seiner frühen Zeichnung Samson als einen Menschen aus längst vergangenen Zeiten in einem lebendig wirkenden Bilderleib wieder präsent werden lässt, die bildliturgische Arbeit typologisch vorweg, in der er knapp zwanzig Jahre später ausgehend von antiken Skulpturen durch seine Darstellungen des *auferstehenden Christus* die an sich selbst vollzogene Figurbildung des Auferstehenden als „Transsubstantiation von Stein in Fleisch" in einem neuen „Verständnis von Malerei als liturgischer Wiederaufführung der Rückkehr des Lebens in den toten, versteinerten Körper" Christi – auch als programmatische Erklärung seiner Kunst – präsent werden lässt.[32]

Ekphrasis

Exemplarisch führt Rubens mit seinem *Prometheus* (Abb. 3),[33] in dem Frans Snyders als Experte für die Darstellung komplexer Naturstrukturen nach Rubens' eigenem

32 Heinen 2020 (wie Anm. 5), S. 584–588.

33 Zu dem Gemälde Max Rooses: *L'œuvre de P. P. Rubens. Histoire et Description de ses Tableaux et Dessins*, Antwerpen 1886–1892, 5 Bde., Nr. 671, Bd. 3, S. 152 f., und Bd. 5, S. 340 f.; Jean Denucé: *Na Peter Pauwel Rubens. Documenten uit den Kunsthandel te Antwerpen in de XVIIe eeuw van Mattijs Musson*, Antwerpen 1949, S. 178 (Bronnen voor de geschiedenis van de Vlaamsche kunst, 5); J[an]. G[errit] van Gelder, Rubens in Holland in de zeventiende Eeuw, in: *Nederlands Kunsthistorisch Jaarboek* 3/1 (1950–1951), S. 103–150, S. 121–128; Fiske Kimball, Rubens' Prometheus, in: *Burlington Magazine* 94/588, (1952), S. 67–70; A. E. Popham, A Drawing by Frans Snyders, in: *Burlington Magazine* 94 (1952), S. 237; Olga Raggio, The Myth of Prometheus. Its Survival and Metamorphoses up to the Eighteenth Century, in: *Journal of the Warburg and Courtauld Institutes* 21 (1958), S. 44–62, S. 58, S. 61 f.; Julius S. Held, Prometheus Bound, in: *Philadelphia Museum of Art Bulletin* 59/279 (1963), S. 16–33; Charles Dempsey, Euanthes Redivivus. Rubens's ‚Prometheus Bound', in: *Journal of the Warburg and Courtauld Institutes* 30 (1967), S. 420–425; Michael Jaffé, Rubens and Snyders. A Fruitful Partnership, in: *Apollo* 93 (1971), S. 184–196, S. 185; Mostra di Dipinti Fiamminghi ed Olandesi dal Quattrocento al Settecento, Galleria Gasparini, Palazzo Ruspoli, Rom 1973, Nr. 64 (Katalogeintrag Didier Bodart); R[udolf] De Smet, Een nauwkeuriger Datering van Rubens' eerste Reis naar Holland in 1612, in: *Jaarboek von het Koninklijk Museum voor Schone Kunsten – Antwerpen* (1977), S. 199–220, S. 204–208; Lieven Rens, Rubens en de Literatuur van zijn Tijd, in: *Dietsche Warande en Belfort* 122 (1977), S. 328–355, S. 333; Jan Gerrit van Gelder, De Waardering van Rubens, een Terugblik, in: *Antwerpen. Tijdschrift van de Stad Antwerpen* 23 (1977), S. 179–197, S. 180; Peter C. Sutton: ‚Tutti finiti con amore', Rubens's ‚Prometheus Bound', in: Anne-Marie Logan (Hrsg.): *Essays in Northern European Art. Presented to Egbert Haverkamp Begemann*, Doornspijk 1983, S. 270–275; Didier Bodart (Hrsg. u. Bearb.): Pierre-Paul Rubens, Ausstellungskatalog, Tokio, Galerie d'Art Tokyo Takashimaya u. a., Tokio 1985, Nr. 13, S. 29; Hella

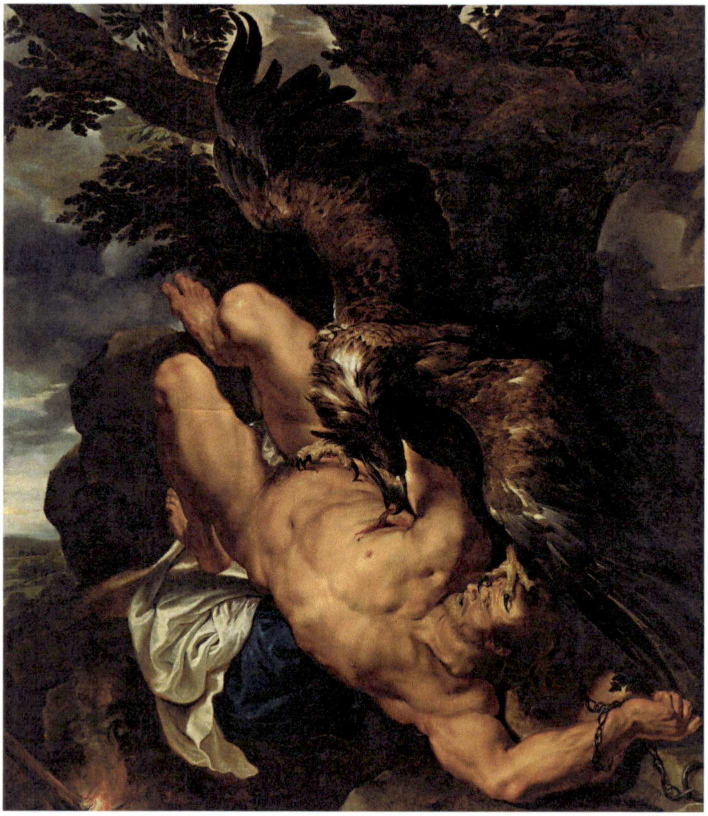

3 Peter Paul Rubens und Frans Snyders: *Die Bestrafung des Prometheus*, um 1611/1612 bis 1618, Öl auf Leinwand, 242,6 × 209,6 cm, Philadelphia, Philadelphia Museum of Art

Robels: *Frans Snyders. Stilleben- und Tiermaler*. 1579–1657, München 1989, S. 119 f.; Peter C. Sutton: *Northern European Paintings in the Philadelphia Museum of Art. From Sixteenth through the Nineteenth Century*, Philadelphia 1990, Nr. 91, S. 251–261; Reinhard Steiner: *Prometheus. Ikonologische und anthropologische Aspekte der bildenden Kunst*, München 1991, S. 191–199, S. 240–258 (Reihe Forschungen, 2); Hans Vlieghe (Red.): *De Vlaamse Schilderkunst in Noordamerikaanse Musea*, Antwerpen 1992, Nr. 56, S. 184 f. (Katalogeintrag Carl van de Velde); Peter C. Sutton: The Age of Rubens, Ausstellungskatalog, Boston, Museum of Fine Arts, Toledo, Toledo Museum of Art, New York 1993, S. 238–241 (Katalogeintrag Ders.); Susan Koslow: *Frans Snyders. Stilleven- en Dierenschilder. 1578–1657*, Antwerpen 1995, S. 303–307; Aneta Georgievska-Shine: *The Archaeology of Fable. Visual and Poetic Memory in Rubens' Versions of Myths (1610–1620)*, S. 35–85 (Diss. University of Maryland 1999); Aneta Georgievska-Shine, Horror and Pity. Some Thoughts on the Sense of the Tragic in Rubens's ‚Hero and Leander' and ‚The Fall of Phaeton', in: *Marburger Jahrbuch für Kunstwissenschaft* 30 (2003), S. 217–228, S. 224 f.; Jonathan Bikker, Lucian's Prometheus as a Source for Jordaens and van Baburen, in: *Simiolus* 31/1–2 (2004–2005), S. 46–53; Ulrich Heinen: Peter Paul Rubens – Barocke Leidenschaften, in: Ders. u. a.: Rubens. Barocke Leidenschaften, Ausstellungskatalog,

Bekunden die Figur des Adlers ausgearbeitet hat,[34] in den frühen 1610er Jahren seine Kunst der Figurbildung, die Vorbilder vergangener Zeiten in der Gegenwart wiederaufleben lässt, an einer damals nur literarisch überlieferten Gestalt des antiken Mythos

Braunschweig, Herzog Anton Ulrich-Museum, Braunschweig/München 2004, S. 28–38, S. 29; Rubens, Ausstellungskatalog, Lille, Palais des Beaux-Arts, 2004, Nr. 43, S. 88 (Katalogeintrag Hans Vlieghe); Rubens and Brueghel. A Working Friendship, hrsg. v. Anne T. Woollett u. Ariane van Suchtelen, Ausstellungskatalog, Los Angeles, The J. Paul Getty Museum, 2006, Nr. 22, S. 166–173 (Katalogeintrag Anne T. Woollett); Aneta Georgievska-Shine: *Rubens and the Archeology of Myth, 1610–1620. Visual and Poetic Memory*, Farnham/Burlington 2009, S. 31–68; Reinhard Steiner: ‚Prometheus' oder über die Grenzen von Lessings ‚Laokoon', in: Elke-Vera Kotowski u. Reinhard Sonnenschmidt (Hrsg.): *Grenzgänge zwischen Politik und Religion. Festschrift für Claus Ekkehard Bärsch zum 70. Geburtstag*, Paderborn/München 2009, S. 221–240, S. 230 f.; Blaise Ducos: Les Corps les uns contre les Autres. Rubens et la Question de l'Anatomie. Michel-Ange, De Vries, Petel, in: Ders. (Hrsg.): L'Europe de Rubens, Ausstellungskatalog, Louvre-Lens, Paris 2013, S. 215–281, S. 215; Miguel Falomir: Las Furias. Alegoría política y desafío artístico, hrsg. v. Miguel Falomir, Ausstellungskatalog, Madrid, Museo Nacional del Prado, Madrid 2014, S. 75–124: De desafío artístico. Excorzos inverosímiles y expresiones extremas, S. 87–95, S. 105; Christopher D. M. Atkins: The Wrath of the Gods. Masterpieces by Rubens, Michelangelo, and Titian, Ausstellungskatalog, Philadelphia, Philadelphia Museum of Art, New Haven/London 2015, S. 11–57; Thijs Weststeijn: *Art and Antiquity in the Netherlands and Britain. The Vernacular Arcadia of Franciscus Junius (1591–1677)*, Leiden/Boston 2015, S. 283 ff. (Studies in Netherlandish Art and Cultural History, 12); Marisa Mandabach: *Blood, Rocks, and Clouds. Matter and Artistry in Rubens's Antwerp Mythological Paintings*, S. 58–131; S. 202 f. (Diss. Harvard University 2016); Eveliina Juntunen: Prometheus. Der Mythos, seine künstlerische Darstellungstradition und Peter Paul Rubens' Gemälde aus der ehemaligen Sammlung des Großherzogs von Oldenburg, in: Götter und Helden. Mythologische Malerei im Barock und von Michael Ramsauer, hrsg. v. Anna Heinze, Ausstellungskatalog, Oldenburg, Landesmuseum für Kunst und Kulturgeschichte, Petersberg 2019, S. 130–141; Dies.: Rubens' ‚giudizio'. ‚Prometheus Bound'. A Myriad of Models and the Question of Choice in Artistic Imitation, in: Morselli/Paolini 2020 (wie Anm. 5), S. 135–148; Marisa Mandabach, Matter as an Artist. Rubens's Myths of Spontaneous Generation, in: *Journal of Historians of Netherlandish Art* 13/2 (2021) [DOI: 10.5092/jhna.13.2.3]; Logan/Lohse Belkin 2021–2022 (wie Anm. 1), Bd. 2: 1609–1620, 2 Teile, Nr. 236, Textteil, S. 84 f., Plates, S. 100 f., Fig. 335 (Pictura Nova, 23); Elizabeth McGrath, Bert Schepers, Gregory Martin, Jeremy Wood, Eveliina Juntunen, Gerlinde Gruber u. Fiona Healy: *Rubens. Mythological Subjects (2): Hercules to Olympus*, London 2022, 2 Bde., Bd. 1, S. 215 (Katalogeintrag Gregory Martin), S. 311, Anm. 28 (Katalogeintrag Fiona Healy); Julia van Rosmalen, Merel van Gulik, Belle van Rosmalen u. Thomas van Gulik: *Prometheus and the Liver. Through Art and Medicine*, Amsterdam 2022, S. 103–107; Il Tocco di Pigmalione. Rubens e la Scultura a Roma, hrsg. v. Francesca Cappelletti u. Lucia Simonato, Ausstellungskatalog, Rom, Galleria Borghese, Mailand 2023, Nr. 1.3, S. 106 f. (Katalogeintrag Elisa Martini).

34 Vgl. Max Rooses u. Charles Ruelens: *Correspondance de Rubens et Documents Épistolaires concernant sa Vie et ses Oeuvres*, Antwerpen 1887–1919, 6 Bde., Bd. 2, S. 136 (Codex Diplomaticus Rubenianus). Als Vorlage für die außerordentlich lebensnahe und lebendige Darstellung kann Snyders einer der drei Adler im Greifvogelhaus des Erzherzoglichen Hofes in Brüssel gedient haben; zu diesen vgl. Arianne Faber Kolb: *Jan Brueghel the Elder. The Entry of the Animals into Noah's Ark*, J. Paul Getty Museum, Los Angeles 2005, S. 15; der Hinweis bei Cappelletti u. Simonato 2023 (wie Anm. 33), S. 106 (Katalogeintrag Elisa Martini).

vor. Zu sehen ist dort der Titan Prometheus, den Zeus zur Strafe für den Raub des Feuers an den Felsen des Kaukasus hat schmieden lassen, wo ihm seither ein Adler Tag für Tag unter unerträglichem Schmerz die Leber aus dem Leib reißt, die dann gleich wieder nachwächst, nur um am nächsten Tag immer von neuem herausgerissen zu werden.

Rubens' Figurbildung beginnt hier wohl mit einem literarischen Impuls, auf den zuerst Charles Dempsey 1967 hingewiesen hat. Diesen Anstoß muss Rubens die Ekphrasis eines antiken Gemäldes des gebundenen Titanen gegeben haben, das der griechische Maler Euanthes für den Zeustempel in Pelusium gemalt haben soll und von dem man in Rubens' Zeit nur durch diese Ekphrasis wusste. Zu finden ist diese Bildbeschreibung in den *De Clitophontis et Leucippes Amoribus Libri* des Achilles Tatius.[35] Dass dieses Werk 1601 erstmals im griechischen Original und mit einer exzellenten lateinischen Übersetzung erschienen war,[36] wovon sich ein Exemplar dieser oder einer anderen Ausgabe in der Bibliothek des Albert Rubens befand, die auf Rubens' Bibliothek zurückgeht,[37] wird den Maler sicherlich in der Entscheidung bestärkt haben, als Erster überhaupt den leidenden Prometheus zum Thema eines großformatigen Einzelbildes zu machen.[38] Die von Euanthes gemalte Qual des Prometheus beschreibt Achilles Tatius in schonungsloser Direktheit:

> Es folgte unmittelbar darauf ein weiteres Bild von folgender Art: Prometheus war mit eisernen Ketten an einen Felsen gebunden. Herkules hielt Bogen und Pfeil. Der Adler fraß sich an der Brust des Prometheus satt: Denn einmal geöffnet, fuhr er beständig mit jenem Öffnen fort, und ließ den Schnabel in die Wunde herabsinken, grub ihn hinein, und schien die Leber zu suchen; deren Teil zeigte sich so groß, wie der Maler sie durch die Wunde sichtbar werden lassen wollte. An der anderen Hüfte des Prometheus klammerte sich der Adler mit den obersten Krallen fest: deshalb war jener ganz von Schmerz erfüllt, und indem er die Seite zurückzog, hob er selbst jene Hüfte zu seinem

35 Vgl. Dempsey 1967 (wie Anm. 33), S. 422 f.

36 Achilles Tatius: *De Clitophontis et Leucippes Amoribus Lib. VIII*, in: Ders.: *De Clitophontis et Leucippes Amoribus Lib. VIII*; Longus: *De Daphnidis et Chloes Amoribus Lib. IV*; Parthenius Nicaenus: *De Amatoriis Affectibus Lib. 1*; Graece ac Latine, s. l. [Heidelberg]: Officina Commeliniana 1601, lib. III, fol. 1^r – fol. 215^r, fol. 69^r–70^r.

37 Vgl. Arents 2000–2001 (wie Anm. 9), S. 355, p. 17, col. 2.

38 Die wenigen älteren Darstellungen des Themas nach der Antike umfassen u. a. Druckgraphiken, eine Station des Prometheusmythos auf einer kleinformatigen Tafel Piero di Cosimos von um 1510/1515, ein 1540 entstandenes Deckenzwickelbild des Benvenuto Tisi, genannt Garofalo, im Seminario Arcivescovile in Ferrara von 1519 sowie das um 1540 entstandene Gewölbezwickelbild aus Cristofano Gherardis narrativem Prometheus-Zyklus in der Sala del Prometeo im Castello Bufalini in San Giustino sowie ein 1606–1607 nach einem Entwurf Annibale Carraccis erstelltes Gewölbebild in der Galleria Farnese in Rom (s. u. Anm. 69) – bei Raggio 1958 (wie Anm. 33), Pl. 7–10; einige weitere Beispiele bei Steiner 1991(wie Anm. 33), Abb. 15, 16, S. 150 ff., S. 248, Anm. 3. Hinzu kommen die zwischen 1594 und 1602 entstandenen Entwürfe von Toussaint Dubreuil für ein Deckengemälde im Louvre (s. u. Anm. 68).

> eigenen Verderben: so nämlich brachte er den Vogel der Leber näher. Die andere Hüfte zeigte die angespannten Muskeln bis zu den Fußsohlen, und spitzte sich bis in die Zehen zu. Schmerz zeigte er darüber hinaus auch durch eine andere Haltung: er krümmte nämlich die Augenbrauen, spannte die Lippen und zeigte die Zähne. Gewiss hättest du die Malerei selbst bemitleidet, als hätte sie ein Gefühl des Schmerzes. Dem mit diesen Übeln belasteten Prometheus brachte Herkules Hilfe, indem er den aufgelegten Pfeil auf dessen Folterer richtete: denn die ausgestreckte linke Hand spannte den Bogen, während die rechte Hand, die den Sehnenstrang heranzog, an die Brust herangezogen wurde und der Ellbogen nach hinten gebogen war. All dies geschah zum richtigen Zeitpunkt. Die Bogenenden wurden durch die Sehne zusammengezogen, die Sehne wurde von der Hand gespannt, die Hand lag fest an der Brust an. Prometheus selbst war voll Hoffnung und Furcht, und starrte teils auf die Wunde, teils aber auf Herkules: den er in der Tat mit beiden Augen betrachten wollte. Aber der Schmerz riss den anderen Teil des Blicks zu sich. (Ach. Tat. 3, 8).[39]

Beim Betrachten von Rubens' *Prometheus* kann man der antiken Beschreibung von Euanthes' Gemälde des leidenden Körpers detailliert folgen. So ist Rubens' Gemälde unschwer als würdigende bildnerische Rekonstruktion des nur noch literarisch überlieferten Werks des Euanthes zu erkennen. Während das von Achilles Tatius beschriebene Gemälde auch Herkules bei der Vorbereitung des befreienden Schusses zeigte, konzentriert Rubens die Szene allerdings ganz auf die Körperbewegungen, in denen das Leiden des Prometheus leiblich vor Augen tritt. Der präsentische Alleinauftritt der Mythengestalt vergangener Zeiten in seinem neuen lebendigen Bildleib vor den Augen des Bildpublikums soll selbst das einst von Euanthes gemalte *reenactment* des Mythos übertreffen.[40]

39 *Sequebatur altera deinceps pictura huiusmodi. Prometheus ferreis catenis saxo adalligatus erat. Hercules arcum et sagittam tenebat. Aquila Promethei pectus depascebatur: quippe in aperiendo illo iam aperto perstabat, rostrumque in vulnus demittebat, infodereque, ac iecur quaerere videbatur: cuius pars tanta sese ostendebat, quantam Pictor per vulnus patere voluerat. alteri Promethei coxae aquila summis unguibus innitebatur: quapropter ille in moerore totus erat, et latus retrahens, eam ipsam coxam in suam ipsius perniciem elevabat: ita enim volucrem iecori propiorem faciebat. Altera coxa contentos nervos ad imos usque pedes commonstrabat, in digitosque acuebatur. Quin alio etiam habitu dolorem indicabat: curvabat enim supercilia, labra contrahebat, exerebat dentes. Ipse sane picturam quasi doloris sensum habentem miseratus fuisses. Iis malis onerato Prometheo suppetias ferebat Hercules, impositam arcui sagittam in eius tortorem intendens: quippe arcum sinistra manus extenta impellebat, dextra vero nervo una adducto mammae admovebatur, cubito interim post se curvato. eodemque omnia haec tempore fiebant. Arcus cornua nervo adducebantur, nervus manu flectebatur, manus mammae adhaerebat. Prometheus ipse spe metuque plenus erat, ac partim quidem vulnus, partim vero Herculem intuebatur: quem sane totis oculis contemplari volebat. sed obtutus partem alteram dolor ad se rapiebat.* (Achilles Tatius 1601 (wie Anm. 36), lib. III, fol. 1^{r} – fol. 215^{r}, fol. 69^{r}–70^{r}).

40 Auf das Konzept der ἐναργεία verweist hierzu Georgievska-Shine 1999 (wie Anm. 33), S. 83; Dies. 2009 (wie Anm. 33), S. 56. Zu diesem Konzept bei Rubens vgl. Heinen 1994/1996 (wie Anm. 5), S. 19, S. 186 ff., Anm. 57–63; S. 301, Anm. 39 f.; S. 303, Anm. 52; Ders.: Huygens, Rubens

Topik

Wegen Rubens' Isolierung des leidenden Helden als Einzelfigur hat Reinhard Steiner 1991 eine wesentliche Wirkung dieses Textes auf dessen *Prometheus* allerdings abgelehnt.[41] In dieser Isolierung der Einzelfigur folgt Rubens offenbar tatsächlich einer anderen Quelle. Eine teils wörtlich genau exzerpierte Paraphrase, die der Ekphrasis des Achilles Tatius aber wie Rubens' Gemälde nur die Beschreibung des leidenden Prometheus ohne jedes Beiwerk und ohne dessen Zeilen zu Herkules entnimmt, findet sich im *Trattato dell'Arte de la Pittura* Gian Paolo Lomazzos von 1584. Im zweiten Buch, das *den Standort, die Haltung, die Angemessenheit, die Bewegung, die Raserei und die Anmut der Figuren* behandelt,[42] ruft Lomazzo dort auf den Spuren der Ekphrasis von Achilles Tatius das Bild des Prometheus als Exempel des ersten Hauptaffekts („la prima passione"), des Schmerzes („De i moti del dolore [...]") – und damit als Vorbild für den Ausdruck und die Darstellung von Affekten schlechthin – vor Augen:

> Die erste Leidenschaft ist also der Schmerz, der – je nach der erlittenen Folter – den Körper zu schmerzvollen Bewegungen veranlasst. Dies beschreibt Achilles Tatius, als er über die Figur [persona] des Prometheus, der an den Felsen gebunden ist, mit dem Geier, der ihm die Leber hackt, sagt, dass diese [die Figur des Prometheus] den Bauch und die Seite nach hinten zurückzog und zu seinem eigenen Schaden den Oberschenkel zu sich heranzog. Denn so führte er den Vogel zur Leber zurück, und zugleich streckte er den anderen Fuß in die Gegenrichtung nach unten und die Muskeln gerade bis zur Zehenspitze, und zeigte auch den Schmerz im übrigen Körper, indem er die Augenbrauen wölbte, die Lippen anspannte und die Zähne entblößte. Der Schmerz macht außerdem, dass sich der Körper in verschiedenen Knoten windet und er [Prometheus] die Augen verdreht, wie es geschieht, wenn jemand durch Gift verletzt oder von einer Schlange gebissen wurde. Dies drückten vortrefflich die drei alten Meister von Rhodos – Agesandros, Polydoros und Athenodoros – im so sehr berühmten Laokoon mit den Söhnen aus, welche sich jetzt im Belvedere in Rom befindet und wo man eine Statue

and Medusa. Reflecting the Passions in Paintings. With some Considerations in the Neuroscience in Art History, in: Stephanie Dickey u. Herman Roodenburg (Hrsg.): *The Passions in the Arts of the Early Modern Netherlands*, Zwolle 2010, S. 150–177, S. 159–162 (Nederlands Kunsthistorisch Jaarboek, 60); Ders.: Rubens mit verschränkten Armen (William Sanderson, Graphice, 1658). Zur Begründung einer Kunstpädagogik der Phantasie im Barock, in: Valeska von Rosen, David Nelting u. Jörn Steigerwald (Hrsg.): *Poiesis. Praktiken der Kreativität in den Künsten der Frühen Neuzeit*, Zürich/Berlin 2013, S. 327–375, S. 349–398 (Bilder-Diskurs); Ders.: Literaturergänzungen zu: Ders.: Rubens mit verschränkten Armen (William Sanderson, Graphice, 1658), Wuppertal 2014, S. 8 f., zu Anm. 5, Online unter: https://elpub.bib.uni-wuppertal.de/receive/duepublico_mods_00000735.

41 Vgl. Steiner 1991 (wie Anm. 33), S. 246 f.

42 „Libro secondo Del sito, posizione, decoro, moto, furia, & gratia delle figure." Giovan Paolo Lomazzo: *Trattato dell'Arte de la Pittura*, Mailand: Paolo Gottardo Pontio 1584, lib. II, S. 105–186.

sieht, die im Zustand des Leidens zu sehen ist, eine andere im Zustand des Sterbens und die dritte im Zustand, Mitleid zu haben. (Lomazzo Tratt. 2, 16).[43]

Lomazzo kannte offensichtlich noch keines der antiken Werke bildender Künste, in denen ein Bild, wie es Achilles Tatius beschreibt, überliefert ist.[44] Dennoch möchte er die ekphrastische Beschreibung des Achilles Tatius, der von Euanthes gemalte *Prometheus* sei „ganz von Schmerz erfüllt", zum Abschluß der Textpassage an einem noch sichtbaren antiken Werk der bildenden Künste exemplarisch demonstrieren. Dazu muss Lomazzo einen Umweg gehen: Zunächst fasst er die von Achilles Tatius an dem *Prometheus* des Euanthes beschriebenen Beobachtungen anschaulich zusammen: „Der Schmerz macht [...], dass sich der Körper in verschiedenen Knoten windet und er [Prometheus] die Augen verdreht". Dann formuliert Lomazzo den Vergleich, dies sehe aus, „wie es geschieht, wenn jemand durch Gift verletzt oder von einer Schlange gebissen wurde." Von hier aus kann er nun die Vorstellung vom äußeren Aussehen der Qualen eines Schlangenbisses anhand der *Laokoongruppe* als eines noch bestehenden anschaulichen Exempels dieses antiken Topos konkretisieren und die Maler ihre bildnerische Arbeit an der Figurbildung mit dem Studium dieses berühmten Paradigmas für die Darstellung von Schmerz und Leiden[45] beginnen lassen.

Wie Prometheus bei Euanthes den Adler abzuwehren versuchte, wenden Laokoon und seine Söhne in der Skulpturengruppe verzweifelt alle Kräfte auf, um sich aus der Umschlingung riesiger Schlangen zu befreien. In dem Moment, in dem eine

43 „La prima passione adunque è il dolore, il quale secondo il tormento chesi pate, fa muovere il corpo in atti dolenti. Ilche descrivendo Achille Statio nella persona di Prometheo legato allo scoglio con l'avoltoio che gli becca il fegato dice, che ritirava adietro il ventre, e il costato, e a suo danno raccoglieva la coscia. Perciò che riconduceva l'uccello al fegato, e all'incontro l'altro suo piede distendeva a basso i nervi dritti fino all'estremità delle dita, dimostrando anco dolore nel resto del corpo con inarcar le ciglia, stringer le labbra, e discoprire i denti. Fa il dolor oltre di cio scontorcer il corpo in diversi nodi, e travolger gli occhi come avviene quando uno è offeso da veneno, o morso da serpe. Ilche eccellentemente espressero i tre Maestri antichi Rodam cioe, Egesandro, Polidoro, e Anthenodoro nel tanto celebrato Laocoonte con i figliuoli, dove una statua si vede in atto di dolersi, l'altra di morire, e la terza di aver compassione." (Lomazzo 1584 (wie Anm. 42), lib. II, cap. XVI, S. 165 f.).

44 Siehe etwa Raggio 1958 (wie Anm. 33), Pl. 4c, 5d; Jean Robert Gilser: Prometheus, in: Fondation pour le Lexicon Iconographicum Mythologiae Classicae (Hrsg.): *Lexicon Iconographicum Mythologiae Classicae (LIMC)*, Zürich/München/Düsseldorf 1981–1999, 8 Bde. und Indexbd., Bd. 7: Oidipous-Theseus, Zürich/München 1994, Teilbd. 1, S. 531–553, S. 539–543: „D. La Libération par Héraclès", S. 550 f.: Commentaire; Teilbd. 2, S. 424–427, Abb. Prometheus 55 bis Prometheus 79. Dort auch die antiken Darstellungen des angeketteten Prometheus ohne Herkules, ebd., Teilbd. 1: S. 536–539: „C. Le Châtiments", S. 548 ff.: Commentaire, Teil Bd. 2: S. 422 ff., Abb. Prometheus 25 bis Abb. Prometheus 54.

45 Zur *Laokoongruppe* als „exemplum doloris", als Paradigma der Schmerzdarstellung und des Umgangs mit Schmerz also, vgl. Heinen 1994/1996 (wie Anm. 5), S. 55 (mit der älteren Literatur).

Schlange den Vater beißt, windet der sich unter den unmittelbar eintretenden Qualen und verdreht als sofortige Wirkung des Gifts die Augen. Über die Entsprechung dieser Darstellung der Wirkung des Gifts auf den Ausdruck äußersten Schmerzes in der Körper- und Augenbewegung des *Laokoon* kann Lomazzo die anschauliche literarische Beschreibung des Achilles Tatius, wie im Gemälde des Euanthes der Schmerz den Blick des Prometheus unwillkürlich zu sich riss, mit einem realiter vorhandenen Werk der bildenden Künste illustrieren und den Künstlern seiner Zeit dessen Studium als Muster zur bildnerischen Darstellung des Schmerzes als der „ersten Leidenschaft" und der daraus folgenden „schmerzvollen Bewegung" empfehlen.

Rubens, der Lomazzos Hinweise auch sonst tiefgründiger und umfassender durchdringt als jeder andere Maler,[46] macht in seinem *Prometheus* genau diese Verknüpfung fruchtbar. Durch die Figurbildung kombiniert und komplettiert er die Bilderzählung, die in der Ekphrasis des literarisch überlieferten antiken Gemäldes geschildert wird, sowie die damit verbundenen Bewegungen und Ausdrucksmotive in der plastizierenden Konkretisierung von Form und Statur des Körpers sowie von Haltung und Lage der Körperteile einschließlich der dadurch erreichten Ausdrucksstärke anhand dessen, was er in zahlreichen Studien an der *Laokoonskulptur* beobachtet und aufgezeichnet hatte[47]. In der Durchgestaltung von Statur und Bewegungen seines *Prometheus* folgt Rubens so ganz der von Lomazzo erdachten topischen Verknüpfung der Ekphrasis des *Prometheusgemäldes* des Euanthes mit der leiblichen Präsenzerfahrung der *Laokoonskulptur*.

Wie von Achilles Tatius für den *Prometheus* des Euanthes beschrieben und wie von Rubens an der *Laokoonskulptur* beobachtet, wo die Hüfte eine entsprechende Ausweichbewegung vor dem Biss der Schlange macht und sich die Bauchmuskulatur als Reaktion auf die Qualen anspannt, zieht Prometheus bei Rubens Bauch und Hüfte vor Schmerz nach hinten zurück. Indem er den rechten Oberschenkel im konvulsivischen Schmerz an den Rumpf heranzieht, kann auch Rubens' Prometheus den Adler nicht abwehren. Vielmehr drängt der Titan den übermächtigen Raubvogel, wie von Achilles Tatius geschildert, durch diesen Bewegungsreflex mit seinem Oberschenkel fatalerweise sogar noch näher an seine Leber heran. Ähnlich wirkungslos bleiben alle Bewegungen, mit denen sich Laokoon in der Skulptur vergebens dem Biss der Schlange

46 Vgl. ebd., S. 54, S. 104, S. 107, S. 124, und passim; Ders. 2007 (wie Anm. 5), S. 168; Ders. 2008 (wie Anm. 6), S. 204; Ders. 2013 (wie Anm. 40), S. 355, S. 359 f., S. 365, S. 368 f.; Ders. 2014 (wie Anm. 40), Anhang II, S. 21, zu Anm. 100; S. 23 ff., zu Anm. 111–135.

47 Zu Rubens' Rezeption der *Laokoongruppe* vgl. Marjon van der Meulen: *Rubens. Copies after the Antique*, London 1994–1995, 3 Bde., Bd. 1, S. 93–104 (Corpus Rubenianum Ludwig Burchard, 23); Heinen 1994/1996 (wie Anm. 5), S. 74 ff., S. 115 f.; Uwe Westfehling, Drei verschollene Zeichnungen von Peter Paul Rubens, in: *Wallraf-Richartz-Jahrbuch* 62 (2001), S. 171–222; Heinen 2020 (wie Anm. 5), S. 584 f.; Logan/Lohse Belkin 2021–2022 (wie Anm. 1), Bd. 1, Nr. 92–102, Nr. 180 ff.; Text, S. 133–145; Plates, S. 108–117, Fig. 140–150.

zu entziehen und aus der Umschlingung zu befreien versucht. Mit der am *Prometheus* des Euanthes bis in die Streckung der Zehenspitzen beobachteten Gesamtbewegung achtet auch Rubens auf deren konsequente Anspannung. Wie für das antike Gemälde beschrieben und an der *Laokoonskulptur* vorgeführt, zeigt auch Rubens den Schmerz zudem am gesamten Körper. Er lässt Prometheus wie einst Euanthes die Augenbrauen wölben, die Lippen anspannen und die Zähne entblößen.

Wenn die Ekphrasis des antiken Gemäldes aber keine weiteren konkreten Bewegungen mehr beschreibt, folgt Rubens – wie von Lomazzo empfohlen – in der Figurbildung des Prometheus stattdessen besonders der *Laokoonskulptur*.[48] Solch heftige

48 Noch nicht gesehen wurde bislang, dass Rubens für die leibliche Aktualisierung der antiken Ekphrasis des *Prometheus* des Euanthes auch eine weitere antike Skulptur nutzt. Es handelt sich um den *Sterbenden Giganten* aus der *Gruppe besiegter Giganten, Amazonen, Perser und Gallier*, die als römische Marmorkopien den Bronzeplastiken der pergamenischen *kleinen Attalidenstiftung* für die Akropolis in Athen folgen und ihrerseits stilistische Bezüge zur *Laokoongruppe* aufweisen. Die Marmorkopien wurden 1514 in Rom gefunden. Der *Sterbende Gigant* war ab 1587 im Palazzo Farnese in Rom nachgewiesen: Anonym: *Sterbender Gigant*, Replik des 2. Jh. n. Chr. nach einer Skulptur von der Mitte des 2. Jh. v. Chr., Marmor, Breite 139 cm, Neapel, Museo Archeologico Nazionale di Napoli, Inv. 6013; Arachne, Objekt-ID 1072966, https://arachne.dainst.org/entity/1072966; Andrew F. Stewart u. Manolēs Korres: *Attalos, Athens and the Akropolis. The Pergamene ‚Little Barbarians' and their Roman and Renaissance Legacy*, Cambridge/New York, 2004, Nr. 1, S. 294. Im Liegemotiv, in der Wendung des Kopfes, in der Bewegung der Arme, in der Platzierung der Wunde sowie im Motiv der im Fell verhakten Löwenpranke, das in der in den Unterkörper des Prometheus verkrallten Adlerklaue Fortsetzung findet, orientiert Rubens seinen *Prometheus* in Seitenverkehrung an diesem Vorbild; zu Rubens' Rezeption dieser Gruppe an anderer Stelle vgl. den Hinweis auf den *verwundeten Gallier* (Paris, Musée du Louvre, Inv. Ma 324; Stewart u. Korres 2004 (wie Anm. 48), Nr. 6, S. 298) aus derselben Gruppe als Modell für die Haltung des dunkelbärtigen Schergen in Rubens' Antwerpener *Kreuzaufrichtung* von 1610 bei Heinen 1994/1996 (wie Anm. 5), S. 141, S. 339, Anm. 448; vgl. auch den Hinweis auf dieselbe Skulptur als Modell für die Haltung eines Victimarius in Rubens' *Decius Mus befragt die Haruspizien* von 1616/1617 bei Reinhold Baumstark u. Guy Delmarcel: *Rubens. Subjects from History* (2): *The Decius Mus Series*, London/Turnhout 2019, 2 Bde., Bd. 1, S. 40, S. 49, Anm. 103 f. (Corpus Rubenianum Ludwig Burchard, 13/2; nicht nachvollziehbar dagegen die Annahme einer Rezeption derselben Figur an anderer Stelle von Rubens' Werk im *Corpus Rubenianum Ludwig Burchard*, 12/1, S. 194); zu ergänzen ist, dass Rubens für den Victimarius in seinem *Decius Mus befragt die Haruspizien* auch den *knienden Gallier* (Venedig, Museo Archeologico Nazionale di Venezia, Inv. 57; Stewart u. Korres 2004 (wie Anm. 48), Nr. 7, S. 298) aus derselben Gruppe herangezogen hat, an dem er auch den Kopf des dunkelbärtigen Schergen in seiner Antwerpener *Kreuzaufrichtung* orientierte; zu der Rezeption der antiken Figurengruppe und ihrer frühneuzeitlichen Rezeption insgesamt vgl. ebd., besonders S. 75–135; hinzuzufügen ist die Rezeption des *sterbenden Giganten* in einer Giulio Romano zugeschriebenen Zeichnung, Florenz, Uffizien, Inv. 1384 F (CensusID 63416, https://database.census.de/detail/63416), sowie die Rezeption dieser und weiterer Skulpturen aus derselben Gruppe, die sich damals im Palazzo Farnese in Rom befanden (etwa Stewart u. Korres 2004 (wie Anm. 48), Nr. 5, Nr. 6, Nr. 8, Nr. 9, S. 297–300), in Annibale Carraccis Fresken der Galleria Farnese und des Camerino Farnese in diesem Palazzo sowie in vorbereitenden Zeichnungen dafür: *Orpheus und Eurydike*, Medaillon, 1598–1600,

Bewegungen, wie die, mit denen sich Prometheus laut Lomazzo wie unter der Wirkung einer Vergiftung windet, kennt Rubens aus seinem eingehenden Studium der *Laokoongruppe*. So zieht sich die gesamte rechte Körperseite von Rubens' Prometheus unter der Wirkung des alles beherrschenden Vernichtungsschmerzes krampfartig zusammen. Ausgelöst wird das durch das Zupacken des Adlerschnabels, ganz wie bei der Verkrampfung der linken Körperseite, mit welcher der Vater in der *Laokoonskulptur* reflexartig auf den Biss der Schlange reagiert. Wie er es am rechten Fuß der *Laokoonskulptur* gesehen hat, zeigt Rubens, dass Prometheus die Zehen des rechten Fußes hochzieht und leicht nach außen wendet, während er den dicken Zeh in die Gegenrichtung nach unten und innen spreizt. An der *Laokoonskulptur* hatte er auch das Zurückziehen des Armes gesehen und das Vorziehen der Schulter, zu der sein Prometheus den Kopf neigt, sowie das Hochreißen und Strecken des anderen Armes über den Kopf mit akzentuiertem Bizeps und Trizeps, deutlich sich abzeichnenden Flexoren und Extensoren sowie geballter Faust. Von dort kannte Rubens auch das asymmetrische Ineinanderwirken der kräftigen Schultermuskulatur, der Sehnen und der Knochen rund um Hals, Nacken und Schultern.

Fresko (Ginzburg 2008 (wie Anm. 69), Nr. I/7, S. 183); in seiner Studie für den gefallenen Krieger in *Perseus und Phineus*, Zeichnung, Melbourne, National Gallery of Victoria, Inv. 592–4 (Victor Hundsbuckler: Dessins des Carrache. La Fabrique de la Galerie Farnèse, Ausstellungskatalog, Paris, Musée du Louvre, Paris 2026, Nr. 146, S. 201; vgl. Aidan Weston-Lewis, Annibale Carracci and the Antique, in: *Master Drawings* 30 (3) 1992, S. 287–313, S. 305, Anm. 3); und in seinen Studien Kat. Dessins des Carrache 2026, Nr. 109 f., S. 155 ff.; Nr. 140, S. 196; Nr. 162, S. 236; Nr. 192, S. 273; sowie die Rezeption des *fallenden Galliers* aus derselben Gruppe (Venedig, Museo Archeologico Nazionale di Venezia, Inv. 55; Stewart/Korres 2004 (wie Anm. 48), Nr. 8, S. 299) in Annibale Carraccis *Tod des Herkules*, Soffitte einer Fensternische, Rom, Camerino Farnese, Palazzo Farnese (John Rupert Martin: *The Farnese Gallery*, Princeton, New Jersey 1965, Fig. 13, S. 31), und zuvor bereits in Cristoforo Roncalli (Il Pomarancio): *Drei Studien eines fallenden Mannes* (verso), um 1583–1586, 36,5 × 26 cm, Los Angeles, The J. Paul Getty Museum, Inv. 2001.60, https://www.getty.edu/art/collection/object/108HPX.

Für Darstellungen des *Tityos* von Michelangelo und Tizian, deren Bewegungen Rubens auf dem Weg zum imaginären Prototyp des *Prometheus* des Euanthes aufgrund ihres ähnlichen Pathos ebenfalls aufgreift, wird eine verwandte Vermittlungsfunktion beschrieben bei Georgievska-Shine 1999 (wie Anm. 33), S. 77; Dies. 2009 (wie Anm. 33), S. 54. Zur Rezeption von Michelangelos *Tityoszeichnung* zuerst George Scharf: *Catalogue of the Pictures at Woburn Abbey*, beigebunden zu ders.: *Third Portion of a Catalogue Comprising Pictures, Miniatures and Enamels of His Grace The Duke Of Bedford, 81, Eaton Square, London*, under Revision, 1875, S. 57, https://commons.wikimedia.org/wiki/File:A_descriptive_and_historical_catalogue_of_the_collection_of_pictures_at_Woburn_Abbey_(IA_descriptivehisto03scha_0).pdf; vgl. McGrath et al. 2022 (wie Anm. 33), Bd. 1, S. 215 (Katalogeintrag Gregory Martin), und zu deren Rezeption in Rubens' *Prometheus* zuerst Rudolf Oldenbourg: Die Nachwirkung Italiens auf Rubens und die Gründung seiner Werkstatt, in: Ders.: *Peter Paul Rubens. Sammlung der von Rudolf Oldenbourg veröffentlichten oder zur Veröffentlichung vorbereiteten Abhandlungen über den Meister*, hrsg. v. Wilhelm von Bode, München/Berlin 1922, S. 79; Kimball 1952 (wie Anm. 33), S. 68; zu Rubens' Rezeption von Tizians *Tityosgemälde* s. u. Anm. 64 f.

Die Anspannung der Brustmuskulatur beim Anheben des massiven Brustkorbs hatte er an der *Laokoonskulptur* studiert sowie die unter der Haut sich abzeichnenden, hervorstehenden Rippenkonturen, die leicht konvexe Wölbung des Bauches mit der ausgeprägten geraden und schrägen Bauchmuskulatur, das Definieren der auf der einen Seite angespannten und auf der anderen gestreckten Oberschenkelmuskulatur und das Akzentuieren der beiden Kniegelenke als anatomische Fixpunkte.

An der antiken *Skulptur* orientiert sich Rubens nicht nur in Körperhaltung und -bewegungen seines Prometheus, sondern auch in dessen muskulöser Form und viriler Statur – den weiteren Aspekten der Figurbildung, die das *Dictionarium* des Ambrosius Calepinus ja zur allgemeinen Definition von „Figur" nennt[49]. Bei der malerischen Überformung der antiken *Laokoonskulptur* folgt Rubens dann ganz den Prinzipien, die er in dem Traktat *De Imitatione Statuarum* im Laufe der Jahre formulierte. Bei der Nachahmung antiker Statuen soll der Maler demnach von dem absehen, was an ihnen Stein ist. Zwischen Materie und Form, zwischen Stein und Abbild, zwischen dem, was der Marmor verlangt, und der lebendigmachenden Malerei soll der Maler die bei Fleisch und Stein unterschiedlichen Lichter und Schatten, Durchsichtigkeiten und Dichtigkeiten, Übergänge und Konturen sowie die Weichheit, Beweglichkeit und Biegsamkeit von Haut und Gewebe unterscheiden, um nicht anstelle des Fleisches nur den Marmor mit Farben abzubilden.[50] Hierbei wie zur glaubhaften Integration der aus verschiedenen Quellen kombinierten und weiterentwickelten Bewegungsmotive war für Rubens offensichtlich eine Aktstudie nach einem Modell[51] hilfreich. Deren Bewegungen und Körperlichkeit kopierte Rubens dann im Malen wiederum nicht bloß, sondern steigerte diese durch Dynamisierung im Ganzen wie in allen Details zu noch eindrücklicheren Leiblichkeitswirkungen.

Im Zusammenhang mit Prometheusdarstellungen wird Lomazzos Hinweis auf die *Laokoongruppe* 1958 zuerst von Olga Raggio kurz erwähnt.[52] Die Vorbildlichkeit der *Laokoongruppe* für die Statur und den Ausdruck von Rubens' *Prometheus* demonstrierte dann 1963 Julius S. Held ausführlicher.[53] Dempsey führte diese Adaption 1967 sogar darauf zurück, dass Rubens wohl die zeitliche Nähe der Entstehung des von Achilles Tatius beschriebenen *Prometheus* des Euanthes und der *Laokoongruppe* im 2. Jahrhundert vor Christus erkannt habe.[54]

49 Zur Definition des Figurenbegriffs bei Calepinus 1550 (wie Anm. 22) s. o. Anm. 22.

50 Zu diesem Traktat und Rubens' Malerei s. o. Anm. 5. Zu der Berücksichtigung dieser Prinzipien in Rubens' Malerei vgl. Heinen 1994/1996 (wie Anm. 5), S. 144–149; Ders. 2010, Stoisch (wie Anm. 5), S. 44; Thielemann 2012 (wie Anm. 5); Ders. 2018 (wie Anm. 5); Heinen 2020 (wie Anm. 5), S. 585.

51 Peter Paul Rubens: *Männlicher Akt, auf dem Rücken liegend*, 1609–1610, schwarze Kreide, weiß gehöht, 42,3 × 54,8 cm, Paris, Musée du Louvre, Département des Arts Graphiques, Inv. 20.207; Logan/Lohse Belkin 2021–2022 (wie Anm. 1), Bd. 2, Nr. 236, Textteil, S. 84 f., Plates, S. 100 f., Fig. 335.

52 Vgl. Raggio 1958 (wie Anm. 33), S. 62.

53 Vgl. Held 1963 (wie Anm. 33), S. 28; Dempsey 1967 (wie Anm. 33), S. 421, S. 423.

54 Ebd., S. 423.

Einzelfigur

Raggio hat auch als erste eine Relevanz von Lomazzos Traktat für spätere Darstellungen des Prometheus vermutet.[55] Dempsey wies dagegen eine nennenswerte Relevanz Lomazzos für Rubens' *Prometheus* zugunsten einer alleinigen zentralen Bedeutung der Ekphrasis des Achilles Tatius zurück.[56] Steiner erkannte dann 1991 in Lomazzos Text zwar ein gekürztes Exzerpt der Ekphrasis des Achilles Tatius. Auch Lomazzos Verknüpfung dieses Exzerpts mit der *Laokoongruppe* als Exempel einer Schmerzdarstellung bemerkte er. Eine Relevanz für Rubens' Bildfindung sah er aber nur in Lomazzos Fokussierung auf die topische, paradigmatische Verkörperung eines Affekts in den Bewegungen einer Einzelfigur.[57]

Mit Blick auf Rubens' *Prometheus* entdeckt Steiner eine solche Fokussierung der Darstellung auf eine Einzelfigur vor allem im *Προμηθεὺς Δεσμώτης* (*Der gefesselte Prometheus*) des Aischylos,[58] einer der beiden einzigen Tragödien der Antike, in denen der Held während der gesamten Aufführung nahezu bewegungslos auf seinem Platz auf der Bühne zu verharren hat.[59] Wie Steiner hervorhebt, nennt die *Poetik* des Aristoteles dieses Drama als Exempel für eine besondere, „vierte" Art von Tragödien, die er aber nicht weiter erläutert.[60] Laut Julius Caesar Scaligers *Poetices Libri Septem* von 1561 verbindet diese Tragödienform pathetische und ethische Emotionen paradigmatisch.[61] In der Darstellungsstruktur dieser Sonderform der Tragödie und in dem damit verbundenen ästhetischen Ideal findet Steiner die über bloß Motivisches hinausgehende

55 Vgl. Raggio 1958 (wie Anm. 33), S. 62.

56 Vgl. Dempsey 1967 (wie Anm. 33), S. 424.

57 Vgl. Steiner 1991 (wie Anm. 33), S. 235 f., S. 247 ff.

58 Aeschylus: *Tragoediae VII.*, hrsg. v. Gulielmus Canterus Ultraiectinus, Antwerpen: Plantinus 1580, S. 21–63. Zum Ankauf durch Rubens' Bruder Philip am 3. Juni 1605 vgl. Arents 2000–2001 (wie Anm. 9), Nr. M1, S. 273.

59 Vgl. Steiner 1991 (wie Anm. 33), S. 243.

60 Vgl. ebd., S. 241 f. *Quatuor autem Tragoediae sunt genera* [...]. *Quartum veluti Phorci, et Prometheum: quacunque insuper, quae apud inferos sunt.* (Aristoteles: *Opera*, Lyon: Johannes Frellonius 1561, 2 Bde., Bd. 2, S. 1233–1258, S. 1247, col. 1, l. 16). Ein Exemplar dieser oder einer anderen Ausgabe befand sich in der Bibliothek des Albert Rubens; vgl. Arents 2000–2001 (wie Anm. 9), S. 283, S. 366, p. 28, col. 1.

61 Vgl. Steiner 1991 (wie Anm. 33), S. 241. *Quae nanque Tragoedia non est παθητική, aut ἠθική; est enim utriusque affectus plenissima Prometheus. Est eadem valde πεπλεσμένη, atque ex maxime contrariis quidem.* – „Denn die Tragödie [*Prometheus*] ist weder [rein] pathetisch (παθητική) noch [rein] ethisch (ἠθική): *Prometheus* ist nämlich voller beider Affekte. Sie [diese Tragödie] ist zudem sehr komplex (πεπλεσμένη) und gerade aus extrem gegensätzlichen Elementen zusammengesetzt." (Julius Caesar Scaliger: *Poetices Libri Septem*, s. l. [Lyon]: Antonius Vincentius 1561, lib. VII, cap. III, S. 348 A-B, col. 2). Ein Exemplar dieser oder einer anderen Ausgabe befand sich in der Bibliothek des Albert Rubens; vgl. Arents 2000–2001 (wie Anm. 9), S. 357, p. 19, col. 2.

Begründung für Rubens' Isolierung des Prometheus als eine topische Einzelfigur, deren Affektwirksamkeit gerade in der erzählerischen Reduzierung liegt.[62]

Anders als in den literarischen Vorbildern, wo etwa Aischylos mit der Beschreibung, dass sich der Adler an der Hüfte des Prometheus festgekrallt habe, von dem Bild eines stehenden Prometheus ausgeht, und auch anders als die im Todeskampf aufrechtstehende *Laokoongruppe* zeigt Rubens seinen leidenden *Prometheus* auf dem Rücken liegend und so auf den Felsen gebunden, dass er im nächsten Moment an der vorderen Bildgrenze rücklings und kopfüber aus dem Gemälde stürzen würde, wenn seine Ketten nicht wären. In Tizians Darstellung des *Tityos*,[63] für die der Dramatiker Richard Cumberland schon 1787 erklärt hat, dass Rubens sein Gemälde „ausgehend von der Idee dieser Figur" gemalt habe,[64] war diese Lage im Bild wie auch die Isolierung einer gefolterten mythischen Einzelfigur vorgeformt. Übermittelt wurde Tizians Bildfindung zu Rubens über den seitenverkehrten Kupferstich von Cornelis Cort von 1566,[65] der das Motiv durch Beifügung einer Fackel bereits in einen Prometheus verwandelt hatte, ein charakteristisches Attribut des Titanen, dessen Frevel darin bestand, den olympischen Göttern das Feuer geraubt und es den Menschen gebracht zu haben (Hes., Th. 514–518, 558–560),[66] das Rubens dann auch seinem *Prometheus* in der linken unteren Bildecke auf einem angestückten Leinwandstreifen beigefügt hat.[67]

Affektfigur

Der zwischen 1594 und 1602 entstandene Entwurf Toussaint Dubreuils für ein Bildfeld mit der *Befreiung des Prometheus* im Gewölbefresko der Petite Galerie des Louvre, das Stationen der Geschichte des Prometheus zeigte,[68] sowie ein Wandfresko in der

62 Vgl. Steiner 1991 (wie Anm. 33), S. 243.

63 Tizian: *Die Bestrafung des Tityos*, um 1565, Öl auf Leinwand, 253 × 217 cm, Madrid, Museo Nacional del Prado.

64 „[...] upon the idea of this figure". (Richard Cumberland: *An Accurate and Descriptive Catalogue of the several Paintings in the King of Spain's Palace at Madrid*, London: C. Dilly 1787, S. 16 f., zitiert n. Kimball 1952 (wie Anm. 33), S. 67 f.). Eine Verbindung zu Tizian wurde bereits früher bemerkt. So berichtet Horace Walpole in einem Brief vom 30. Mai 1763 an George Montague, dass der Herzog von Manchester als damaliger Besitzer Rubens' *Prometheus* für ein Werk Tizians halte; vgl. Sutton 1990 (wie Anm. 33), S. 256.

65 Cornelis Cort nach Tizian: *Die Bestrafung des Prometheus*, 1566, Kupferstich, 38,8 × 31,6 cm, London, The British Museum, Nr. X,1.77; vgl. Held 1963 (wie Anm. 33), S. 27.

66 Vgl. ebd.

67 Vgl. Sutton 1990 (wie Anm. 33), S. 257.

68 Toussaint Dubreuil: *Herkules befreit Prometheus*, Bildfeld im Entwurf eines Deckengemäldes mit der Geschichte des Herkules und dem Wappen von Henri IV., 1594/1602, Feder und braune Tinte, braunes Lavieren, Akzente mit Aquarell, weißer Gouache und Gold, Grundierung mit schwarzer Kreide, 40,6 × 46,6 cm, Paris, Musée du Louvre, Département des Arts Graphiques, Inv. INV 26277, Recto. Siehe auch Ders.: *Herkules befreit Prometheus*, um

Galleria Farnese von um 1606/1607 mit der *Befreiung des Prometheus* nach einem Entwurf Annibale Carraccis[69] zeigen den Titanen wie bei Cort und wie später bei Rubens auf dem Rücken und mit dem Kopf voraus. Wie bei Tizian und in Corts danach gefertigtem Kupferstich findet sich auch dort das Aufrichten des Kopfes aus der Nackenlage, das weder in der Ekphrasis des Achilles Tatius beschrieben wird, noch in der antiken *Laokoonskulptur* vorkommt. Dieses Bewegungsmotiv entwickelt Rubens aber weiter, sodass bei ihm Prometheus den Kopf nun trotzig den Krallen des Adlers entgegenstemmt.[70]

Auch das Motiv eines Blickwechsels zwischen dem Gequälten und dem Raubvogel gibt es vor Rubens nur bei Tizian und in dem Nachstich. Deutlicher aber als dort begegnet der Blick des Prometheus bei Rubens dem Blick des Adlers – und hält ihm stand. Anders als bei Tizian liegt in dieser Bewegung auch keine Spur mehr von Resignation oder Rückzug, sondern alleine der Ausdruck eines trotzigen Standhaltens. Auf diesen Moment fokussiert Rubens die knappe Erzählung des Gemäldes. In ihm überwindet sein Prometheus mit mentaler Kraft die Vergeblichkeit aller Kraftanstrengungen des Körpers, dem Vernichtungsschmerz zu entgehen, der selbst den gewaltigen Leib des Titanen reflexartig herumstrampeln lässt.

Seit Held Rubens' *Prometheus* 1963 als eine „heroische Gestalt" beschrieben hat, die nicht durch eigenes Verschulden, sondern durch das Schicksal in diese Lage geraten ist und in ihr trotz aller Schmerzen Widerstandsgeist „gegen seinen Peiniger" bewahrt, wurden immer wieder stoische Züge an dieser Haltung herausgearbeitet.[71]

1594, Entwurf für ein Deckengemälde, Feder mit brauner Tinte, 53,5 × 38,8 cm, Paris, Musée du Louvre, Département des Arts Graphiques, Inv. INV 26273, Recto.

69 Sisto Badalocchio (?) nach einem Entwurf Annibale Carraccis: *Herkules befreit Prometheus*, 1606–1607, Fresko, Rom, Palazzo Farnese, Galleria Farnese, Westwand; Silvia Ginzburg: *La Galleria Farnese. Gli Affreschi dei Carracci*, Mailand 2008, Nr. P/10, S. 283.

70 Dass Rubens' Prometheus „sich gegen seinen Unterdrücker aufzubäumen und mit aller Kraft sein Haupt emporzuhalten" versucht, „dadurch ein aktiv Widerständiger" wird sowie „sich aus der Zwangsjacke der negativ besetzten Ausdrucksfigur" gelöst hat und dass darin „die Eigenständigkeit und epochale Bedeutung des Rubens'schen *Prometheus*" besteht, betont Steiner 1991 (wie Anm. 33), S. 253 f.

71 Vgl. Held 1963 (wie Anm. 33), S. 30; Dempsey 1967 (wie Anm. 33), S. 424; Steiner 1991 (wie Anm. 33), S. 254 ff.; Georgievska-Shine 1999 (wie Anm. 33), S. 67 f.; Dies. 2009 (wie Anm. 33), S. 50 f. Eine Abkehr von „den bleichen moralistischen Lehren der Emblematiker" erkennt in der stoischen Widerständigkeit von Rubens' *Prometheus* Held 1963 (wie Anm. 33), S. 30; vgl. auch Steiner 1991 (Anm. 33), S. 255 f. Tatsächlich lässt das Epigramm des *Emblematum Liber* des Andrea Alciato von 1531 den dort in der Imago dargestellten Prometheus unter der Bestrafung Jupiters wünschen, die Menschen nicht modelliert und das Feuer nicht geraubt zu haben. Auch dies ist allerdings durchaus auf die stoische Lehre abgestimmt. Denn das Herausreißen der Leber des Prometheus bezieht Alciato auf die Erfahrung der „prudentes" (anders als die stoischen Weisen, die „sapientes", meint das hier wohl so etwas wie „die Neunmalklugen"), wegen ihres vermeintlichen Wissens um die himmlischen Schicksalsläufe, wegen eines Aberglaubens also und insofern wegen Fehlurteilen, von Sorgen zerfressen zu werden: *Quae supra nos, nihil ad nos. Caucasia aeternum pendens in rupe Prometheus /*

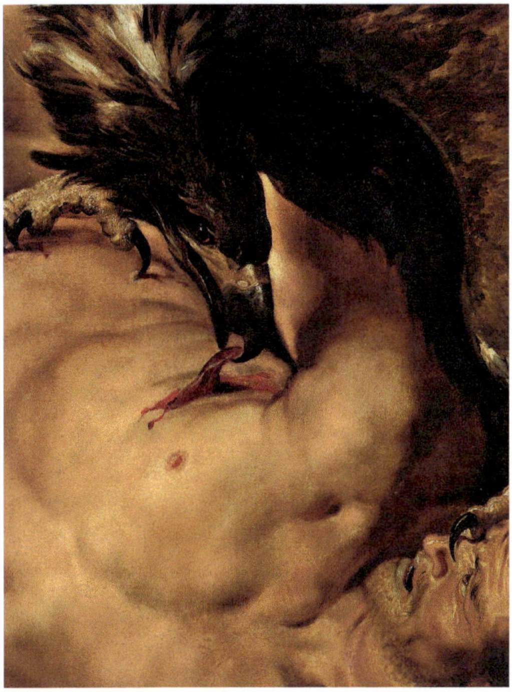

4 Peter Paul Rubens und Frans Snyders: *Die Bestrafung des Prometheus* (Detail), um 1611/1612 bis 1618, Öl auf Leinwand, 242,6 × 209,6 cm, Philadelphia, Philadelphia Museum of Art

Diripitur sacri praepetis ungue iecur. / Et nollet fecisse hominem: figulosque, perosus / Accensam rapto damnat ab igne facem. / Roduntur variis prudentum pectora curis, / Qui caeli affectant scire, deumque, vices. – „Was über uns ist, geht uns nichts an. / Prometheus, ewig auf dem kaukasischen Felsen hängend, / dessen Leber von dem Schnabel des heiligen schnellfliegenden [Adlers] herausgerissen wird. / Und er wünschte, er hätte den Menschen nicht geschaffen: / und die Töpfer hassend, verflucht er die Fackel, die vom geraubten Feuer entzündet ist. / Von vielfältigen Sorgen werden die Herzen der Neunmalklugen zernagt, / die vorgeben, Gott und die himmlischen Schicksalsläufe zu kennen." (Andrea Alciato: *Emblematum Liber*, Augsburg: Heinrich Steyner 28. Februar 1531, s. p. [p. B4v]). Der erstmals 1573 erschienene Kommentar des Claudius Minos zu diesem Emblem konkretisiert die leibphysiologische Verortung dieses Vorgangs anhand eines Zitats aus dem Kommentar des Macrobius zu Ciceros *Somnium Scipionis*: *Macrob. lib. 1. in Somnium Scipionis, huius fabulae mysterium exponit. Per vulturem, sive aquilam, iecur immortale tundentem, nihil aliud intelligunt prisci illi Theologi, inquit, quam tormenta malae conscientiae obnoxia flagitio viscera interiora rimantis, et ipsa vitalia indefessa admissi sceleris admonitione laniantis, semperque curas, si forte requiescere tentarint, excitantis, tamquam fibris renascentibus inhaerendo* [...]. – „Macrobius erklärt in Buch 1, ‚Über Scipios Traum', das Geheimnis dieser Fabel. Durch den Geier oder Adler, der die unsterbliche Leber zerfleischt, verstehen jene altehrwürdigen Theologen, sagt er, nichts anderes als die Qualen eines der Schande schuldigen schlechten Gewissens, das die innersten Eingeweide durchwühlt und selbst die innersten Lebenskräfte unermüdlich zerreißt, gequält durch die Mahnung des begangenen Verbrechens, und beständig Sorgen hervorrufend, wenn es etwa versuchen sollte, Ruhe zu finden, als ob es an den nachwachsenden Leberlappen haften würde [...]." (Andrea Alciati: *Omnia* [...] *Emblemata*, kommentiert v. Claudius Minos, Antwerpen: Christophorus Plantinus 1577, S. 348–352, Emblem 102, S. 349. Zitiert wird hier Macr. Somn. Scip. 1, 10, 12;

Steiner hat hierzu einige Zeilen aus dem Drama des Aischylos angeführt, in denen der einsame, gefesselte Prometheus über seine Wahrnehmung und Bewältigung der Schmerzen spricht. Erhalten sind diese Verse nur in lateinischer Übersetzung, da Cicero sie als Paradigma der philosophischen Beherrschung des Schmerzes durch den alles erduldenden „stoischen Weisen“ zitiert hat – Cicero lässt Aischylos wenige Zeilen zuvor vom „doctus Prometheus“ sprechen und ihn sagen: „So ertrage ich, im Unheil verlassen, die Ängste / und suche in der Liebe zum Tod ein Ende des Übels.“[72]

Die stoische Selbstbehauptung Auge in Auge mit dem Folterer wirkt umso heroischer, als Rubens gleich neben dem funkelnden Auge des Adlers den Zangengriff des Adlerschnabels in die außerordentlich schmerzempfindliche Leberkapsel als Quelle des stärksten Vernichtungsschmerzes inszeniert (Abb. 4). Besonders perfide ist dabei, dass der Adler die Leber bislang nur zwischen den Schnabelspitzen hält, die Leberkapsel aber noch nicht verletzt hat. Folgt man Marisa Mandabachs Überlegung, dieses Moment als Schnittstelle der Kollaboration zwischen Rubens und Snyders zu deuten,[73] bemerkt man einerseits, wie vorsichtig der von Snyders gemalte Adler mit dem dann offenbar von Rubens gemalten Organ des Titanen umgeht, und andererseits, über welches Eskalationspotenzial der Adler hier verfügt. Betrachtet man das Motiv darüber hinaus als stoische Reflexion, macht Rubens hier – ganz im Sinne der von Cicero extrahierten Zeilen mit der stilistischen Klimax von Verlassenheit, Angst und dem Todeswunsch – unmittelbar sinnfällig, dass Prometheus nicht nur der allgemeinen Brutalität des mächtigsten Raubvogels, sondern auch weit direkter dem akuten Vernichtungsschmerz und schließlich noch einer alles übersteigenden Angst vor dem vielleicht noch größeren nächsten Schmerz standhalten muss. Die stoische Standhaftigkeit (*constan-*

Aur[elius] Theodosius Macrobius: *Commentarius ex Cicerone in Somnium Scipionis*, in: Ders.: *Opera*, hrsg. v. Johannes Isacius Pontanus, Leiden: Officina Plantiniana, Franciscus Raphelengius 1597, S. 1–153, lib I, cap. X, S. 42). Ein Exemplar dieser oder einer anderen Auflage befand sich in der Bibliothek des Albert Rubens; vgl. Arents 2000–2001 (wie Anm. 9), S. 352, p. 14, col. 1.

72 *Sic me ipse viduus pesteis* [sic!] *excipio anxias / Amore mortis terminum anquirens mali.* (Cic. Tuscul. 2,23–25, S. 132 f.; Cicero: *Tusculanarum Quaestionum ad M. Brutum Libri*, in: Ders., *Opera*, hrsg. v. Janus Gulielmius u. Janus Gruterus, Hamburg: Froben 1618, 4 Bde., Bd. 4, S. 81–135, hier lib. II, cap. VII–XI; S. 98, col. 1, l. 7 f.). Zu Rubens' Kauf dieser Ausgabe am 24. Dezember 1624 vgl. Arents 2000–2001 (wie Anm. 9), Nr. E 95, S. 171. Zur Bedeutung dieser Verse für Rubens' Prometheus vgl. Steiner 1991 (wie Anm. 33), S. 241 f.; gegen die anschließende Fehleinschätzung in der Studie Steiners, die unabhängig davon fundamental bleibt, Rubens sei kein konsequenter Anhänger der Stoa gewesen, siehe etwa die Erläuterung zur stoischen Erkenntnis-, Affekt- und Ethiklehre und ihrer Bedeutung für Rubens bei Ulrich Heinen: Stoisch trauern. Bewältigungsstrategien bei Peter Paul Rubens, in: Ralf Georg Bogner, Johann Anselm Steiger u. Ulrich Heinen (Hrsg.): *Leichabdankung und Trauerarbeit. Zur Bewältigung von Tod und Vergänglichkeit im Zeitalter des Barock*. Akten der Tagung in der Johannes a Lasco-Bibliothek Emden 23.–25. August 2007, Amsterdam 2009, S. 119–180 (Daphnis 2009).

73 Vgl. Mandabach 2016 (wie Anm. 33), S. 62 f., S. 66.

tia) wird im Bildgeschehen auf die äußerste Probe gestellt, nicht nur ein bislang noch unbekanntes Leiden, sondern auch die Angst davor, ertragen zu müssen, ein solches bislang noch unbekanntes Leiden möglicherweise nicht mehr ertragen zu können.

Der unmittelbar drohende Biss des Adlers in die Leberkapsel, den Rubens und Snyders im Bild durch stärkste Hell-Dunkel-Kontraste und höchste formale und narrative Informationsdichte akzentuieren, bezeichnet dem Phänomen nach wie auch im Wortsinn ein zentrales Theorem der stoischen Erkenntnis-, Affekten- und Ethiklehre. Als Biss (*morsus*) oder Schlag (*ictus*) bezeichnet die römische Stoa einen Präaffekt (*praeparatio adfectus*), die unwillkürliche Vorstufe zu einem willentlich ausgewachsenen Affekt. Insofern demonstriert die Konstellation des Adlerbisses und der Widerständigkeit des Titanen in Rubens' *Prometheus* die beiden Phasen der Affektuierung: den unwillkürlichen, nicht steuerbaren Präaffekt (als Teil der menschlichen *natura*) und die frei entschiedene, willentliche Zurückweisung eines andrängenden dauerhaften Affekts (durch ein rationales *iudicium*). Der wörtlichen Bedeutung des Namens Prometheus entsprechend – *Προμηθεύς* heißt „der Vorausdenkende" – gewinnt damit das gesamte Bild den Charakter eines Übungsbildes zur Prämeditation (*praemeditatio malorum*), in der man die Wirkung von Präaffekten erkunden, Vorbilder in der Abweisung von Affekten erfahren und einüben und sich so auf alle künftigen emotionalen Beanspruchungen vorbereiten kann.[74]

Nach stoischer Auffassung sind Präaffekte und Affekte Urteile. Um frei davon zu werden, sich durch Affekte steuern zu lassen, anstatt über deren Zulassung oder Zurückweisung rational zu urteilen und sachlich zu entscheiden und sie so zu beherrschen, gilt es, diese Urteile auf ihren Sachgehalt zu prüfen und die Dinge nüchtern als das wahrzunehmen (*perceptio*), zu begreifen (*comprehensio*) und zu beurteilen (*iudicium*), was sie jenseits aller Präaffekte und Affekte an sich selbst sind. Hieraus begründet sich auch ein besonders in Rubens' Werken um 1610 geläufiger stoischer Stil der Nüchternheit und Sachlichkeit (*sobrietas*), den 1999 zuerst Andreas Thielemann herausgearbeitet hat.[75] Rubens' *Prometheus* gehört sichtlich mit in diese Werkgruppe.

So lässt sich vor diesem Gemälde nicht nur an dem dargestellten Prometheus beobachten, wie der mit dem Vernichtungsschmerz an der Leber ausgelöste Präaffekt (*praeaffectus*) unwillkürlich den gesamten Körper beherrscht, der reflexhaft reagiert, und zugleich am aufgerichteten Kopf des Titanen beobachten, wie sich sogar dagegen

74 Zur stoischen Erkenntnis-, Affekten- und Ethiklehre und deren Relevanz für Rubens insgesamt vgl. Ulrich Heinen, Rubens' Garten und die Gesundheit des Künstlers, in: *Wallraf-Richartz-Jahrbuch* 65 (2004), S. 71–182.; Ders. 2008 (wie Anm. 6); Ders. 2009 (wie Anm. 72); Ders. 2010, Huygens, Rubens and Medusa (wie Anm. 40); Ders. 2010, Stoisch (wie Anm. 5); Ders. 2016 (wie Anm. 28); Ders. 2019 (wie Anm. 25).

75 Andreas Thielemann: Der stoische Modus. Mentalstilistische Aspekte des Rubens'schen Klassizismus, vorgetragen beim Symposium ‚*rubens – battaglie, naufragi, giuochi, amori ed altre passioni*', 1999, veranstaltet vom Kunsthistorischen Institut der Universität zu Köln und dem Wallraf-Richartz-Museum, unveröffentlicht; vgl. Heinen 2016 (wie Anm. 28).

durch große Konzentration und Anstrengung eine ernüchternde Klarheit, innere Distanz und Widerständigkeit gewinnen lassen. Man kann Widerständigkeit hier vielmehr auch an sich selbst erfahren. So weiß die Stoa, dass der Anblick von Verletzungen, Wunden und Blut wie ein Schlag oder Biss unmittelbar und unwillkürlich eigene Schmerzen, Unwohlgefühle oder Ekel, aber auch Mitleid, als nicht steuerbare Präaffekte auslösen kann (z. B. Sen. *epist.* 57, 4).[76]

Rubens nutzt das Thema zudem für eine lehrstückartige Demonstration zur körperlichen Lokalisierung der Affektphysiologie, die er ganz im Sinne der neostoischen Auseinandersetzung mit der menschlichen Doppelnatur aus *φύσις* und *λόγος* entfaltet. Zugleich mit der Zerstörung der Leber, die zum Kern des Mythos gehört, graben sich die Klauen des Adlers auch ins Gesicht und den Unterbauch des Prometheus. Diese Konstellation ist so prononciert dargestellt und auf der Bildfläche gewissermaßen diagrammatisch exponiert, dass sie schon früher affektphysiologische Interpretationen aufgerufen hat.[77]

Einen solchen Zugang zur Prometheusthematik legt bereits die für Maler und Kunstkenner verfasste Auslegung des Prometheusmythos in Karel van Manders *Uutlegginghe* [...] *op den Metamorphosis Publij Ovidij Nasonis* von 1604 nahe. Als Lehre aus dem Prometheusmythos formuliert van Mander dort:

> Dass er [Prometheus] an die Klippe gebunden oder gekettet war, bedeutet: dass der Ruheplatz der Weisheit – die Seele – am Körper befestigt ist, der, da der von sich selbst keine Erkenntnis hat, nichts ist als ein unempfindlicher Stein. Die Leber ist den Bewegungen des Geistes vergleichbar – die manche als Heimstatt des Denkens und der Vernunft ansehen. (van Mander, Uytl. 1).[78]

76 Vgl. Heinen 2010, Huygens, Rubens and Medusa (wie Anm. 40), S. 155.

77 Vgl. Dempsey 1967 (wie Anm. 33), S. 422 f.; Georgievska-Shine 1999 (wie Anm. 33), S. 62; Dies. 2009 (wie Anm. 33), S. 49. Die Idee zu einem solchen Angriff auf den Schambereich kann Rubens aus Michiel Coxcies *Kain von Gott verflucht* gewonnen haben, wo auf der Scham Abels der Eselskiefer liegt, mit dem Kain seinen Bruder erschlagen hat. Die Zeichnung, die Rubens nach dieser Figur anfertigte, war wohl auch hinsichtlich der Körperhaltung für seine Arbeit am *Prometheus* wichtig; vgl. Lohse Belkin 2009 (wie Anm. 1), Bd. 1, S. 226. Ähnlich tritt Kain auf das Geschlecht Abels bei Jan Gossaert: *Kain erschlägt Abel*, 1510–1515, Holzschnitt, 30,5 × 22,6 cm, London, British Museum, Department of Prints and Drawings, Inv. 1845,0809.1696. In die Entwicklungsreihe gehört auch die Figur eines Sterbenden bei Michiel Coxcie: *Die Eherne Schlange*, Radierung, 29,4 × 42,5 cm, London, British Museum, Department of Prints and Drawings, Inv. V,2.16. Sie diente als Vorbild für Peter Paul Rubens: *Der Tod des Hippolyt*, um 1608, Feder mit brauner Tusche, laviert, 22,7 × 33,1 cm, Bayonne, Musée Bonnat-Helleu, Inv. 1441; den Zusammenhang erkennt mit Verweis auf die damals Michelangelo zugeschriebene Darstellung Scharf 1875, S. 57; unter Verwechslung des Zusammenhangs wird dies zitiert bei McGrath et al. 2022 (wie Anm. 33), Bd. 1, S. 215, Nr. 65b, S. 220–223 (Katalogeintrag Gregory Martin).

78 „Dat hy aen de klip ghebonden oft gekettent was, beteyckent: dat de rust-plaets der wijsheyt de Siele, is ghevestight aen het lichaem, het welck van sich selfs, als sonder kennis, is niet als eenen onbevoelijcken steen. De Lever is te ghelijcken de beweginge des redens, t'welck eenighe

Der erste Satz aus van Manders affektphysiologischer Auslegung des Prometheusmythos bewegt sich ganz im Rahmen der stoischen Physiologie, die den Körper – einschließlich der Affekte – als Teil der physischen Welt ansieht, wo alles auf äußere Impulse bloß reagiert wie ein Stein, der sich von sich aus nicht rührt, aber jedem Anstoß folgen muss, der ihn unweigerlich ins Rollen bringt. Der zweite Satz aus van Manders Auslegung folgt einem von Platon überlieferten Modell und belegt, wie geläufig dieses um 1600 noch war. Im *Timaios* erläutert Platon, wie die Leber durch Spiegelung auf ihrer glatten Oberfläche den begehrenden Seelenteil (Naturtrieb) mit dem beratenden Seelenteil (Vernunft) verbindet und dabei die von den Gedanken zugeführten Figuren durch Reflexion in Scheinbilder verwandelt:

> Schließlich haben sie [die Götter bei der Erschaffung der Menschen] jenen Teil der Seele, der Speisen und Getränke begehrt, und überhaupt alles Übrige, was der Körper braucht und stark verlangt, der mittleren Region zwischen Zwerchfell und Nabel zugeordnet, wo sie gleichsam eine Art Krippe für die Ernährung des ganzen Körpers vorhanden sein lassen wollten, und fesselten ebendort jene Kraft der Seele wie ein wildes Tier. [...] Damit sie [die begehrende Kraft der Seele] also immer an der Krippe weiden könne und weit weg von dem Berater [dem beratenden Seelenteil] wohne und deshalb jenen [den beratenden Seelenteil] mit ihrem Geschrei und Lärm keineswegs störe, sondern es erlaube, dass unser vorzüglichster Führer [der beratende Seelenteil] in ruhiger Muße für den gemeinsamen Nutzen aller sorgt, deswegen scheinen die Götter jenem [dem begehrenden Seelenteil] die untere Region zur Wohnung gegeben zu haben. Da aber Gott sah, dass jener Teil der Seele [der begehrende Seelenteil] so beschaffen sein würde, dass er nicht auf die Vernunft hören, und wenn er durch irgendeinen Sinneseindruck getroffen würde, keineswegs den vernünftigen Gründen gehorchen, sondern von Trugbildern und Visionen bei Nacht und Tag in höchstem Maße hingerissen würde: deshalb erschuf er die Natur der Leber und ordnete sie in ihrer Behausung an [...]: damit die Kraft der Gedanken, die vom Geist herabsteigt, in der Leber selbst, wie in einem Spiegel, indem sie [die Leber] Figuren [figuras] aufnimmt und dem Anblick Scheinbilder [simulacras] zurückgibt, und wann immer sie [diese Figuren] aufgenommen worden sind, ihn [den beratenden Seelenteil] erschrecken, sowie wann immer [diese Figuren] den verwandten Teil der Bitterkeit [der Leber] benutzt haben, Gefahren androhen soll [...]. (Platon, Tim, 70e-72b).[79]

achten de woonplaets der ghedachten en des verstandts." (Karel van Mander: *Uytlegginghe, en sin-ghevende verclaringhe, op. den Metamorphosis Publij Ovidij Nasonis*, in: Ders.: *Het Schilder-Boeck*, Haarlem 1604, vol. 1, fol. 3^{r}). Zu Rubens' eigenem Exemplar dieser Ausgabe vgl. Arents 2000–2001 (wie Anm. 9), Nr. A1, S. 92–95. Dieses Exemplar ist später auch in der Bibliothek seines Sohnes Albert nachgewiesen; vgl. ebd., S. 351, p. 13, col. 2.

79 *Postremo eam animae partem, quae esculenta et poculenta cupit, et reliqua omnino quibus corpus indiget, concupiscit, mediae regioni inter diaphragma et umbilicum applicavere: ubi quoddam quasi praesepe ad totius corporis alimoniam extare volebant, et ibidem illam vim animae tanquam agreste animal alligaverunt.* [...] *Ut ergo ad praesepe semper illa pascatur, habitetque procul a consultore, ideoque illum clamore et strepitu suo minime turbet, sed permittat, praecipuum nostri ducem tranquillo in otio communi omnium utilitati consulere, regionem*

Eine Figurbildung zu einem Bildthema, mit dem solche seelenphysiologischen Implikationen verknüpft sind, ist immer auch eine praktische Auslegung dieser Annahmen. So ist der Angriff des Adlers auf die Augen in Rubens' *Prometheus* ein Angriff auf den Sehsinn. Wenn der zerstört wird, kann auch ein Prometheus nicht mehr nüchtern empirisch kontrollieren, was die Verletzung als Sache an sich selbst ist, die ihrerseits den Präaffekt des Schmerzes ausgelöst hat. Die Zerstörung der Leber unterbricht nach Platon die Umwandlung der mit den Gedanken zugeführten Figuren in reflektierte Scheinbilder und damit das reflektierende Denken insgesamt. Der Angriff auf den Schambereich trifft und reizt dann nur noch einen blinden Naturtrieb. Wenn die Leber die Seele nicht mehr mit dem Körper verbindet, bleibt ein Körper zurück, der, wie es van Mander erklärt hat, ohne die Seele „von sich selbst keine Erkenntnis hat, nichts ist als ein unempfindlicher Stein." Wie ein Stein kann er durch jede äußere Kraft hin- und hergerollt werden. Wo die Reflexion ausfällt, bleiben nur noch instinktive Reflexe.

Im Anschluss an die Anbindung des Prometheusthemas an die stoische Lebensphilosophie und insbesondere an die stoische Affektphysiologie finden sich in Rubens' Umgebung zahlreiche Belege für die Aktivierung von Prometheus-Bildern zur Gestaltung eigener Selbst- und Umgebungsbezüge. So ruft Justus Lipsius, der Lehrer von Rubens' Bruder Philip, das Bild des Prometheus an einer Schlüsselstelle des erstmals 1584 erschienenen lebensrettenden Selbstgestaltungsbuchs *De Constantia Libri Duo* („Zwei Bücher über die Beständigkeit") auf, worauf 1999 zuerst Aneta Georgievska-Shine mit Blick auf Rubens' Gemälde hingewiesen hat.[80] Den jungen Lipsius lässt der Autor Lipsius dort in tiefster Verzweiflung seinen Zustand in das Bild des an den Kaukasus Ge-

idcirco inferiorem ipsi habitandam dii dedisse videntur. Quoniam vero videbat deus partem illam animae talem fore, ut rationem non exaudiret: et siquo sensu pulsaretur, nullo modo rationibus obtemperaret, sed simulacris visisque nocte dieque maxime raperetur: idcirco naturam iecoris procreavit, et in eius habitationem disposuit, densam inquam naturam, lenem, claram, dulcem, et amaritudinis non expertem: ut cogitationum ex mente descendens potentia in ipso iecore velut in speculo figuras suscipiente, aspectuique simulacra reddente, quandoque recepta terreat ipsum, quandoque cognata amaritudinis parte usa, minasque intendens [...]. (Platon: *Opera Omnia*, Marsilius Ficinus (Hrsg./Übers. lat.), Frankfurt: Claudius Marnius u. Haeredes Ioannis Aubrii 1602, S. 1074). Ein Exemplar dieser Ausgabe befand sich in der Bibliothek des Albert Rubens; vgl. Arents 2000–2001 (wie Anm. 9), S. 353, p. 15, col. 1. Rubens' Bruder Philip bezieht sich in einem Brief vom 21. Mai 1601 auf Platon; vgl. ebd., Nr. O3, S. 283 f. Die Angabe im Verkaufskatalog der Bibliothek des Albert Rubens über eine von Johannes Meursius übersetzte und kommentierte Edition von Platons *Timaios* (vgl. ebd., S. 350, p. 12, col. 1) ist offensichtlich eine Verwechslung mit einer Schrift des Timotheos von Konstantinopel, dem Presbyter: Τιμοθέου Πρεσβυτέρου Κωνσταντινουπόλεως: *Περὶ τῆς προσερχομένων τῇ ἁγίᾳ ἐκκλησίᾳ. Περὶ τῶν δύο φύσεων τοῦ κυρίου ἡμῶν Ἰησοῦ Χριστοῦ*, in: Joannes Meursius: *Variorum Divinorum Liber Unus*, Leiden: Isaacus Elzevirius 1619, S. 111–130. Zur Verbindung zwischen der Leber und den Emotionen in der antiken griechischen Literatur vgl. Richard Broxton Onians: *The Origins of European Thought, about the Body, the Mind, the Soul, the World, Time, and Fate*, 2. Aufl., Cambridge 1954, S. 84–89.

80 Vgl. Georgievska-Shine 1999 (wie Anm. 33), S. 66 f.; Dies. 2009 (wie Anm. 33), S. 50 f.

ketteten fassen, den Vögel zerfleischen. In dieser bildhaften Selbstfigurierung bittet der junge Lipsius den weisen Philosophen Langius dann um Hilfe, worauf der bereitwillig erklärt, als neuer Herkules „diesen Prometheus", den jungen Lipsius, zu befreien:

> ‚Die öffentlichen und privaten Sorgen haften fest in meinem Gemüt. Wenn du kannst, vertreibe die bösen Vögel, die mich zerfleischen; und nimm die Fesseln der Sorgen weg, mit denen ich seit langem an diesen Kaukasus gebunden bin.' Langius antwortet mit freudigem Gesicht: ‚Ich werde sie [die Fesseln] tatsächlich lösen; als neuer Herkules werde ich diesen Prometheus erlösen.' (Lips. Const. 1, 4).[81]

In einem Gedicht, das allen lateinischen Ausgaben der *De Constantia Libri Duo* vorangestellt ist, greift Janus Dousa die Deutung auf, die Lipsius dem Mythos gegeben hat, und fasst sie in die Form einer Kette von Selbstbefragungen und Appellen an sich selbst:

> Erbärmlicher Mensch: Staub, Schatten, Traum. Wohin wirst du getrieben, der du durch die Fesseln des Wahns angebunden bist? Bis zu welchem Punkt noch werden dir Lust, Schmerz, Furcht und Begierde dein Herz angreifen? Du liegst am Boden? Und du wünschst aufgerichtet zu werden und über die Masse dein Haupt zu erheben? Sieh hier das geeignete Sühnemittel. Durch diese von Sünden befreit, wirst du selbst [...] die Vögel töten und vernichten können, die dir das Herz von innen auffressen? (Dousa ad Lips.).[82]

Die anschauliche Schilderung des Am-Boden-Liegens, der Fesselung, des Ausgeliefert-Seins gegenüber Angriffen auf das Herz, der Sehnsucht, aufzustehen, ganz konkret des Erhebens des Kopfes und des Erlegens der Vögel als Metapher von allem, was das Gemüt verletzt, bedrückt und wovon man befreit zu werden erhofft, führt in dieselbe Bildwelt, auf die hin Rubens alle Bewegungen des Prometheus durcharbeitet.

Knapper spricht der zum weiteren Umkreis des Lipsius zu rechnende Adriaen Blyenburgh seine Leser in den *Batavi Poemata* von 1588 direkt an, um sie über eine bildhafte Vorstellung des angeketteten Prometheus heranzuführen an eine neustoische Le-

81 *Et haerent fixae animo publicae privataeque curae. Tu, si potes, pelle malas aves quae me lincinant: et vincla solicitudinum deme, quibus in hoc Caucaso lente ligor. Langius vultu alacri, Ego vero demam, inquit: et novus Hercules solua hunc Prometheum.* (Justus Lipsius: *De Constantia Libri Duo*, Antwerpen: Plantiniana, Johannes Moretus 1605, lib. I, cap. IV, S. 6).

82 *Homo miselle, pulvis, umbra, somnium, / Quousque fluctuabere, / Opinionis alligate vinculus? / Quousque gaudium, dolor, / Metus, cupido pectus impetent tibi? / Iaces? Et erigi cupis, / Supraque vulgus elevare verticem? / Idonea ecce Februa, / Quibus piatus ipsa nubila ac Notos / Supervolare possies: / avesque, quae cor intus exedunt tibi, / Necare et ire perditum* [...]. (Janus Dousa: *Ad Iustum Lipsium suum*, in: Ebd, s. p. [S. 10–13, S. 12]). Vgl. Christiane Lauterbach: *Gärten der Musen und Grazien. Mensch und Natur im niederländischen Humanistengarten 1522–1655*, München/Berlin 2004, S. 119 f. (Kunstwissenschaftliche Studien, 111).

benshilfe. Schon alleine durch Prometheus als Rollenmodell, das Rubens recht viril gestaltet, adressiert auch Blyenburghs Gedicht – wie nahezu alle neustoischen Schriftsteller bis weit in die 1610er Jahre – Männer, und zwar vor allem solche, die in Amt und Würden sind oder in solche hineinwachsen sollen, und gibt ihnen in Prometheus ein Paradigma für die Gestaltung des von allen äußeren Umständen und inneren Wirrungen unbeirrten eigenen Lebensweges: „Ohne jeden Neid gehst du klaren Blicks deinen Weg, / nicht wie Prometheus' Geier / zerren Hoffnung und Angst / dich hin und her in stürmischer Zwiespalt."[83]

Direkt ausgesprochen wird die Adressierung an Amtsmänner in dem Drama *Scholae Vaulcianae Prometheus sive de Origine Scientiarum Drama* des Andreas Catullius,[84] das 1613 fast gleichzeitig mit Rubens' *Prometheus* am *Collegium Gandavense*, auch *Collegium Vaulxianum* genannt, aufgeführt und gedruckt wurde. Rubens' Umgebung dürfte das durchaus wahrgenommen haben, denn aus diesem renommierten Studienkolleg der Universität Leuven stammten bedeutende Mitglieder von Rubens' Netzwerk, darunter etwa der von Rubens um 1615 porträtierte Petrus Peckius, seit 1601 Anwalt beim Großen Rat von Mecheln und ab 1616 Kanzler des Herzogtums Brabant.[85] Die Bestrafung und Befreiung des Prometheus kamen zwar in dem Theaterstück nicht auf die Bühne.[86] Catullius nutzt den Mythos vom Anschmieden des Prometheus an den Kaukasus aber in der Widmung des Stücks als Metapher, um die Senatoren und Räte von Löwen zur Förderung der Schule zu motivieren. Denn gebraucht würden bedeutende Unterstützer,

83 *Livore nullo strabus obambulas, / Promethei nec vulturis in modum / Te spes bipartito metusque / Dividuis agitant procellis.* (Adriaen Blyenburgh: Ad Cornelium à Blyenburch Cognatum, in: Ders.: *Batavi Poemata*, Leiden 1588, S. 55 ff., S. 55). Vgl. Lauterbach 2004 (wie Anm. 82), S. 159 f.

84 Andreas Catullius: *Scholae Vaulcianae Prometheus sive de Origine Scientiarum Drama*, Leuven: Phil. Dormalius 1613. Das offenbar einzige bis dahin erhaltene Exemplar dieses Textes ist bei der Zerstörung der Universitätsbibliothek Löwen durch deutsche Truppen im Jahr 1914 verbrannt. Es gibt aber eine umfassende Beschreibung und Studie zu diesem Stück bei Félix Nève: André Catulle. Prométhée Drame Latin Représenté en 1613 dans un Collège de Louvain, in: Ders.: *La Renaissance des Lettres et l'Essor de l'Érudition Ancienne en Belgique*, Leuven 1890, S. 375–405; vgl. Jozef Ijsewijn, Theatrum Belgo-Latinum. Het Neolatijns toneel in de Nederlanden, in: *Academiae Analecta. Mededelingen van de Koninklijke Academie voor Wetenschappen, Letteren en Schone Kunsten van België. Klasse der Letteren* 43 (1981), S. 69–114, S. 76.

85 Vgl. Nève 1890 (wie Anm. 84), S. 389. Zu Rubens und Petrus Peckius vgl. Ulrich Heinen, ‚Versatissimus in historiis et re politica.' Rubens' Anfänge als Diplomat (Rainer Budde [Hrsg.]: Sinnliche Intelligenz. Festschrift für Prof. Dr. Hans Ost), in: *Wallraf-Richartz-Jahrbuch* 63 (2002), S. 283–318, S. 304–309.

86 Vgl. Nève 1890 (wie Anm. 84), S. 391.

> die an die öffentliche Sache gekettet sind wie Prometheus an den Kaukasus, deren Herz unaufhörlich vom Geier – das heißt, von der glühendsten Sorge um das Gemeinwohl – zerfressen wird, und deren gesamtes bürgerschaftliches Handeln von der wahren Weisheit des Prometheus geprägt und von einem Geist vollendeter Klugheit eingenommen ist.[87]

Von der Bewältigung eines Bürgerkriegstraumas bei Lipsius über die Überwindung von Niedergeschlagenheit aufgrund unbewältigter Affekte bei Dousa bis zur Anleitung Blyenburghs, unbeeindruckt von Gefühlen den eigenen Weg zu gehen, und zu einer Projektion eines selbstbeherrschten Amtsethos auf das Bild des gefesselten und gequälten Prometheus bei Catullius reicht die Palette solcher Aktivierungen verschiedener Facetten des Mythos von Prometheus am Felsen des Kaukasus.

Dabei ruft etwa der junge Lipsius mit dem Entwurf der eigenen Lage und Person im Vorstellungsbild von Prometheus am Felsen des Kaukasus ein Konstellationsschema auf, das dann das soziale Verhältnis der beteiligten Akteure als paradigmatische Figurbildung gestaltet. Unschwer ist vorzustellen, welche offen impulshafte, präsentisch fordernde, diskursiv strukturierende oder nachhaltig mnemonische Funktion hier der Bezug auf einen gemeinsamen Bildhaushalt haben kann. Mit der Verankerung des Prometheusmythos und seiner künstlerischen Präsentationen in der stoischen Philosophie verlängert sich so der bildnerische Figurbildungsprozess bis in die figurativ angelegte Gestaltung gesellschaftlicher Realitäten.

Begonnen hat Rubens diesen Prozess vielleicht mit der Faszination über die Ekphrasis des Achilles Tatius. Fortgeschritten ist er wohl über die Tragödie des Aischylos als Paradigma der Integration von Pathos und Ethos in der vierten Art der Tragödie nach Aristoteles und Scaliger, um eine existenzielle Grundverfassung in einer isolierten Einzelfigur zu verkörperlichen. Lomazzos Empfehlung einer bildnerischen Konzentration auf einen Hauptaffekt im Typenbezug auf die *Laokoonskulptur* und zu deren Realisierung eröffnete dann die imaginative, zeichnerische und handwerkliche Umsetzung der eigenen Prinzipien zur Transmutation steinerner Figuren in lebendig präsente Bildfiguren. Nun konnte Rubens den Figurbildungsprozess im Gemälde dem Ideal der physischen Präsenz so weit annähern, wie es das Medium zulässt. Inmitten eines neustoisch enkulturierten Bildpublikums konnte sich der Figurbildungsprozess dann, vermittelt über die erreichte Präsenzwirkung, in den Imaginations- und Handlungsraum aller fortschreiben, die das Bild alleine oder gemeinsam sahen.

Diese Weiterführung der Figurbildung als Arbeit an sich selbst und an den figurativ entworfenen und realisierten Lebensrelationen und -konstellationen zu sich selbst, zur Gesellschaft und zur Naturwelt, die in der stoischen Lebensphilosophie vorbereitet war und in der persönlichen sowie sozialen Bildpraxis realisiert wurde, ist

87 Ebd., S. 383.

zentral für die Entwicklung der frühmodernen Gesellschaften Europas.[88] Im bildnerischen Figurbildungsprozess war die Perspektive einer solchen Fortsetzung im Leben von Mitgliedern des Bildpublikums intentional komplementär angelegt und für den projektiv entwerfenden Arbeitsprozess des Figurenbildners intentional tragend.[89] Dabei sind die Rollen in den angeleiteten Bildungsprozessen der Lebenshilfeliteratur meist klar verteilt, wenn etwa die Bitte des jungen Lipsius um geistige Befreiung durch den weisen Langius in die Konstellation von Prometheus als hilflosem Gefangenen und Herkules als Befreier projiziert wird. Dagegen demonstriert Rubens, wie sich der Titan aus eigener Kraft gegen die schrecklichste und aussichtsloseste Situation auflehnt und mental behauptet.

Physiologie

Lässt sich dies in der Darstellung der ganzen menschlichen Figur auf der Makroebene zeigen, so gilt es in spezifischer Weise auch auf der Mikroebene der Bestandteile des Leibes und der Malerei. Im Begriff der „Figur“ wurden – wie an den Wortbedeutungen in Rubens’ *Théorie de la Figure Humaine* skizziert – bei Rubens und in seinem Umfeld sowohl der Leib als auch die bloß semiotische Abbildung seiner Erscheinungsform in der Bildfigur als Ergebnisse materieller Figurbildungsprozesse verstanden. Die Kraft von Figurbildungsprozessen, die an Leib und Darstellung vorgenommen werden, ist über die Erscheinungsform hinaus wiederum ihrerseits als Spur von Figurbildungsprozessen und damit selbst als Figur wahrnehmbar. Auf diesem doppelnden Figurverständnis, das Leib und Bildfigur auch prozedural und physiologisch verbindet, beruht schließlich die Einsicht, dass eine Analogisierung des bildnerischen Figurbildungsprozesses zu dem natürlichen Ausformungsprozess des Leibes die glaubhafte Präsenzwirkung der bildnerischen Leibdarstellung intensivieren kann.

Ganz in diesem Sinne näherten frühneuzeitliche ikonopoietische Prozesse der Figurbildung den Einsatz von Werkstoffen und handwerklichen Werkverfahren[90] als „Physiologie der bildenden Künste“ der physiologischen Genese und

88 Vgl. Ulrich Heinen: Argument – Kunst – Affekt. Bildverständnisse einer Kunstgeschichte der Frühen Neuzeit, in: Helmut Neuhaus (Hrsg.): *Die Frühe Neuzeit als Epoche*, München 2009, S. 165–234 (Historische Zeitschrift, Beihefte N. F. 49).

89 Mit Blick auf den hierin ästhetisch beruhenden Politikstil der Vormoderne, den Rubens wesentlich mitgestaltete, vgl. Heinen 2016 (wie Anm. 28).

90 Vgl. Frank Fehrenbach: Wahrnehmungskräfte – Kräfte wahrnehmen. Zur Einführung, in: Ders., Laura Isengard, Gerd Mathias Micheluzzi u. Cornelia Zumbusch (Hrsg.): *Wahrnehmungskräfte – Kräfte wahrnehmen. Dynamiken der Sinne in Wissenschaft, Kunst und Literatur*, Berlin/Boston 2024, S. 9–38, S. 24 (Imaginarien der Kraft, 7).

Struktur des Lebendigen insgesamt sowie für menschliche Bildfiguren insbesondere an die Physiologie des Leibes an. Besonders Georges Didi-Huberman,[91] Louis Marin,[92] James Elkins,[93] der Verfasser,[94] David Topper und Cynthia Gillis,[95] Michael Wayne Cole,[96] Ann-Sophie Lehmann,[97] Spike Bucklow,[98] Jodi Cranston,[99] Pamela Smith,[100] Frédéric Cousinié,[101] Marianne Koos,[102] Marisa Mandabach,[103] Maurice Saß,[104] Karin

91 Etwa Georges Didi-Huberman: *La Peinture Incarnée. Suivi de Le Chef-d'Oeuvre Inconnu par Honoré de Balzac*, Paris 1985; Georges Didi-Huberman: *Fra Angelico. Dissemblance and Figuration*, Jane Marie Todd (Übers.), Chicago 1995.
92 Louis Marin: *De la Représentation*, Paris 1994.
93 James Elkins, Marks, Traces, ‚Traits‘, ‚Orli‘, and ‚Splendores‘. Nonsemiotic Elements in Pictures, in: *Critical Inquiry* 21/4 (1995), S. 822–860; Ders.: *What Painting is. How to think about Oil Painting. Using the Language of Alchemy*, New York/London 1999.
94 Vgl. Heinen 1994/1996 (wie Anm. 5), S. 81–84, S. 144–149; Ders.: Haut und Knochen – Fleisch und Blut. Rubens’ Affektmalerei, in: Ders. u. Andreas Thielemann (Hrsg.): *‚Rubens Passioni‘. Kultur der Leidenschaften im Barock*, Göttingen 2001, S. 70–109, S. 79–83 (Rekonstruktion der Künste, 3).
95 David Topper u. Cynthia Gillis, Trajectories of Blood. Artemisia Gentileschi and Galileo’s Parabolic Path, in: *Woman’s Art Journal* 17/1 (1996), S. 10–13.
96 Michael Wayne Cole, Cellini’s Blood, in: *The Art Bulletin* 81 (1999), S. 215–235.
97 Ann-Sophie Lehmann u. Herman Roodenburg (Hrsg.): *Body and Embodiment in Netherlandish Art*, Leiden 2009 (Nederlands Kunsthistorisch Jaarboek 58 (2007–2008)); Dies., Das Medium als Mediator. Eine Materialtheorie für (Oel-)Bilder, in: *Zeitschrift für Ästhetik und allgemeine Kunstwissenschaft. Neue Folge* 57 (2012), S. 69–88; Dies., Frits Scholten u. H. Perry Chapman (Hrsg.): *Meaning in Materials. Netherlandish Art, 1400–1800*, Leiden/Boston 2013, S. 6–27 (Nederlands Kunsthistorisch Jaarboek 62 (2012)); Ann-Sophie Lehmann: The Matter of the Medium. Some Tools for an Art-Theoretical Interpretation of Materials, in: Christy Anderson, Anne Dunlop u. Pamela H. Smith (Hrsg.): *The Matter of Art. Materials, Practices, Cultural Logics, c. 1250–1750*, Manchester 2014, S. 21–41 (Studies in Design).
98 Spike Bucklow: *The Alchemy of Paint. Art, Science and Secrets from the Middle Ages*, London 2009.
99 Jodi Cranston: *The Muddied Mirror. Materiality and Figuration in Titian’s Later Paintings*, University Park, Pa. 2010.
100 Pamela Smith: Vermilion, Mercury, Blood, and Lizards. Matter and Meaning in Metalworking, in: Ursula Klein u. E. C. Spary (Hrsg.): *Materials and Expertise in Early Modern Europe. Between Market and Laboratory*, Chicago/London 2010, S. 29–49, S. 42–45.
101 Frédéric Cousinié: *Esthétique des Fluides. Sang, Sperme, Merde dans la Peinture Française du XVIIe Siècle*, Paris 2011 (Les Marches du Temps).
102 Marianne Koos: *Haut, Farbe und Medialität. Oberfläche im Werk von Jean-Étienne Liotard (1702–1789)*, Paderborn 2014 (zugl. Habil. Universität Fribourg 2009).
103 Mandabach 2016 (wie Anm. 33); Dies. 2021 (wie Anm. 33).
104 Maurice Saß: *Physiologien der Bilder. Naturmagische Felder frühneuzeitlichen Verstehens von Kunst*, Berlin/Boston 2016.

Leonhard,[105] Daniela Bohde,[106] Magdalena Bushart, Henrike Haug und andere,[107] Frank Fehrenbach,[108] Markus Rath[109] sowie Marjolijn Bol, Emma C. Spary und andere[110] haben unter verschiedenen Aspekten der Materialisation, des Materials als aktivem Agenten und der Substanzaktivität, der Malphysiologie, der Spur, der Kraft, des Impetus, der Energie, der Expression, der Medialität, der Verkörperung, des Figurierens, der Lebendigkeit und der Generativität hierzu eine eigene kunst- und kulturhistorische Forschungskultur entwickelt. Gezeigt wurde dabei etwa, dass besonders für die Darstellung der Physiologie der menschlichen Haut in der Frühen Neuzeit – im Einklang mit dem kunstkritisch intensiv reflektierten Ideal der Lebensnähe und Lebendigkeit (*vivacità*)[111] –

105 Karin Leonhard: *Bildfelder. Stilleben und Naturstücke des 17. Jahrhunderts*, Berlin 2013 (zugl. Habil. Universität Eichstätt-Ingolstadt 2012); Dies.: ‚The various Natures of middling Colours we may learne of Painters.' Sir Kenelm Digby looks at Rubens and van Dyck, in: Sven Dupré u. Christine Göttler (Hrsg.): *Knowledge and Discernment in the Early Modern Arts*, London/New York 2017, S. 163–185 (Visual Culture in Early Modernity, 60).

106 Daniela Bohde: Der Topos der ‚expressiven Linie' und die zeichnerischen Strategien von Wolf Huber und Albrecht Altdorfer, in: Jiří Fajt u. Susanne Jaeger (Hrsg.): *Das Expressive in der Kunst 1500–1550. Albrecht Altdorfer und seine Zeitgenossen*, Berlin 2018, S. 25–41; Dies., Anna Schütz u. Irene Brückle: Körper im Helldunkel. Baldungs Imaginationen von Frauenleibern, in: Holger Jacob-Friesen u. Oliver Jehle (Hsrg.): *Hans Baldung Grien. Neue Perspektiven auf sein Werk*, Berlin/München 2019, S. 204–217.

107 Magdalena Bushart u. Henrike Haug (Hrsg.): *Spur der Arbeit. Oberfläche und Werkprozess*, Köln/Weimar/Wien 2018 (Interdependenzen, 3).

108 Frank Fehrenbach, Robert Felfe u. Karin Leonhard (Hrsg.): *Kraft, Intensität, Energie. Zur Dynamik der Kunst*, Berlin/Boston 2018 (Naturbilder, 2); Frank Fehrenbach: *Leonardo da Vinci. Der Impetus der Bilder*, Berlin 2019 (De Natura, 6); Ders.: *Quasi Vivo. Lebendigkeit in der italienischen Kunst der Frühen Neuzeit*, Berlin/Boston 2021 (Naturbilder, 5); Ders.: Form- und Bewegungskräfte. Zur Einleitung, in: Ders., Lutz Hengst, Frederike Middelhoff u. Cornelia Zumbusch (Hrsg.): *Form- und Bewegungskräfte in Kunst, Literatur und Wissenschaft*, Berlin/Boston 2022, S. 17–34 (Imaginarien der Kraft, 2).

109 Markus Rath, Substanzaktivität. Farbe als ‚prima materia' im Andachtsbild der Frühen Neuzeit, in: *Zeitschrift für Kunstgeschichte* 83/3 (2020), S. 334–359.

110 Marjolijn Bol u. Emma C. Spary (Hrsg.): *The Matter of Mimesis. Studies of Mimesis and Materials in Nature, Art, and Science*, Leiden/Boston 2023 (Studies in Art & Materiality, 7).

111 Zur ‚Vivacità' als Kategorie der frühneuzeitlichen Kunsttheorie vgl. Rensselaer W. Lee, ‚Ut pictura poesis'. The Humanistic Theory of Painting, in: *The Art Bulletin* 22 (1940), S. 197–269, S. 219; Mary E. Hazard, The Anatomy of ‚Liveliness' as a Concept in Renaissance Aesthetics, in: *Journal of Aesthetics and Art Criticism* 33 (1974–1975), S. 407–418, insbesondere S. 408–411; Marek Komorowski: Donatello's ‚St. George' in a Sixteenth-Century Commentary by Francesco Bocchi. Some Problems of the Renaissance Theory of Expression in Art, in: Juliusz A. Chrościcki (Hrsg.): *Ars Auro Prior. Studia Ianni Bialostocki Sexagenario Dicata*, Warschau 1981, S. 61–66, S. 64; Norman E. Land, ‚Ekphrasis' and Imagination. Some Observations on Pietro Aretino's Art Criticism, in: *The Art Bulletin* 68 (1986), S. 207–217, S. 209 f.; David Summers, Aria II. The Union of Image and Artist as an Aesthetic Ideal in Renaissance Art, in: *Artibus et Historiae* 20 (1989), S. 15–31, S. 22, S. 27; Jeroen Stumpel: *The Province of Painting. Theories of Italian Renaissance Art*, S. 53 ff. (Diss. Utrecht 1990); Heinen 1994/1996 (wie Anm. 5), S. 19, S. 21, S. 81–84; Walter S. Melion, „Vivae dixisses virginis ora." The Discourse of Color in Hendrick Goltzius's vielfältige malphysiologische Präsenztechniken der Inkarnatmalerei entfaltet wurden.[112]

Als bedeutender Beitrag zu dieser Annäherung der Physiologie des Werkverfahrens an die Physiologie des Leibes rückt Rubens' Kunst dem menschlichen Körper im wörtlichen Sinne ganz nah auf die Pelle und geht ihm sogar unter die Haut. Für

„Pygmalion and the Ivory Statue", in: *Word and Image* 17 (2001), S. 153–176; Gottfried Boehm: Der Topos des Lebendigen. Bildgeschichte und ästhetische Erfahrung, in: Joachim Küpper u. Christoph Menke (Hrsg.): *Dimensionen ästhetischer Erfahrung*, Frankfurt a. M. 2003, S. 94–112 (Suhrkamp Taschenbuch Wissenschaft, 1640); Frank Fehrenbach: Calor Nativus – Color Vitale. Prolegomena zu einer Ästhetik des ‚Lebendigen Bildes' in der frühen Neuzeit, in: Ulrich Pfisterer u. Max Seidel (Hrsg.): *Visuelle Topoi. Erfindung und tradiertes Wissen in den Künsten der italienischen Renaissance*, Berlin/München 2003, S. 151–170 (Italienische Forschungen des Kunsthistorischen Institutes in Florenz, 43); Ulrich Pfisterer u. Anja Zimmermann (Hrsg.): *Animationen, Transgressionen. Das Kunstwerk als Lebewesen*, Berlin 2005 (Hamburger Forschungen zur Kunstgeschichte, 4); Armen Avanessian et al. (Hrsg.): *Vita Aesthetica. Szenarien ästhetischer Lebendigkeit*, Zürich/Berlin 2009; Frank Fehrenbach: Lebendigkeit, in: Ulrich Pfisterer (Hrsg.): *Metzler Lexikon Kunstwissenschaft. Ideen, Methoden, Begriffe*, 2. Aufl., Stuttgart 2011, S. 273–278; Ders.: „Tra Vivo e Spento". Marinos lebendige Bilder, in: Christiane Kruse u. Rainer Stillers (Hrsg.): *Barocke Bildkulturen. Dialog der Künste in Giovanni Battista Marinos „Galeria"*, Wiesbaden 2013, S. 203–222 (Wolfenbütteler Arbeiten zur Barockforschung, 48); Joris van Gastel: *Il Marmo Spirante. Sculpture and Experience in Seventeenth-Century Rome*, Berlin 2013 (Studien aus dem Warburg-Haus, 12); Noa Turel: *Living Pictures. Jan van Eyck and Painting's First Century*, New Haven/London 2020; Fehrenbach 2021 (wie Anm. 108).

112 Vgl. Philip Sohm, Gendered Style in Italian Art Criticism from Michelangelo to Malvasia, in: *Renaissance Quarterly* 48 (1995), S. 759–808; Christiane Kruse, Fleisch werden – Fleisch malen. Malerei als ‚incarnazione'. Mediale Verfahren des Bildwerdens im ‚Libro dell' Arte' von Cennino Cennini, in: *Zeitschrift für Kunstgeschichte* 63 (2000), S. 305–325; Heinen 2001 (wie Anm. 94), S. 70–109; Daniela Bohde: *Haut, Fleisch und Farbe. Körperlichkeit und Materialität in den Gemälden Tizians*, Emsdetten/Berlin 2002 (Zephir, 3 / zugl. Diss. Universität Hamburg 1998); Ann-Sophie Lehmann: Hautfarben. Zur Maltechnik des Inkarnats und der Illusion des lebendigen Körpers in der europäischen Malerei der Neuzeit, in: Christoph Geissmar-Brandi, Irmela Hijiya-Kirschnereit u. Naoki Sato (Hrsg.): *Gesichter der Haut*, Frankfurt a. M. 2002, S. 93–128 (Nexus, 57); Daniela Bohde: Skin and the Search for the Interior. The Representation of Flaying in the Art and Anatomy of the Cinquecento, in: Egmond Florike u. Robert Zwijnenberg (Hrsg.): *Bodily Extremities. Preoccupations with the Human Body in Early Modern European Culture*, Aldershot 2003, S. 10–47; Dies. u. Mechthild Fend (Hrsg.): *Weder Haut noch Fleisch. Das Inkarnat in der Kunstgeschichte*, Berlin 2007 (Neue Frankfurter Forschungen zur Kunst, 3); Ann-Sophie Lehmann: Fleshing Out the Body. The ‚Colours of the Naked' in Workshop Practice and Art Theory, 1400–1600, in: Dies. u. Herman Roodenburg (Hrsg.): *Body and Embodiment in Netherlandish Art*, Leiden 2009, S. 86–109 (Nederlands Kunsthistorisch Jaarboek 58 (2007–2008)); Christine Göttler: „Bootsicheyt". Malerei, Mythologie und Alchemie im Antwerpen des frühen 17. Jahrhunderts. Zu Rubens' Silen in der Gemäldegalerie der Akademie der Bildenden Künste in Wien, in: Valeska von Rosen (Hrsg.): *Erosionen der Rhetorik?*, Wiesbaden 2012, S. 259–301, S. 283 f. (Culturae, 4); Thielemann 2012 (wie Anm. 5); Mechthild Fend: *Fleshing Out Surfaces. Skin in French Art and Medicine, 1650–1850*, Manchester 2016 (Rethinking Art's Histories); Thielemann 2018 (wie Anm. 5), S. 63–73.

seine Bildfiguren rekonstruiert Rubens malphysiologisch die Plastizität und Farbigkeit des anatomischen Körperaufbaus aus Knochen, Knorpeln, Muskeln, Sehnen, Bindegewebe, Fettgewebe, Adern, Blut und Haut. 1996 hat der Verfasser dies für die Verbindung von Rubens' handwerklichen und mentalen Verfahren der Figurbildung zu Rubens' Überlegungen zur *Nachahmung antiker Statuen* (*De Imitatione Statuarum*) aufgezeigt[113] und die so entwickelte Darstellungsweise in Zusammenhang mit Rubens' Positionierung in der Antwerpener Künstlerkonkurrenz, insbesondere in Auseinandersetzung mit dem zehn Jahre älteren Abraham Janssens, bringen können.[114] 2001 schloss der Verfasser eine Studie zu dem umfangreichen medizinischen, naturphilosophischen und naturkundlichen Wissen an, auf dessen Grundlage Rubens seine neue Malphysiologie entwickelte.[115]

Cordula van Wyhe und Marisa Mandabach haben die dort für Rubens' Malerei demonstrierte Bedeutung von Naturphilosophie[116] und Medizin[117] ab 2018 aufgegriffen, um Hinweise etwa zur Bedeutung von Humoralpathologie[118] ergänzt und an weiteren Beispielen exemplifiziert. Andreas Thielemann konnte ab 1999 vertiefend darlegen, wie eng Rubens' Figurbildung mit der neustoischen Natur-, Erkenntnis-, Kommunikations-, Stil- und Ethiklehre verbunden war.[119] Daran anbindend gelang es Maximilian Geiger 2023 sogar zu zeigen, dass diese Grundlegung körperpolitische Implikationen und Gesellschaftsmodellierungen miteinschließt.[120] Zuletzt haben Cordula van Wyhe,[121] erneut der Verfasser[122] sowie Christine Göttler[123] die Analyse von Rubens' naturkundlichem und naturphilosophischem Wissen als besonders fruchtbar erwiesen für das Verständnis von Rubens' Malphysiologie in Sakralbildern zur demonstrativen Transformation des menschlichen Körpers im Tod, in der Auferstehung

113 Vgl. Heinen 1994/1996 (wie Anm. 5), S. 81–84, S. 144–149.

114 Ebd., S. 96 ff.; so später auch Thielemann 2012 (wie Anm. 5), S. 109–114.

115 Heinen 2001 (wie Anm. 94).

116 Van Wyhe 2018 (wie Anm. 5), S. 26–34; Mandabach 2021 (wie Anm. 33).

117 Van Wyhe 2018 (wie Anm. 5), S. 20–25.

118 Ebd., S. 12–18.

119 Thielemann 1999 (wie Anm. 75); vgl. Heinen 2010, Stoisch (wie Anm. 5); Thielemann 2012 (wie Anm. 5); Ders. 2018 (wie Anm. 5).

120 Vgl. Maximilian Geiger, Aesthetic Form and Social Plurality in Rubens' *Death of Decius Mus*, in: *Kunsttexte* 3 (2023), https://doi.org/10.48633/ksttx.2023.3.101420.

121 Cordula van Wyhe: Matter over Mind. The Resurrected Body in Rubens' ‚Great Last Judgement', in: Valeria Viola, Rino La Delfa, Cosimo Scordato u. Erminia Ardissino (Hrsg.): *La ‚Sovrabbondanza' nel Barocco. Atti del Convegno tenutosi a Palermo il 22 giugno 2018 presso la Facolta Teologica ‚San Giovanni Evangelista'*, Palermo 2019, S. 249–285 (Siciliae Mirabilia, 8).

122 Heinen 2020 (wie Anm. 5), S. 563–597.

123 Christine Göttler: Depicting the Universal Conflagration. Time, Space, and Artifice in Peter Paul Rubens's ‚Fall of the Damned', in: Wietse de Boer u. Christine Göttler (Hrsg.): *The Eschatological Imagination. Space, Time, and Experience (1300–1800)*, Leiden/Boston 2025, S. 27–65 (Intersections, 96).

und in der Verdammnis. Zudem haben ab 2001 Hans-Joachim Raupp,[124] wiederum der Verfasser,[125] Marisa Mandabach,[126] Catherine H. Lusheck[127] sowie Maurice Saß[128] an Rubens' Darstellung geologischer und meteorologischer Prozesse sowie an den davon sichtbar gebliebenen Prozessspuren Verbindungen zwischen Rubens' bildnerischer Formfindung und naturkundlichem und -philosophischem Wissen in großer Vielfalt und Differenziertheit vorgeführt.

Auf die Überlegungen des Autors von 1996 zu malpraktischen Verdünnungs- und Verdichtungsprozessen in Rubens' Malphysiologie[129] sowie von 2001 zu deren Analogisierung zu Prinzipien der Alchemie und der neustoischen Naturlehre[130] folgten ab 2003 Studien von Nadeije Laneyrie-Dagen,[131] Tine Meganck und Christine Göttler[132] sowie zuletzt umfassend von Teresa Esposito[133] zur Bedeutung der Alchemie für Rubens' Figurenaufbau und -verständnis, für zahlreiche seiner Bildmotive und für sein naturkundliches Wissen insgesamt. Die vom Autor 2001 gezeigte Analogisierung von Rubens' Einsatz vielfältiger Konsistenzen von Malmaterial zur malerischen Darstellung vielfältiger Zustände von Blut, die in vielen seiner Gemälde zwischen Materie und Form oszilliert,[134] konnte Mandabach ab 2016 für Rubens' Darstellung von Wunden ausweiten auf Bezüge

124 Hans-Joachim Raupp: Rubens und das Pathos der Landschaft, in: Heinen/Thielemann 2001 (wie Anm. 94), S. 159–179.

125 Kat. Barocke Leidenschaften 2004 (wie Anm. 33), Nr. 58–60, S. 258–266 (Katalogeinträge von Ulrich Heinen).

126 Mandabach 2016 (wie Anm. 33), S. 132–197.

127 Catherine H. Lusheck: Leonardo's Brambles and their Afterlife in Ruben's Studies of Nature, in: Constance Moffatt u. Sara Taglialagamba (Hrsg.): *Leonardo da Vinci – Nature and Architecture*, Leiden/Boston 2019, S. 123–167 (Leonardo Studies, 2).

128 Maurice Saß, Without Nature. Rubens' Watery Landscapes, in: *Nederlands Kunsthistorisch Jaarboek* 73 (2023), S. 87–117.

129 Heinen 1994/1996 (wie Anm. 5), S. 152, S. 348, Anm. 579.

130 Ders. 2001 (wie Anm. 94), S. 81. Zu Rubens und der Alchemie vgl. zudem Ders. 1994/1996 (wie Anm. 5), S. 284, Anm. 82; Ders. 2004 (wie Anm. 74), S. 75 f., S. 138.

131 Laneyrie-Dagen 2003 (Préface) (wie Anm. 5), S. 37 f.

132 Meganck 2007 (wie Anm. 8), S. 57–60 f.; Göttler 2012 (wie Anm. 112); Tine Meganck: Der ‚Rotfärber'. Peter Paul Rubens und die Alchemie, in: Kunst und Alchemie, hrsg. v. Sven Dupré, Dedo von Kerssenbrock-Krosigk u. Beat Wismer, Ausstellungskatalog, Düsseldorf, Museum Kunstpalast, München 2014, S. 146–155; Christine Göttler u. Tine L. Meganck: Sites of Art, Nature and the Antique in the Spanish Netherlands, in: Sven Dupré, Bert De Munck, Werner Thomas u. Geert Vanpaemel (Hrsg.): *Embattled Territory. The Circulation of Knowledge in the Spanish Netherlands*, Gent 2016, S. 333–369, S. 365 ff.

133 Teresa Esposito, Occult Knowledge and Sacred Geometry. A new Interpretation of a Portrait of Rubens and his Son from the Hermitage Museum, in: *De Zeventiende Eeuw* 32/2 (2016), S. 211–234; Dies., Ignis Artificiosus. Images of God and the Universe in Rubens's Depiction of Antique Shields, in: *Early Modern Low Countries* 2/2 (2018), S. 244–277; Dies. 2020, Ethiopians (wie Anm. 6); Dies. 2020, Occult Science (wie Anm. 6); Dies. 2018/2024 (wie Anm. 6), S. 3 f., S. 6, S. 14 ff., S. 20, S. 22 ff., S. 26, S. 39, S. 40 f., S. 57–67, S. 78–88, S. 90 f., S. 93, S. 95–98, S. 144 ff., S. 163.

134 Heinen 2001 (wie Anm. 94), S. 86–97.

zu naturphilosophischen Auffassungen von den generativen und regenerativen Kräften des Blutes.[135] Dabei hat sie bislang auch als einzige das besondere Verhältnis von Ikonographie und Malphysiologie in Rubens' *Prometheus* angesprochen. J. Vanessa Lyon,[136] Margit Thøfner[137] und Marcia Pointon[138] machten solche Überlegungen zur Annäherung von Malmaterial und dargestellten Körperflüssigkeiten seit 2013 zudem auch für Rubens' Darstellung von Muttermilch an konkreten Beispielen fruchtbar.

Anatomie

Die Annäherung der Figurbildungsphysiologie seiner Malerei an die Figurbildungsphysiologie des realen Leibes, den die Malerei darstellt, demonstriert Rubens besonders explizit an der klaffenden Wunde seines *Prometheus*. So klar er die Bildhandlung auf das Standhalten des Prometheus Auge in Auge mit dem Raubvogel fokussiert, so evident ist es auch, dass der Blick auf das Bild immer wieder direkt daneben an diese Stelle führt, wo der Adlerschnabel mit der Haut des Prometheus auch die Malhaut und die Leinwand geöffnet zu haben scheint. Es liegt wohl an der Sache selbst, der hier im Bild aktivierten Paradoxie von Neugier und Abstoßung,[139] dass diese Wunde in allen Publikationen zu Rubens' *Prometheus* nahezu vollständig mit Stillschweigen übergangen wurde. Erst Mandabach hat sie 2016 und 2021 kurz aber präzise als regenerative Wunde und Kooperationsschnittstelle zwischen Rubens, dem Figurenmaler, und Frans Snyders, dem Tiermaler, als Kernthema des Bildes ausgemacht.[140]

Anatomisch genau hat Rubens den Adler direkt unter dem rechten Rippenbogen des Titanen einen subkostalen Riss in die Bauchdecke hacken lassen. Präzise wie mit einem chirurgischen Werkzeug extrahiert der Raubvogel dort nun mit spitzem Schnabel den kranialen rechten Leberlappen. Die Hepatektomie rückt Rubens in brutaler Sachlichkeit vor Augen. Mit knappen Mitteln modelliert er die glatt glänzende

135 Mandabach 2016 (wie Anm. 33), S. 71–86; Dies. 2021 (wie Anm. 33).

136 J. Vanessa Lyon: Full of Grace. Lactation, Expression and ‚Colorito' Painting in some Early Works by Rubens, in: Jutta Gisela Sperling (Hrsg.): *Medieval and Renaissance Lactations. Images, Rhetorics, and Practices*, Farnham u. a. 2013, S. 255–277, S. 276 f. (Women and Gender in the Early Modern World).

137 Margit Thøfner: Nursing Paint. On Rubens, Facture and Breast Milk, in: van Wyhe 2018 (wie Anm. 5), S. 175–198.

138 Marcia Pointon, On ‚the Origin of the Milky Way' by Peter Paul Rubens. Astronomy, Astrology and Mythology in Early Modern Europe, in: *Zeitschrift für Kunstgeschichte* 4 (2021), S. 451–482.

139 Zu einem verwandten Phänomen in Caravaggios *Ungläubigem Thomas* vgl. Marianne Koos: Kunst und Berührung. Materialität versus Imagination in Caravaggios Gemälde des ‚Ungläubigen Thomas', in: Johann Anselm Steiger (Hrsg.): *Passion, Affekt und Leidenschaft in der Frühen Neuzeit*, Wiesbaden 2005, 2 Bde., Bd. 2, S. 1135–1161, S. 1146–1150 (Wolfenbütteler Arbeiten zur Barockforschung, 43).

140 Mandabach 2016 (wie Anm. 33), S. 66; Dies. 2021 (wie Anm. 33).

Oberfläche der Leber in ihrer festen Konsistenz plastisch aus. Zunächst verstreicht er hierzu mit breitem Pinsel einen zum Bildgrund transparenten rotbraunen Mittelton. Entlang der Kontur reliefieren rasch hingesetzte breite opake Striche mit einem ins Weinrote spielenden dunkleren Braunton das Organ und kennzeichnen dessen charakteristische Lokalfarbe. Um die untere Leberkante zu markieren, lässt Rubens schließlich einen beweglichen Spitzpinsel in mehreren Ansätzen flüssige weiße Farbe durch den frischen Farbauftrag schlieren und eine variationsreich modulierte, feine Glanzlinie ziehen. Auf der Kante lässt er an zwei Stellen hingetupfte Höhungen aufblitzen, um so kleinste Unebenheiten auf dem ansonsten glatten Organ anzudeuten und dessen Materialität geradezu haptisch greifbar zu machen. Im Farb- und Konsistenzkontrast zur Leber modelliert Rubens gleich dahinter mit wenigen raschen Pinselzügen den blutigen hellen Wundrand aus, den der Schnabel über dem geöffneten dunklen Bauchraum freigelegt hat. Aus der Wunde lässt Rubens kleine Mengen des venösen und arteriellen Blutes in zwei nuancierten Farbtönen und unterschiedlichen Konsistenzen mal tropfend, mal verteilt austreten.

Um diese Physiologie des Leibes, des Organs und des Blutes differenziert vorzuführen, setzt Rubens verschiedene Rotocker- und Rotpigmente ein. Durch unterschiedliche Anteile an Pigment, Mal- und Verdünnungsmitteln variiert er die Farbkonsistenzen. Den Farbauftrag modifiziert er mit unterschiedlichen Pinseln. Hinter der Wunde verwischt er die Farbe rasch, benutzt vielleicht die Hand, vielleicht einen Lappen. Geradezu lehrbuchartig führt Rubens so vor, wie Figurbildungsmaterialien und -verfahren seiner Malerei etwa bei der Darstellung von Blut die physiologisch ähnliche Materialität realen Blutes ganz unmittelbar nachvollziehen oder in größtmöglicher Annäherung an die natürliche Figurbildung von Organ und Wunde bei deren bildnerischem Gestaltaufbau plastisch ausmodellieren.[141]

Schon Tizian hatte für seinen *Tityos* den Augenblick gewählt, in dem der Adler die Leber mit dem Schnabel aus dem Bauchraum zieht. Die Wunde ist sogar länger als bei Rubens' *Prometheus* und klafft weiter auf. Und dennoch ist die Wirkung weit weniger erschütternd, da Tizian jede Präzision in Form und Farbe seiner eigenwertigen *Peinture* opfert. Für die schockierende Darstellung der Wunde in Rubens' *Prometheus* dagegen findet man auch in den bislang angeführten literarischen Bezügen keine Begründung. Dem belesenen Bildpublikum mag möglicherweise noch ein Epigramm

141 Das durch Röntgenfluoreszenzanalyse (RFA) und Rasterelektronenmikroskopie mit energiedispersiver Röntgenspektroskopie (REM-EDX) nachgewiesene Quecksilber weist auf die Verwendung von Zinnober (Quecksilbersulfid) im Bereich der Wunde hin (vgl. Lisa Heinz: Bestand und Untersuchung des ‚Prometheus', in: Kat. Götter und Helden 2019 (wie Anm. 33), S. 142–150, S. 146), das hier wohl den hellen Rotton des arteriellen Blutes an der Wundkante bildet, möglicherweise aber auch Bestandteil des bräunlichen Rottons des venösen Blutes sein kann. Zur Entsprechung dieser Darstellungsweise, die sich der Physiologie des Dargestellten mit allen Mitteln der Malerei so nah wie möglich annähert, zur stoischen Erkenntnis- und Affektenlehre sowie Ethik vgl. Heinen 2001 (wie Anm. 94); Ders. 2009 (wie Anm. 72); Ders. 2010, Stoisch (wie Anm. 5); Ders. 2016 (wie Anm. 28), S. 130.

Martials in den Sinn gekommen sein, auf das Thijs Weststeijn 2015 mit Blick auf Rubens' *Prometheus* en passent aufmerksam gemacht hat.[142] Kurz vermerkt Martial dort die Aufführung einer monströsen Schauerszene im Kolosseum, in der ein vermutlich zum Tode verurteilter Akteur als „Prometheus, an einem skythischen Felsen gefesselt, den Vogel aus seiner übervollen Brust fütterte".[143] Mit diesem öffentlichen Spektakel des Horrors hat Rubens' drastische Präsenzinszenierung der Qualen des Prometheus jedoch nichts gemein.

Reflexionsraum wird Rubens und seiner Umgebung dagegen eine andere Quelle geboten haben, die im Bildmotiv zugleich auch die von Rubens malphysiologisch fokussierte Figurbildung durch weitgehende Annäherung der Physiologie der Malerei an die der Körpermaterialien thematisiert. Es handelt sich um eine römische Gerichtsdeklamation über ein menschenverachtendes Figurbildungsverfahren, die für Rubens' *Prometheus* zuerst Georgievska-Shine 1999 kurz erwähnt und die dann Mandabach 2016 für Rubens insgesamt anführt.[144]

In seinen *Controversiarum Libri* treibt Lucius Annaeus Seneca Rhetor, der Vater des von Rubens und seiner Umgebung verehrten römischen Philosophen Seneca, den Topos von der malphysiologischen Figurbildung bis zur Spekulation über eine Identifizierbarkeit von Malphysiologie und Leibphysiologie ausgerechnet am Beispiel eines Gemäldes des gequälten Prometheus voran. Um dessen Leiden realistisch malen zu können, soll Parrhasios demnach einen alten Sklaven gekauft und zu Tode gefoltert haben. In der gerichtlichen Auseinandersetzung, ob dies der künstlerischen Freiheit, der ethischen Verantwortung und der rechtlichen Zulässigkeit nach erlaubt gewesen

142 Vgl. Weststeijn 2015 (wie Anm. 33), S. 283.

143 *Qualiter in Scythica religatus rupe Prometheus / adsiduam nimio pectore pavit avem.* Marcus Valerius Martialis: *Epigrammaton*, komment. v. Matthaeus Rader S. J., Ingolstadt: Adam Sartorius 1611, lib. I, ep. VII, vv. 1–2, S. 38. Ein Exemplar dieser oder einer anderen Ausgabe befand sich in der Bibliothek des Albert Rubens; vgl. Arents 2000–2001 (wie Anm. 9), S. 356, p. 18, col. 2; ein weiteres Exemplar dort nachgewiesen ebd., S. 358, p. 20, col. 1.

144 Lucius Annaeus Seneca Oratoris et Rhetoris: *Controversiarum Sententiae*, in: Lucius Annaeus Seneca Philosophus: *Opera quae extant Omnia*, Basel: Johannes Hervagius u. Berardus Brandus 1557, S. 524–661, lib. X, Controversia V, S. 656–660. Ein Exemplar dieser Ausgabe befand sich in der Bibliothek des Albert Rubens; vgl. Arents 2000–2001 (wie Anm. 9), S. 356, p. 18, col. 1. Den Bezug von Rubens' *Prometheus*, in dem der Adler die Leber des Titanen herausreißt, zu diesem Topos erkennt Georgievska-Shine 1999 (wie Anm. 33), S. 44 f.; Dies. 2009 (wie Anm. 33), S. 37 f.; vgl. auch Mandabach 2016 (wie Anm. 33), S. 66 ff. (mit weiteren Beispielen zum Bezug auf diesen Topos in Kunst und Kunstkritik); Weststeijn 2015 (wie Anm. 33), S. 283 ff. Zu dem Topos, aber ohne Bezug auf Rubens, auch Steiner 1991 (wie Anm. 33), S. 262; Norman E. Land, Michelangelo, Giotto, and Murder, in: *Explorations in Renaissance Culture*, 32/2 (2006), S. 204–224, S. 206–210; ein allgemeiner Bezug auf Rubens, nicht aber auf dessen *Prometheus* bei Norman E. Land, Blood as Paint. Rubens, Guido Reni, and Parrhasius, in: *Notes in the History of Art* 31/2 (2012), S. 22 f. Im 19. Jahrhundert dichtete man auch Rubens einen solchen Mord zur Entwicklung seiner *Petruskreuzigung* an; vgl. J. J. Merlo, Die Familie Jabach zu Köln und ihre Kunstliebe, in: *Annalen des Historischen Vereins für den Niederrhein* 9/10 (1861), S. 1–72, S. 36.

sei, wird Parrhasios schließlich sogar vorgeworfen, für seine Darstellung äußerster Folter Körpersubstanzen als Malwerkstoffe verwendet zu haben. Der Vorwurf der Folter um einer realistischen Darstellung willen wird dann mit der Relativierung eines solchen Vorgehens zurückgewiesen, den Künsten sei zu ihren Zwecken Vieles erlaubt wie etwa den Ärzten, die zur Erforschung von Krankheitsursachen Menschen sezieren. Abgeschlossen wird die Diskussion mit dem Argument, die unterstellte Verwendung von Körpersubstanzen als Malwerkstoffe habe praktisch gar nicht geschehen können.

> FULVIUS SPARSUS [...]: Damit die Hand des Parrhasius nicht leichtfertig mit Farben spielt, ist eine Menschenvernichtung zu befürchten. [...] Er äußerte dies in seiner Argumentation: Soviel es den Künsten immer erlaubt war, haben Ärzte, um die unbekannte Kraft einer Krankheit zu erkennen, die Eingeweide aufgeschnitten, heute werden die Glieder der Leichen aufgeschnitten, damit die Lage der Nerven und Gelenke erkannt werden kann. [...] Die Aussage des SPARSUS zur Beschreibung des Bildes enthält etwas Verfälschtes: ‚Und überall, wo Bedarf an Blut besteht, benutzt er [Parrhasios] menschliches Blut,' denn er [Sparsus] behauptete [damit] etwas, was nicht geschehen kann. (Sen. Maior, contr. 10, 5).[145]

Für Rubens und seine Umgebung waren die als Schulübung verfassten und auch in der Frühen Neuzeit wieder so verwendeten *Controversiarum Libri* des Seneca Rhetor unter anderem in einer Ausgabe leicht zugänglich, die der Neustoiker Justus Lipsius, der Lehrer und Mentor von Rubens' Bruder Philip, kommentiert hatte.[146] Wie 1999 Georgievska-Shine und 2015 Weststeijn angemerkt haben,[147] zitiert auch Franciscus Junius, mit dem Rubens spätestens seit 1612 in Kontakt stand,[148] diese Gerichtsdeklamation in den *De Pictura Veterum Libri Tres* von 1637 als geläufigen Beleg für die Bedeutung der künstlerischen Phantasie.[149]

145 *FULVII SPARSI* [...]: *Ne Parrhasii manus ludat temere coloribus, internitioni humanae timendum est.* [...] *In argumentis dixit, quantum semper artibus licuisset, medicos ut vim ignoratam morbi cognoscerent viscera rescidisse, hodie cadaverum artus rescindi, ut nervorum articulorumque positio cognosci possit.* [...] *SPARSI sententia in descriptione picturae habet aliquid corrupti, et ubicunque sanguine opus est, humano utitur, dixit enim quod fieri non potest.* (Lucius Annaeus Seneca Oratoris et Rhetoris 1557 (wie Anm. 144), S. 524–661, lib. X, Controversia V, S. 656–660, S. 657, S. 658, S. 659).

146 Ebd., S. 524–661.

147 Georgievska-Shine 1999 (wie Anm. 33), S. 44, Anm. 24; Dies. 2009 (wie Anm. 33), S. 59, Anm. 26; Weststeijn 2015 (wie Anm. 33), S. 283.

148 David Howarth: *Lord Arundel and his Circle*, New Haven/London 1985, S. 150 f.; Heinen 1994/1996 (wie Anm. 5), S. 22, S. 199, Anm. 358.

149 *Ne Parrhasii manus ludat temere coloribus, internecioni humanae timendum est. Seneca lib. X, controvers. 5.* (Franciscus Junius: *De Pictura Veterum Libri Tres*, Amsterdam: Johannes I. Blaeu 1637, lib. I, cap. II, § 3, S. 11).

Rubens konnte also sicher sein, dass das Bildpublikum seinen *Prometheus* mit dem literarisch überlieferten Gemälde des Parrhasios topisch zu vergleichen wusste und als dessen Überbietung zu würdigen und ethisch zu bewerten verstand.[150] Wer mit der antiken Künstlerlegende vertraut war, konnte Rubens' drastische Darstellung des gequälten Titanen als Beitrag zu der Debatte um die ästhetischen und ethischen Grenzen der Kunst wahrnehmen, die bei Seneca Rhetor zu lesen war. Die Wahl des Themas und die heftigen Bewegungen von Rubens' leidendem Prometheus spielten mit der monströsen Vorstellung, die Darstellung eines Leidenden könne sich auch hier wie einst bei Parrhasios der Beobachtung eines Menschen verdanken, der um der glaubhaften Darstellung willen tatsächlich malträtiert worden sei. In der Annäherung der Physiologie seiner Darstellung an die anatomische Physiologie des Leibes erinnerte

150 Zur Aktivierung solcher Vergleiche mit literarisch überlieferten Topoi der antiken bildenden Künste in Rubens' Werken vgl. Ingvar Bergström, Osias Beert the Elder as a Collaborator of Rubens, in: *The Burlington Magazine* 99 (1957), S. 120–124; Dempsey 1967 (wie Anm. 33); Julius Held: Rubens' ‚Het Pelsken', in: Douglas Fraser, Howard Hibbard u. Milton J. Lewine (Hrsg.): *Essays in the History of Art Presented to Rudolf Wittkower*, London 1967, S. 188–192, S. 190 f., Anm. 32 (Essays Presented to Rudolf Wittkower on his Sixty-Fifth Birthday, 2); Elizabeth McGrath, The Painted Decoration of Rubens's House, in: *Journal of the Warburg and Courtauld Institutes* 41 (1978), S. 245–277, S. 246, S. 268 f., S. 276; Jeffrey M. Muller, The ‚Perseus and Andromeda' on Rubens's House, in: *Simiolus* 12 (1981–1982), S. 131–146, S. 137, S. 140 f.; Zita Stutz: Die Residenz des Malerfürsten Rubens in Antwerpen und das vornehme Bürgerhaus Rembrandts in Amsterdam, in: Eduard Hüttinger (Hrsg.): *Künstlerhäuser von der Renaissance bis zur Gegenwart*, Zürich 1985, S. 139–152, S. 144 ff.; Nora de Poorter: Von Olympischen Göttern, Homerischen Helden und einem Antwerpener Apelles. Bemerkungen über Funktion und Bedeutung der mythologischen Thematik in der Zeit von Rubens (1600–1650), in: Von Bruegel bis Rubens. Das goldene Jahrhundert der flämischen Malerei, hrsg. v. Ekkehard Mai u. Hans Vlieghe, Ausstellungskatalog, Köln, Wallraf-Richartz-Museum, Antwerpen, Koninklijk Museum voor Schone Kunsten, Wien, Kunsthistorisches Museum, Wien/Köln 1992, S. 121–132, S. 130; Heinen 1994/1996 (wie Anm. 5), S. 21, S. 198, Anm. 112; S. 204, Anm. 146; Elizabeth McGrath: *Rubens. Subjects from History*, London 1997, 2 Bde., Bd. 2, Nr. 14, S. 80–84 (Corpus Rubenianum Ludwig Burchard, 13/1); Nora de Poorter: Of Olympian Gods, Homeric Heroes and an Antwerp Apelles. Observations on the Function and ‚Meaning' of Mythological Themes in the Age of Rubens (1600–1650), in: Greek Gods and Heroes in the Age of Rubens and Rembrandt, hrsg. v. Peter Schoon u. Sander Paarlberg, Ausstellungskatalog, Athen, National Gallery, Alexandros Soutzos Museum u. The Netherlands Institute, Dordrecht, Dordrechts Museum, Athen 2000, S. 65–85; Juntunen 2005 (wie Anm. 6), S. 113; Ulrich Heinen, Immolatio boum. Eine unbekannte Zeichnung für ein Scheinrelief an Rubens' Haus, in: *Wallraf-Richartz-Jahrbuch* 71 (2010), S. 197–232, S. 221 f., S. 225; Elizabeth McGrath, Gregory Martin, Fiona Healy, Bert Schepers, Carl van de Velde u. Karolien de Clippel: *Rubens. Mythological Subjects (1): Achilles to the Graces*, London 2016, 2 Bde., Bd. 1, Nr. 1, S. 71–80 (Katalogeintrag Gregory Martin); ebd., Bd. 1, S. 209, S. 211, S. 221 (Katalogeintrag Fiona Healy); ebd., S. 254, S. 259, Anm. 25 (Katalogeintrag Karolien de Klippel) (Corpus Rubenianum Ludwig Burchard, 11/1); Baumstark/Delmarcel 2019 (wie Anm. 48), Bd. 1, S. 102 ff., Anm. 113 f.; Nora de Poorter u. Frans Baudouin: *Rubens. Architecture and Sculpture (2): Ruben's House*, London/Turnhout 2022, 2 Bde., Bd. 1, S. 176–181 (Corpus Rubenianum Ludwig Burchard, 22/2).

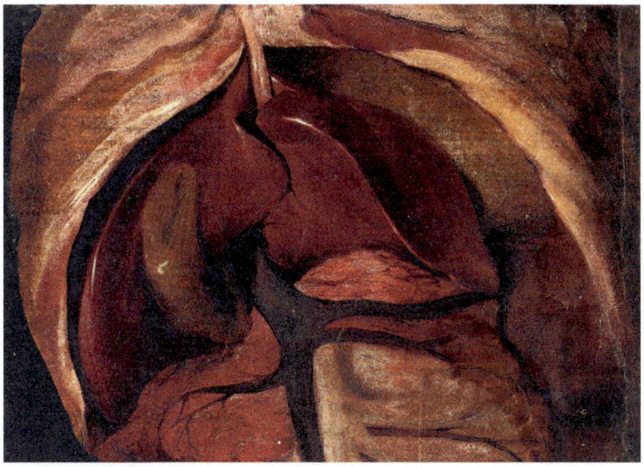

5 Hieronymus Fabricius ab Aquapendente: *Leber mit Pfortader und ihren Ästen* (Detail), anatomische Malerei aus dessen Serie *Theatrum totius Animalis Fabricae – De Anatomia Abdominis et Parcium in eo Contentarum*, 1575–1613, Öl auf Karton, 43 × 32 cm, Venedig, Biblioteca Nazionale Marciana, Venedig, Inv. Rari 117.13 (Su Concessione del Ministero della Cultura – Biblioteca Nazionale Marciana. Divieto di Riproduzione)

Rubens' *Prometheus* zudem an die gegen Parrhasios vorgebrachte Unterstellung, sogar Blut als Malmaterial verwendet zu haben – ein schon im 16. Jahrhundert für Tizian beanspruchter Topos, den man posthum auch auf Rubens' Malerei anwandte[151].

Indem Rubens für seinen *Prometheus* den Stil einer medizinischen Demonstration wählt, erinnert er aber vor allem ganz konkret an den bei Seneca Rhetor referierten Vergleich der künstlerischen Freiheit mit der Freiheit von Medizinern zur anatomischen Sektion. Gerade die Annäherung der Figurbildungsmaterialien und

151 Den Topos hat Lodovico Dolce 1557 mit Blick auf Tizians *Madonna di San Nicolò dei Frari*, um 1520 bis 1526 (Öl auf Holz, auf Leinwand übertragen, 388 × 270 cm, Rom, Pinacoteca Vaticana, Inv. MV.40351), auf Tizian übertragen: „I lqual San Sebastiano essendo il Pordenone andato a vedere, hebbe a dire, io stimo, che Titiano in quel nudo habbia posto carne, e non colori." – „Nachdem Pordenone diesen San Sebastian ansehen gegangen war, musste er sagen: ‚Ich schätze, dass Tizian in jenem Nackten Fleisch verwendet hat und nicht Farben.'" (Lodovico Dolce: *Dialogo della Pittura* [...] *intitolato l'Aretino*, Venedig: Gabriel Giolito de' Ferrari 1557, fol. 57ʳ). Auf Rubens wird der Topos wohl erstmals 1833 angewandt: „Die Färbung des Fleisches aber ist bei Rubens von solcher Glut und Transparenz im Ton, daß es gar wohl zu begreifen ist, wie Guido Reni, als er das erste Bild von ihm sah, verwundert ausrief: Mischt dieser Maler Blut unter seine Farben?" (Gustav Friedrich Waagen: Über den Maler Petrus Paulus Rubens, in: Friedrich von Raumer (Hrsg.): *Historisches Taschenbuch*, Leipzig 1833, Bd. 4, S. 185–282, S. 224; dasselbe bei Jacob Burckhardt: *Erinnerungen aus Rubens*, Basel 1898, Anm. auf S. 108; aufgegriffen etwa bei Heinen 1994/1996 (wie Anm. 5), S. 195, Anm. 103; Land 2012 (wie Anm. 144), S. 22; Mandabach 2016 (wie Anm. 33), S. 67).

-verfahren, die Rubens zur pointierten Schilderung der brutalen Lebersektion nutzt, an die Physiologie eines anatomisch sezierten Körpers führt vor Augen, dass das zu solcher Drastik erforderliche Wissen eben nicht einer inhumanen Folterung um der Kunst willen entstammt. Der anatomisch genaue Darstellungsstil demonstriert, dass sich ein solches Bild vielmehr der nüchternen Kunst einer anatomischen Sektion verdankt, wie sie bei Seneca Rhetor medizinethisch ausdrücklich legitimiert wird. Gerade in der präzise geschilderten Hepatektomie als zentralem Motiv von Bild und Mythos führt Rubens' *Prometheus* somit vor, wie das Gemälde des Parrhasios in der schockierenden Direktheit der Figurbildung einerseits sogar noch übertroffen werden konnte, ohne andererseits wie einst dieser antike Maler tatsächlich einen Menschen zu quälen.

Ein Vergleich mit der Darstellung einer menschlichen Leber auf einer der ca. 300 brillant gemalten Anatomietafeln, die der Paduaner Anatomieprofessor Hieronymus Fabricius ab Aquapendente zwischen 1575 und 1613 mit Öl auf Karton angefertigt hat (Abb. 5),[152] macht anschaulich, dass Rubens sein Malverfahren hier – wie auch in anderen Werken[153] – der damals avanciertesten anatomischen Bildgebung annähert; dies insbesondere bei der Darstellung der unteren Leberkante (*Margo inferior hepatis*), die – in der dramatischen Überstreckung des Körpers anatomisch präzise verortet – unter dem schützenden rechten Rippenbogen (*Arcus costalis dexter*) durch die Bauchdecke aus dem rechten Oberbauch (*Regio hypochondriaca dextra*) hervorgerissen wird. Gesehen haben kann Rubens diese Tafeln, als er 1601–1602 von Mantua aus, wo er Hofmaler war, seinen Bruder Philip, der im benachbarten Padua studierte, dort besuchte.[154] Der war besonders von der medizinischen Lehre angetan, wie er am 9. Mai 1602 an seinen Lehrer Justus Lipsius schrieb,[155] muss also bewusst wahrgenommen haben, was dort geforscht und gelehrt wurde. Auch Rubens' Umgebung interessierte sich für die neuen Forschungen des Fabricius, deren Ergebnisse bis dahin vor allem in dessen prägnant gemalten Anatomietafeln zu sehen waren, einer Neuerung in der Mediengeschichte der Medizin. So besuchte Nicolas Fabri de Peiresc, der zum italienischen Freundeskreis der Brüder Rubens gehörte,[156] 1601 eine öffentliche Anatomievorlesung des Fabricius und wurde von diesem sogar persönlich empfangen.[157]

152 Zu diesen Tafeln etwa Il Teatro dei Corpi. Le Pitture Colorate d'Anatomia di Girolamo d'Aquapendente, hrsg. v. Maurizio Rippa Bonati u. José Pardo-Tomás, Ausstellungskatalog, Venedig, Musei Civici, Mailand 2004.

153 Vgl. Mandabach 2016 (wie Anm. 33), passim. Zur Bedeutung des Fabricius für Rubens' Malerei insgesamt vgl. Heinen 2001 (wie Anm. 94), S. 79, S. 83, S. 86, S. 89 f., S. 92 ff.

154 Rooses/Ruelens 1887–1919 (wie Anm. 34), Bd. 1, S. 55, S. 64.

155 Ebd., S. 63.

156 Vgl. Heinen 2001 (wie Anm. 94), S. 79, S. 81 f.

157 Pierre Gassendi: *Viri Illustris Nicolai Claudii Fabricii de Peiresc, Senatoris Aquisextiensis Vita*, in: Ders.: *Opera Omnia*, Lyon: Laurentius Anisson & Joannes Baptista Devenet 1658, 6 Bde., Bd. 5, S. 237–362, lib. I, S. 253.

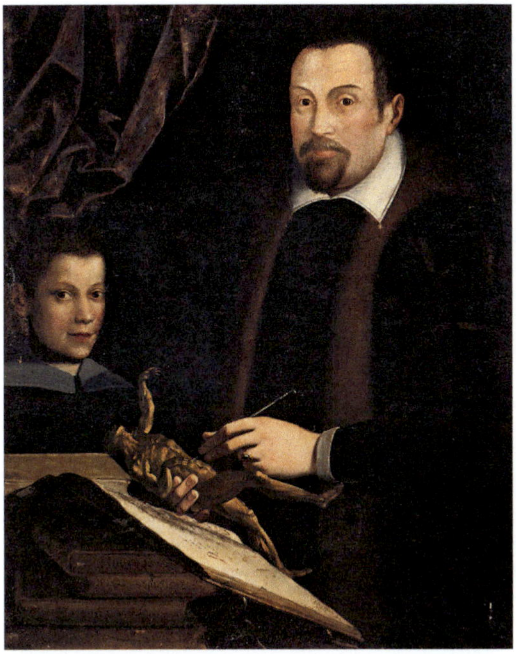

6 Anonym (Bartolomeo Passarotti?): *Porträt des Hieronymus Fabricius ab Aquapendente mit seinem Gehilfen Julius Caesar Casserius*, um 1575, Rom, Museo Storico Nazionale dell'Arte Sanitaria

Eine mögliche Verbindung von Rubens selbst zu Fabricius scheint in einem Porträt von um 1575 auf, das den Anatom mit seinem Gehilfen Julius Caesar Casserius neben einem Stapel mit Werken von Galen, Aristoteles und Avicenna zeigt (Abb. 6)[158]. Fabricius hält dabei die Wachsstatuette eines Gehäuteten in der Hand und richtet ein Werkzeug auf dessen Oberbauch (Abb. 7). Es bleibt offen, ob er damit ein anatomisches Detail demonstriert, an der Figur weitermodelliert und so seine besondere Fähigkeit zur medizinischen Darstellung vorführt oder ob er die Einleitung einer Laparotomie als Schritt von der Anatomie des Bewegungsapparats – den der *Écorché* in seiner komplexen Funk-

158 Anonym (Bartolomeo Passarotti?): *Porträt des Hieronymus Fabricius ab Aquapendente mit seinem Gehilfen Julius Caesar Casserius*, um 1575, Rom, Museo Storico Nazionale dell'Arte Sanitaria; Wellcome Collection, Nr. 13887i (als *Porträt des Hieronymus Fabricius ab Aquapendente*); Getty Images, ID: 500636327 (als *Porträt des Julius Caesar Casserius*, vermutlich aufgrund des Ersetzens des Namens der porträtierten Hauptperson durch den Namen seines Gehilfen). Ein Abgleich mit späteren Porträts von Fabricius (für Beispiele siehe Luigi Stroppiana, Uno Sconosciuto Ritratto di Girolamo Fabrizi da Aquapendente datato MDCIX, in: *Medicina nei Secoli. Arte e Scienza* 3/1 (1991), S. 7–19) und Casserius (Anonym: *Autorenbild des Julius Caesar Casserius*, Kupferstich, in: Julius Caesar Casserius: *De Vocis Auditusque Organis Historia Anatomica*, Ferrara: Victorius Baldinus 1600) bestätigt die Identifizierung der Porträtierten. Das Entstehungsdatum ergibt sich aus dem Alter der Dargestellten. Die Vermutung zu Bartolomeo Passarotti als Maler des Porträts fußt neben einem motivischen, gestischen und stilistischen Vergleich mit dessen Porträts aus diesen Jahren sowie deren Auftraggeberschaft auch auf der intensiven Befassung Passarottis mit anatomischen Zeichnungen.

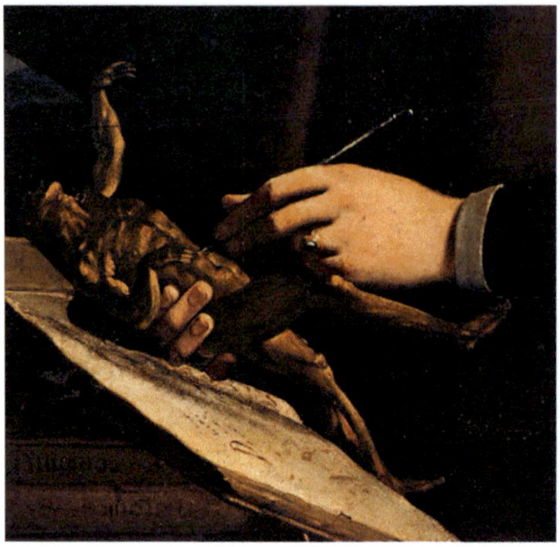

7 Anonym (Bartolomeo Passarotti?): *Porträt des Hieronymus Fabricius ab Aquapendente mit seinem Gehilfen Julius Caesar Casserius* (Detail), um 1575, Rom, Museo Storico Nazionale dell'Arte Sanitaria

tionalität besser anschaulich macht als jedes andere Anatomiemodell zuvor – zur internen Anatomie der Viszera andeutet. Zumal diese Figur noch mehr als hundert Jahre nach dem Tod des Fabricius auch Eingang in ein weiteres Porträt des Anatomen fand,[159] ist Fabricius offenbar die Autorschaft oder zumindest eine Mitautorschaft an diesem *Écorché* zuzuschreiben, den dann Wilhelm van Tetrode als Bildhauer in derselben Größe, wie sie sich an dem Porträt abschätzen lässt, in Bronze umgesetzt hat[160].

Dem Milieu des Fabricius war Rubens offenbar nahe genug, um von dort selbst ein Exemplar dieses *Écorchés* erhalten zu können, das er dann intensiv studierte und für den Entwurf zahlreicher Bildfiguren nutzte.[161] Auch die Körperhaltung und Mus-

159 Van Tetrodes *Écorché* ist auch hinter einer Kartusche mit einem späteren Porträt des Fabricius zu sehen in einem anonymen *Autorenbild des Hieronymus Fabricius ab Aquapendente*, Kupferstich, in: Hieronymus Fabricius ab Aquapendente: *Opera Omnia Anatomica et Physiologica*, 2. Aufl., Leiden: Johann van Kerckhem 1738, https://www.milestone-books.de/pages/books/003315/; dieses Porträt geht zurück auf das anonyme *Porträt des Hieronymus Fabricius ab Aquapendente*, Palazzo del Bo, Universität Padua; Getty Images, ID: 500643043. Ob Fabricius möglicherweise eine Mitwirkung oder gar Autorschaft an der Erstellung von van Tetrodes *Écorché* zuzuschreiben ist, muss an anderer Stelle geklärt werden.

160 Zur Zuschreibung einer mit der Statuette auf dem Porträt formgleichen Kleinbronze an Willem van Tetrode vgl. Heinen 1994/1996 (wie Anm. 5), S. 138; Willem van Tetrode. Sculptor (c. 1525–1580), red. Frits Scholten, Ausstellungskatalog, Amsterdam, Rijksmuseum, 2003, Nr. 31, S. 125 f. (Katalogeintrag Frits Scholten); Ders., ‚Why Are You Stripping Me from Myself?' Willem van Tetrode's *Écorché* and Its Nachleben, in: *The Rijksmuseum Bulletin* 73/3 (2025), S. 258–275, https://bulletin.rijksmuseum.nl/article/view/24710/25881.

161 Zur Bedeutung des *Écorchés* Willem van Tetrodes für Rubens vgl. Lawrence Price Amerson Jr.: *The Problem of Écorchè. A Catalogue Raisonné of Models and Statuettes from the Sixteenth Century and Later Periods*, Nr. 37, S. 312–333 (Diss. Pennsylvania State University 1975) (mit kurzem Hinweis auf die Bedeutung von Tetrodes *Écorché* für einen Schergen in Rubens' Antwerpener *Kreuzaufrichtung* und für dessen Anatomiezeichnungen [ebd., S. 313 f., kelbewegungen seines Prometheus, die der des *Écorché* mit Variation der Kopfstellung seitenrichtig ähnelt, hat Rubens zusätzlich zur *Laokoonskulptur* und der oben erwähnten Aktzeichnung an dieser Statuette kontrolliert und kraftvoll nachgeformt.[162] Dass der *Écorché* bei Fabricius ähnlich hilflos auf dem Rücken liegt wie Rubens’ Prometheus und dass Fabricius im Porträt sein Zeige-, Modellier- oder Sezierwerkzeug ungefähr dort ansetzt, wo in Rubens’ *Prometheus* der Adlerschnabel die Bauchdecke geöffnet hat, gibt einen Hinweis auf die Herkunft des Figurbildungsprozesses des Malers aus dem des darstellenden Anatomen, der damit den Figurbildungsprozess des Leibes selbst plastisch rekonstruiert.

In einem Umfeld, das an neuesten naturwissenschaftlichen Kenntnissen interessiert und geschult war, konnte Rubens darauf rechnen, dass die Figurbildung der von ihm gemalten Leber als Ergebnis eines anatomischen Blicks erkannt werden konnte, der in der Zerlegung die von den Wachstumskräften der Natur gebildete und von den Anatomen seiner Zeit sichtbar gemachte Form der Organe und des menschlichen Leibes als Resultat der figurbildenden Physiologie des lebenden Körpers erfasste. Mit dem Herausreißen der immer wieder nachwachsenden Leber setzte Rubens an zentraler Stelle so ein Sinnbild der Natur als einer Kraft,[163] die sowohl die Figurbildung in der Malerei als auch gleichermaßen die Figurbildung des Leibes im Ganzen wie in all seinen Teilen und Organen vorantreibt.

S. 322, Fig. 238]); Jeffrey M. Muller: Rubens’ Anatomieboek, in: Rubens Cantoor. Een verzameling Tekeningen onstaan in Rubens’ Atelier, Ausstellungskatalog, Antwerpen, Rubenshuis, 1993, S. 78–106, S. 87 f., S. 94, Anm. 42 (mit dem Hinweis auf einen anderen *Écorché*, den Rubens aber sichtlich nicht rezipiert hat); Mimi Cazort, Monique Kornell u. Bruce Hugh Russell: Catalogue of Works, in: The Ingenious Machine of Nature. Four Centuries of Art and Anatomy, Ausstellungskatalog, Ottawa, National Gallery of Canada, 1996, Nr. 56 f., S. 105–240, S. 180 f. (Katalogeintrag Mimi Cazort); Heinen 1994/1996 (wie Anm. 5), S. 136–139, S. 192, Anm. 94; S. 332–337, Anm. 375–428 (mit der erstmaligen Zuschreibung der Skulptur an Willem van Tetrode und erstmaliger Darlegung ihrer Bedeutung für Rubens’ Figurbildungsprozesse); Corinna Höper: Zu den Anatomiebüchern von Bartolomeo Passarotti und Peter Paul Rubens, in: *L’Art del Disegno. Christel Thiem zum 3. Januar 1997*, München 1997, S. 73–82, S. 81 f.; Heinen 2001 (wie Anm. 94), S. 84 ff.; Sarah R. Cohen, Rubens’s France. Gender and Personification in the Marie de Médicis Cycle, in: *The Art Bulletin* 85/3 (2003), S. 490–522, S. 490 f., S. 507; Kat. Barocke Leidenschaften 2004 (wie Anm. 33), Nr. 63–66, S. 271–276 (Katalogeintrag Ulrich Heinen); Rubens. A Master in the Making, hrsg. v. David Jaffé u. Elizabeth McGrath, Ausstellungskatalog, London, National Gallery, New Haven 2005, S. 102–110 (Katalogeintrag Ulrich Heinen); David Jaffé: *Rubens’s Massacre of the Innocents. The Thomson Collection at the Art Gallery of Ontario*, Toronto 2009, S. 103–109; Catherine H. Lusheck: *Rubens and the Eloquence of Drawing. Visual Culture in Early Modernity*, London 2017, S. 178 f.; Esposito 2022 (wie Anm. 6), S. 9 ff.; Kwakkelstein 2021 (wie Anm. 5); Scholten 2025 (wie Anm. 160), S. 272, Anm. 18.

162 Vgl. Heinen 1994/1996 (wie Anm. 5), S. 337, Anm. 436; zu der Aktstudie s. o. Anm. 51.

163 Zu Rubens’ Thematisierung und Exemplifikation der Regenerationskraft von Blut und Wunden in Rubens’ *Prometheus* vgl. Mandabach 2016 (wie Anm. 33), S. 65 f.

Figur- und Selbstbildner

In seiner *Samsonzeichnung* hatte Rubens die Präsenztechnik der zeichnend plastizierenden Figurbildung vorgeführt. Dies hatte er dort mit einem Sinnbild für den Figurenbildner als ent- und rekontextualisierenden Bilderträger verbunden und die damit versinnbildlichte Macht, Figuren der Vergangenheit in der Gegenwart präsent zu machen, mit Samson, dem Typus des auferstehenden Christus, auf den Prototyp aller Figurbildung schlechthin gegründet.

Mit dem *Prometheus* formuliert Rubens eine weitere impresenhafte Identifikationsfigur seines Anspruchs als Präsenz schaffender Figurbildner. Hier demonstriert er nun die malphysiologische Figurbildung, die einem abwesenden Leib durch Annäherung der malerischen Figurbildung an die physiologischen Figurbildungsprinzipien der Natur gesteigerte Präsenz in einer leib- und lebensnahen Bildfigur verschafft. Dabei verweist der leidende Prometheus dem Mythos entsprechend zugleich darauf, dass er seine Qualen als Strafe dafür erleidet, durch plastisches Modellieren der menschlichen *Figura* – ganz wörtlich dem Topos „figura a fingo" entsprechend – leibhaftige lebendige Menschen geschaffen zu haben. Mit der physiologisch pointierten Figurbildung seines *Prometheus*, dessen Leber – ganz im Sinne von Mandabachs Einsichten – im Mythos mit rekreativer Kraft begabt ist und im Zentrum des Bildes steht, zeigt Rubens so zugleich auch den widerständigen unzerstörbaren Figurbildner und Selbstgestalter Prometheus als Imprese seines eigenen bildkünstlerischen Anspruchs. In seinem *Prometheus* als Menschenformer, der – seinem Namen „der Vorausdenkende" gerecht werdend – das mit der Menschennatur verbundene Leiden als Modell des stoischen Weisen prämeditiert und sich dadurch im Leiden vorbildlich behauptet, entwirft Rubens mit dieser Imprese nicht zuletzt ein Sinnbild dafür, im Kreis der neostoischen Gelehrten seiner Umgebung gerade durch die malphysiologische Bildung einer solchen leiblich präsenten Exempelfigur selbst zur stoischen Weisheit beizutragen.

Autorinnen und Autoren

Zofia Jackson

Zofia Zackson is an art historian specializing in medieval tapestries. She has a PhD from the University of Zurich and has held research positions at the Metropolitan Museum of Art, Rijksmuseum, and RKD Netherlands Institute for Art History. Her work focuses on the intersection of art, history, and textile studies. In her free time she is a dedicated volunteer with a passion for helping others and taking care of the environment.

Markus Rath

Studium der Kunstgeschichte und französischen Philologie in Freiburg i. Br. und Berlin. 2008 Magister Artium an der Humboldt-Universität zu Berlin. Dort ab 2009 wissenschaftlicher Mitarbeiter in der DFG-Kolleg-Forschungsgruppe „Bildakt und Verkörperung". 2012–2014 wissenschaftlicher Assistent des Direktors am Deutschen Forum für Kunstgeschichte in Paris. Promotion an der Humboldt-Universität zu Berlin mit der Arbeit *Die Gliederpuppe. Kult – Kunst – Konzept* (Berlin/Boston 2016). 2014–2022 Oberassistent für Kunstgeschichte der Frühen Neuzeit an der Universität Basel. Seit September 2022 Juniorprofessor für Kunstgeschichte an der Universität Trier, Schwerpunkt Kunst und Wissen im kulturellen Wandel der Frühen Neuzeit. Forschungsschwerpunkte: Abstraktion und Expressivität in der Frühen Neuzeit, französische Kunst und Kunsttheorie, „Paragone" und „Synagonismus" in den bildenden Künsten, Emblematik und Metaphorologie, bewegliche Skulptur.

Janina Burandt

Janina Burandt studierte von 2013 bis 2020 den Studiengang „Literatur-, Kunst- und Medienwissenschaften“ mit Schwerpunkt Kunstwissenschaft an der Universität Konstanz. Seit der ersten Berührung mit Restaurierungswissenschaften durch interdisziplinäre Seminare fließen in ihre Überlegungen und Interpretationen kunsttechnologische Erkenntnisse zur Werkgenese ein. Ihre Forschungsinteressen umfassen außerdem die Kunsttheorie(n) der Frühen Neuzeit, interpikturale Rekursivität und das Potenzial interdisziplinärer Herangehensweisen an Bildgrenzen überschreitende Phänomene. In ihrer Dissertation beschäftigt sie sich anhand der Verbreitung von Caravaggios Malerei mit den kulturellen Verbindungen zwischen Rom, Neapel und Valencia im frühen 17. Jahrhundert.

Maximilian Geiger

Studium der Kunstgeschichte, Bildtheorie und Wirtschaftswissenschaften an der Universität Basel. Mit der Arbeit *Rubens und die Immanenz des Bildes. Sehen und Erzählen im Norden* wurde Maximilian im Herbst 2022 an der Universität Bern promoviert (Advisers: Prof. Dr. Bernd Nicolai und Prof. Dr. Karin Leonhard), wo er von 2017 bis 2022 als wissenschaftlicher Assistent (Studienkoordination und -beratung) am Institut für Kunstgeschichte tätig war. 2024 war er Lehrbeauftragter im Fach Kunstwissenschaft an der Universität Konstanz, 2023 wissenschaftlicher Mitarbeiter im Fach Kunst (Kunstgeschichte) an der Bergischen Universität Wuppertal, in deren Institut für angewandte Kunst- und Bildwissenschaften er kooptiertes Mitglied ist. Derzeit ist Maximilian beim Weber Verlag tätig. Seine Forschungsinteressen umfassen Bildtheorie und Ästhetik der Frühen Neuzeit, Raum- und Wahrnehmungstheorien, Sprachlichkeit und Pikturalität der frühneuzeitlichen Kunst sowie Antikenrezeption und kunstwissenschaftliche Methoden. Beiträge zu verschiedenen internationalen Konferenzen, Workshops und Tagungen.

Di Fan

Di Fan holds a bachelor’s degree in French Language and Literature, with a double major in Archaeology, from Sun Yat-Sen University in Guangzhou, China. She continued her academic journey with a master’s degree in Art History at the University of Strasbourg, France, where she recently completed her PhD. Her dissertation, titled *De l’Organique au Végétal. Aspects de la Gravure Anatomique en Europe de la Renaissance à la Fin du XVIII*[e] *Siècle* (From the Organic to the Vegetal: Aspects of Anatomical

Engraving in Europe from the Renaissance to the Late Eighteenth Century), was supervised by Professor Martial Guédron.
Her research explores the scientific iconography of the human body through anatomical engravings of the early modern period. She examines the role of naturalistic landscapes in these representations, particularly their contribution to the staging of the dissected body and the construction of a scientific and philosophical discourse on living beings. She also investigates the formal, functional, and symbolic analogies between the human body and the plant world, highlighting their aesthetic implications. These correlations reflect an organic conception of the body and an analogical mode of thought deeply embedded in the learned culture of the time.
Situated at the intersection of art history, scientific imagery, and the evolution of anatomical knowledge, her work sheds light on the interplay between the arts and sciences. It demonstrates how artists and scholars established correspondences between the human body and the vegetal realm, and how these associations shaped both the perception and transmission of anatomical knowledge.

Gilles Monney

Studium der Kunstgeschichte, Sanskrit und französischen Literatur an der Universität Lausanne sowie Kunstgeschichte und Museologie an der Sorbonne und an der École du Louvre in Paris. Seine Masterarbeiten widmete Gilles Monney den alpinen Werken von John Ruskin und Caspar Wolf. 2023 wurde er an der Universität Basel mit einer Dissertation mit dem Titel *Le Paysage en Tension, entre l'Europe et l'Amérique du Nord (XVIIIe – XXIe Siècles)* promoviert. Die Arbeit untersuchte die Entstehung eines idealisierten Alpenbildes und dessen Verwendung bei der Darstellung der Rocky Mountains in den USA des 19. Jahrhunderts. Dabei lag der Fokus insbesondere auf dem Verhältnis des Menschen zur Umwelt und dem Wechselspiel zwischen Landschaft und nationaler Identität. Die Studie wurde unter anderem durch den Forschungsfonds zur Förderung exzellenter Nachwuchsforschender der Universität Basel gefördert und mit einem Förderpreis der Freiwilligen Akademischen Gesellschaft Basel ausgezeichnet. Er war Lehrbeauftragter an der Universität Basel und von 2017 bis 2018 wissenschaftlicher Assistent am Lehrstuhl für Neuere Kunstgeschichte an der Universität Genf. Während seiner Tätigkeit als wissenschaftlicher Mitarbeiter am Institut des Humanités en Médecine am CHUV/Université de Lausanne hat er umfangreiche Forschungen im Bereich der Druckgrafik durchgeführt. Er ist Co-Autor einer Monografie über die Druckgrafiksammlung des Schweizer Chirurgen und Kunstsammlers Pierre Decker. Zudem hat er verschiedene wissenschaftliche Artikel veröffentlicht und an mehreren internationalen Konferenzen teilgenommen. Derzeit ist er wissenschaftlicher Mitarbeiter bei swissuniversities und freischaffender Kunsthistoriker. Zu seinen aktuellen Forschungsinteressen gehören die Geschichte und Theorie wissenschaftlicher

Bilder, insbesondere Darstellungen des Kosmos von der frühen Neuzeit bis zum James-Webb-Weltraumteleskop.

Alina Wolf

Alina Wolf schloss ihr Bachelorstudium 2019 mit einer kunstpraktischen Arbeit mit dem Titel *Die Entwicklung der Darstellung des Raumes in der Kunst – eine grafische Untersuchung* an der Bergischen Universität Wuppertal in den Teilstudiengängen Kunst und Doppelfach Kunst ab. Anschließend nahm sie dort den Master of Education in den Teilstudiengängen Kunst, Doppelfach Kunst und Bildungswissenschaften mit dem Ziel Lehramt an Gymnasien und Gesamtschulen auf. Das Masterstudium schloss sie 2022 mit einer kunsthistorischen Abschlussarbeit mit dem Titel *Die Karlsfresken Alfred Rethels im Aachener Rathaus. Untersuchung der Konzeptentwicklung und Bildanordnung* ab. Seit September 2022 ist sie als wissenschaftliche Mitarbeiterin am Graduiertenkolleg 2196 „Dokument – Text – Edition" an der Bergischen Universität Wuppertal angestellt und arbeitet an ihrem Dissertationsprojekt mit dem Schwerpunkt deutschsprachige Zeichenlehrbücher und Vorlagenhefte des 18. und 19. Jahrhunderts.

Ulrich Heinen

Seit 2000 Professor für Grundlagen der Gestaltungstechnik und ihre Didaktik an der Bergischen Universität Wuppertal, seit 2005 Professor für Gestaltungstechnik und Kunstgeschichte ebendort. Promotion 1994 an der Universität zu Köln (Nebenfächer Philosophie und Pädagogik) in Kunstgeschichte mit der Arbeit *Rubens zwischen Predigt und Kunst. Der Hochaltar der Walburgenkirche in Antwerpen*. Von 2003 bis 2013 war Ulrich Heinen Mitglied und ab 2008 Vorsitzender des Komitees des Wolfenbütteler Arbeitskreises für Barockforschung der Herzog-August-Bibliothek Wolfenbüttel. 2007 Gründungsmitglied des Internationalen Arbeitskreises für Auslegungs- und Mediengeschichte der Bibel (Universität Erfurt, gefördert u. a. von der Thyssen-Stiftung). Von 2014 bis 2019 war er assoziiertes Mitglied, von 2019 bis 2024 Kooperationspartner des DFG-Graduiertenkollegs „Interkonfessionalität in der Frühen Neuzeit" an der Universität Hamburg. Von 2019 bis 2025 war er Mitglied des DFG-Graduiertenkollegs „Dokument – Text – Edition" an der Bergischen Universität Wuppertal. Hinzu kommt universitätsweite Verantwortung für die Lehrerbildung der Bergischen Universität Wuppertal, u. a. im Projekt „Kohärenz in der Lehrerbildung". Gymnasiale Unterrichtstätigkeit in den Fächern Bildende Kunst und Chemie. Zahlreiche Publikationen zum Werk Peter Paul Rubens' und zu Kunstgeschichte der Frühen Neuzeit, Kunstlehre, Designrhetorik, Mediendesign und Designtechnik sowie Kunstpädagogik.

Bildnachweise

Zofia Jackson
From Text to Textile

1: © GrandPalaisRmn (musée du Louvre) / Thierry Le Mage; 2: Palacio de Liria; 3: © GrandPalaisRmn (musée du Louvre) / Michel Urtado; 4: Photo by author; 5: © GrandPalaisRmn (musée du Louvre) / Jean-Gilles Berizzi; 6: Metropolitan Museum of Art, Fletcher Fund, 1939, www.metmuseum.org.

Markus Rath
Ausdrucksgestalt und Ausdrucksgehalt

1–9: Bilddaten gemeinfrei – Kunstmuseum Basel; 10: Michael Egli u. Hans Christoph von Tavel, m. Beiträgen v. Petra Barton Sigrist: *Niklaus Manuel*. Catalogue raisonné, Basel 2017 (Schweizerisches Institut für Kunstwissenschaft, Œuvrekataloge Schweizer Künstler und Künstlerinnen, 29, Schriften der Burgerbibliothek Bern), S. 105.

Janina Burandt
Goliaths Stirn und Davids Schulter

1: © Museo Nacional Thyssen-Bornemisza, Madrid; 2: Bacariza Domínguez, Nieto Fernández 2008, S. 125, fig. 16; 3: Bacariza Domínguez, Nieto Fernández 2008, S. 113, fig. 3; 4: © Musée des Beaux-Arts de Dijon/François Jay.

Maximilian Geiger
Geschichte, Figur, Zeit

1–2: Photo: © Christian Schryve; 3: [Public Domain] https://commons.wikimedia.org/wiki/File:Philippe_de_Champaigne_-_The_Annunciation_-_WGA04704.jpg [abgerufen am 12. 1. 2025]; 4: [Public Domain] National Gallery of Art, Courtesy National Gallery of Art, Washington; 5: Bibliothèque Nationale de France; 6: [Public Domain] https://commons.wikimedia.org/wiki/File:AnnaofAustria09.jpg [abgerufen am 12. 1. 2025].

Di Fan
Frederik Ruysch's Engraved Fetal Skeleton *Dioramas*

1–3: Wellcome Collection, London, Public Domain; 4: Gallica, Bibliothèque nationale de France, Paris, Public Domain; 5: Rijksmuseum, Amsterdam, Public Domain.

Gilles Monney
Vom Hintergrund zur Hauptfigur

1: Public Domain Mark; 2: Photocredit: SIK-ISEA, Zürich, Philipp Hitz; 3: Copyright: Bilddaten gemeinfrei – Kunstmuseum Basel/Creditline: Alter Bestand/Photo Credit: Jonas Hänggi; 4: Privatbesitz, Foto: Burgerbibliothek Bern, Porträtdok. 2762, Foto: Jürg Bernhardt [https://ark.burgerbib.ch/ark:36599/q8p7bx6b62d]; 5: Public Domain Mark; 6: Public Domain Mark; 7: Public Domain Mark.

Alina Wolf
Vom selbstreferenziellen zum relationalen Objekt

1: Johann Daniel Preißler: *Augenblatt, pagina 2*, Kupferstich, in: Ders.: Die durch Theorie erfundene Practic [...], Nürnberg 1721. Aus dem Privatbesitz von Alina Wolf (private Aufnahme); 2: Georg Heinrich Werner: *Augenblatt, Tabula 2*, Kupferstich, in: Ders.: Nöthige Anweisung [...], Erfurt 1768. Zentralinstitut für Kunstgeschichte München, Signatur: CA 134/480 (2 R, digitalisiert von der UB Heidelberg [https://doi.org/10.11588/diglit.20915] (public domain)); 3: Fotomontage der *Augenblätter* (Abb. 1 und 2) zur Visualisierung des Größenverhältnisses, eigene Darstellung, 2025.

Ulrich Heinen
Rubens' Figurbildung

1: Anne-Marie Logan, in Zusammenarbeit mit Kristin Lohse-Belkin: *The Drawings of Peter Paul Rubens. A Critical Catalogue*, Bd. 1: 1590–1608, 2 Teile, Turnhout 2021 (Pictura Nova, 22), Nr. 7, Teil 2, S. 23, Fig. 50; 2: Tobias Stimmer: *Neue Künstliche Figuren Biblischer Historien*. Basel: Thoma Gwarin 1576, zu Iud. XVI. Universitätsbibliothek Basel, UBH BibG C 737, https://doi.org/10.3931/e-rara-431 / Public Domain Mark; 3–4: Philadelphia Museum of Art: Purchased with the W. P. Wilstach Fund, W1950-3-1; 5: Su Concessione del Ministero della Cultura – Biblioteca Nazionale Marciana. Divieto di Riproduzione, https://phaidra.cab.unipd.it/o:248990; 6–7: Wellcome Collection, Nr. 13887, https://wellcomecollection.org/works/tv9623ke.